KB040436

중국 고대사를 공부하는 나는 2018년 10월 29일부터 2019년 1월 21일까지 85일 동안 상하이 푸단대학에서 보내는 행운을 얻었다. 나름 의미 있는 시간을 보내면 ○ 일기 형식으로 내 행적과 함께 다양한 단상을 페이스북에 80회 연재했다. 이 책은 그 내용을 토대로 한다. 상하이는 동아시아 고대문명의 중심인 중원, 즉 황하 유 ○과 상당히 떨어져 있기 때문에 고대 중국에 관한 연구가 그다지 활발한 지역은 아니었다. 그렇지만 몇 가지 측면에서 근래 들어 새로운 중심으로 떠오르고 있다.

상하이에서
고대 중국을
거닐다

| 심재훈 지음 |

역사산책

들
어
가
며

    중국 고대사를 공부하는 나는 2018년 10월 29일부터 2019년 1월 21일까지 85일 동안 상하이上海 푸단復旦대학에서 보내는 행운을 얻었다. 나름 의미 있는 시간을 보내면서 일기 형식으로 내 행적과 함께 다양한 단상을 페이스북에 80회 연재했다. 이 책은 그 내용을 토대로 한다.

    상하이는 동아시아 고대문명의 중심인 중원, 즉 황하黃河 유역과 상당히 떨어져 있기 때문에 고대 중국에 관한 연구가 그다지 활발한 지역은 아니었다. 그렇지만 몇 가지 측면에서 근래 들어 새로운 중심으로 떠오르고 있다.

    첫째, 20세기 후반 이래 중국의 방대한 고고학 성과는 상하이가 위치한 창강長江 일대도 예외가 아니다. 이 책에서도 일부 소개할 허무두河姆渡나 량주良渚 등에서 발견된 신석기문화는 최소한 하상주

夏商周로 대표되는 중국 고대국가 성립 전까지 창강 유역에도 그 발전 수준이 황하 유역에 뒤지지 않는 토착 고대 문화가 존재했음을 보여 준다. 앞으로 이 지역 신석기문화를 비롯한 고대문명의 발전에 관한 연구가 더욱 활발해질 것으로 보인다.

둘째, 중국 최고의 박물관 중 하나인 상하이박물관의 존재이다. 1952년 창건된 상하이박물관은 1996년 현재 위치인 인민광장 남측에 신관을 개관했다. 청동 정鼎을 연상시키는 건물 상부의 모습처럼 상하이박물관 소장품의 핵심은 중국 고대문명의 정수인 청동기이다. 이 책에서도 소개하듯이 그 시대와 지역을 망라하는 고대 중국의 다양한 청동기 전시는 세계 어느 박물관도 상하이박물관처럼 중국 청동기 공부를 위한 생생한 교육장이 되기 어려움을 입증한다. 도자기와 조소彫塑, 새인璽印, 서화 상설관뿐만 아니라 다양한 특별전도 상하이가 고대 중국 연구의 중심이 되도록 일조하고 있다.

셋째, 고대 중국 연구의 명실상부한 최고 연구기관이 2005년 상하이 푸단대학에 설립되었다. 푸단대학 역사학과 출신으로 베이징北京대학 중문과에서 많은 업적을 쌓은 중국 고문자 연구의 최고 석학 추시구이裘錫圭 교수가 세운 출토문헌여고문자연구중심出土文獻與古文字研究中心(이하 출토문헌연구중심)이 그것이다. 갑골문과 금문金文, 간독簡牘 등 지속적으로 쏟아지고 있는 중국의 출토문헌은 동아시아 고대문명사를 다시 쓰도록 추동하고 있어서 중국은 말할 것도 없고 세계 인문학 연구의 주요 대상으로 자리 잡은 지 오래이다. 설립 당시부터 중국 전역의 고문자 연구자 중 우수 인력을 스카웃해서 관심을 끌었던 푸단대학의 출토문헌연구중심은 이제 그 본산이 되어 고대 중국 연구의 한 축을 이루고 있다.

이러한 요인들 중 나를 상하이로 강하게 이끈 것은 당연히 세 번째 요인, 즉 출토문헌연구중심의 존재이다. 나는 고문자를 전문적으로 연구하는 사람은 아니다. 그럼에도 불구하고 출토문헌과 고고학 자료를 고대사 연구의 자료로 활용하는 나에게 출토문헌연구중심 소속 학자들의 연구는 더없이 중요한 토대가 되고 있다. 그 연구의 중심에서 그들과 직접 교류해보고 싶었다. 운 좋게도 푸단대학에서 외국 학자들에게 제공하는 푸단펠로우쉽을 받게 되었다. 설레는 마음으로 상하이에 입성하여 돌아오기까지의 과정이 이 책에 고스란히 담겨 있다.

대중서 격이지만 사적인 내용이 꽤 담겨 있어 자칫 잘난 척 하는 인상마저 줄 수 있는 이 책을 출간하면서 두려운 마음이 앞선다. 이 책이 과연 얼마나 많은 사람들의 공감을 얻을 수 있을 지가 그 두려움의 핵심이다.

한때 베스트셀러 작가가 될 수도 있겠다고 착각한 적이 있었다. 그 꿈에서 확실히 깨고 보니 주관적 생각일 수 있지만 그 길이 조금이나마 보인다. 베스트셀러의 두 가지 양식과 그에 따른 두 가지 조건이 떠오른다. 첫 번째가 지식의 깊이 이상으로 넓이가 적절히 발휘된 책이다. 두 번째는 보다 많은 사람들의 공감을 얻는, 즉 사람들을 기분 좋게 해주는 책이다. 연구의 폭이 좁고 어렸을 때부터 독서량도 절대적으로 부족한 내가 첫 번째 조건을 충족시키기는 어렵다. 대체로 주류의 흐름에 반하는 걸 즐기는 나에게 많은 대중을 기분 좋게 만드는 재주도 없다. 두 조건 모두 미달이다.

이 책을 꼭 내야할지 고민에 빠졌다. 실제로 지난 봄 출간 작업을 진행하다 중도에 포기하기도 했다. 그래도 올해 7월 16일 네델란드의 대학도시 라이덴Leiden에서 있었던 한 즐거운 사건이 용기를 내게 해주었다. 내가 2018년 출간한『중국 고대 지역국가의 발전:

진秦의 봉건에서 문공文公의 패업까지』(일조각)가 ICAS라 부르는 아시아학자세계총회(International Convention of Asia Scholars)에서 선정하는 2019년도 한국어판 최우수도서상을 수상한 것이다(수상 내역에 대해서는http://snuac.snu.ac.kr/2019ibp/ 참고). 그 책이 이 책의 주요 주제로 다루어졌음은 물론이다. 세상에 내 이야기를 좀 더 널리 알리고 싶은 욕심이 생겨났다.

3년전『고대 중국에 빠져 한국사를 바라보다』(푸른역사, 2016)라는 대중서를 한번 출간한 경험도 상당한 위안이 되었다. 몇 가지 측면에서 욕을 먹은 책이지만 적어도 역사학계 일각에는 새로운 시도로서 작은 영향이라도 미쳤으리라 믿고 싶다. 더 큰 위안은 적어도 그 책을 내준 출판사에 손해는 끼치지 않았을 거라는 계산이다.

조선 후기에 중국을 방문한 사람들이 남긴 이른바 연행록이 약 500종에 달한다고 한다. 1992년 중국과의 수교 이래 나왔을 무수한 중국 여행기까지 더하면 이미 넘칠 정도로 많은 중국 체류기가 출간되었을 것이다. 그 중에서 역사학자라고 이름 붙일 만한 사람들이 쓴 책은 얼마나 될지, 특히 나 같은 중국 고대사 연구자가 쓴 책이 있을지 궁금하다.

현재 한국 학계에 중요한 연구 주제로 자리 잡은 지 이미 오래인 연행록은 주로 당시 중국에 파견된 사신이나 동행한 그 측근들이 자신의 경험을 토대로 남긴 것이다. 조선인들 세계관의 근간이었던 중화의 심장부 베이징에 도달하는 과정과 도착 후에 거기서 새롭게 접한 신기한 문물들에 대한 저자들의 단상이 그 내용의 주종을 이룬다. 평생 한 번 경험하기도 힘든 여행 이후에 절절한 감상을 적었을 것이다.

중국인들이 부러워하는 21세기의 한국에서 활동하는 중국 고대사 연구자인 나는 일 년에 두세 번 정도는 중국을 드나든다. 학술적 필요성이나 관광을 위해 중국 곳곳을 방문하지만 신기함을 느낄 새가 별로 없다. 요즘 많이 나아지기는 했어도 오히려 불편함을 느낄 때가 많다. 19세기 후반 이후 중국의 몰락과 20세기 후반 한국의 경제적 발전으로 인해 21세기 한국인의 중국 체류 경험은 이전 조선 시대 선배들과는 판이하게 다를 수밖에 없다.

이 책에는 내가 20세기 이후 중국의 새로운 중심으로 자리 잡은 상하이에 안착하는 과정과 그곳에서의 일상생활, 중국 고대사 연구 자로서 느끼는 한국과 중국 학계에 대한 다양한 단상, 나의 학술 활동, 주로 중국 고대 유적이나 박물관 중심의 탐방기가 담겨 있다. 나한테는 흥미로운 이야기들이지만 원래 일기 형식 그대로 날짜별 로 배치하여 일관성은 떨어진다.

그럼에도 불구하고 한국사를 넘어서 보편적인 세계사에 관심을 가지는 독자들에게 작은 관심은 끌 수 있으리라 기대한다. 특히 고대 문명의 형성에 흥미를 느끼는 사람들은 중국 곳곳의 박물관에 가득 한 다양한 유물 소개가 와 닿을지도 모르겠다. 중국에 관심 있는 독자들에게도 비록 학술계라는 좁은 영역에 불과하지만 중국 사회의 한 단면을 볼 수 있는 기회를 제공할 것이다. 이미 학계에 몸담고 있거나 앞으로 몸담고 싶은 이들에게 50대 중후반의 한 연구자가 이국 체류 중 경험한 학술적 고뇌와 성취, 그에 따른 작은 환호가 공감을 얻을 수 있을지도 모르겠다.

그런데 내가 이 책을 내면서 궁극적으로 기대하는 것은 당장 눈앞 의 일이 아니다. 건방지게도 현재 남겨져 있는 연행록과 비슷한 지위 획득을 꿈꾸고 있으니 말이다. 수백 년 이후에도 역사 연구가 여전히 지속될 거라는 전제 하에 그 때 한국에서 중국과의 교류에 흥미를 느끼는 후학들이 조금이라도 관심 가져주지 않을까 하는 역사 연구자로서의 희망이다. 조선시대의 연행록보다 200~300년 이후에 나온 내 체류기가 그 교류의 역사적 추이를 비교 검토할 수 있는 의미 있는 자료가 될지 누가 알겠는가.

연행록을 남긴 선학들은 자신들의 글이 수백 년 후에 이토록 관심을 끄리라 전혀 예상하지 못했을 것이다. 내 희망도 그저 물거품처럼 사라지지는 않을 지도 모를 일이다. 다소 무리하여 이 일기를 군이 책으로 묶어내는 이유가 거기 있지만, 물거품이 된다 해도 상관없다. 최소한 내 지인들과 후손들이라도 이 책을 읽고 간직하리라는 희망까지 버릴 필요는 없으니까.

그래도 이 책이 내 첫 번째 대중서처럼 출판사에 민폐는 끼치지 않았으면 좋겠다. 그 책으로 인연을 맺은 푸른역사의 박혜숙 대표는 이 책의 편집에도 소중한 조언을 해주었다. 진심으로 감사드린다. 책 시장이 아주 어려운 상황임에도 불구하고 역사에 대한 열정으로 출판계에 뛰어든 도서출판 역사산책에 조금이라도 보탬이 될 수 있다면 더할 나위 없이 기쁠 것이다.

2019년 11월 20일

용인 동백 樂古堂에서

심재훈

2018

2019

13

10월 30일
상하이 도착

　　상하이 겨울이 춥다는 얘기를 하도 많이 들어 내복이랑 겨울옷만 잔뜩 챙겨왔다. 그런데 어제는 25도쯤이라 반팔 옷을 입은 사람들이 꽤 있을 정도였다. 그래도 추운 것보단 낫고, 오히려 지금이 1년 중 가장 좋은 때라고 하니 참 다행이다.

　　푸단대학 출토문헌연구중심에서 푸동공항으로 대학원생 함께 리무진서비스를 보내서 숙소까지 참 편하게 왔다. 내 명패를 든 위안광화袁廣華라는 학생을 보니 진짜 상하이에 온 실감이 났다. 과분한 대접인 것 같아 사양하려 했는데 수락하길 잘 한 것 같다. 난생 처음으로 적힌 명패 사진을 찍었어야 하는 걸 숙소에 도착해서야 상기했다.

　　푸단대학 한단邯鄲 캠퍼스 남쪽 궈푸루國福路 상에 위치한 5층짜리 아파트를 개조한 외국인 교원아파트外聘專家公寓의 숙소 역시 과분하긴 마찬가지다. 세탁 건조기까지 일체가 갖춰져 있다. 청소뿐만 아니라 수건과 린넨 등이 제공되는 것 같고. 주변이 조용한 주택가이고 방도 호텔스위트룸처럼 침실과 거실이 나눠져 있어, 그냥 여기서만 머물러도 충분할 것 같다.

가까운 편의점에 들러 물과 비누 등 기본 생필품을 샀다. 학교 근처 완다萬達광장에 월마트(워얼마沃尔瑪)가 있다니 오늘은 거기서 필요한 모든 것을 구입할 생각이다. 주변에 괜찮아 보이는 제과점이랑 식당, 스타벅스 등이 산재해 있다.

기본 정리를 마치고 늦은 오후에 출토문헌연구중심에 인사하러 갔다. 주임인 류자오劉釗 교수가 반갑게 맞아주었다. 이미 한국 출신 중국 고문자학 박사를 5명이나 배출한 류 교수는 8년 전쯤 단국대학에 청빙한 적이 있다. 즐겁게 한담한 후 훈고학 전문가인 왕샤오화汪少華 교수, 고문자 연구의 대가 반열에 올라간 천젠陳劍 교수와 함께 구내식당에서 저녁식사를 했다. 세 분이 계속 공부와 연구중심, 다른 학자들, 학회 등의 화제로 열띤 대화를 나누었다. 정말 일밖에 모르는 사람들이라는 생각이 절로 들었다. 대화 내용을 알아듣기 어려워 소외감을 느꼈지만 앞으로 계속 이런 자리를 감내해야 할 것이다.

출토문헌연구중심은 푸단대학의 메인 쌍둥이 빌딩 광화러우光華樓 서편 시주러우西主樓 27층에 있다. 오늘 내 연구실을 배정받을 예정이다. 11월 10일까지 타이완에서 온 방문학자와 같이 사용하다

• 푸단대학 외국인 교원아파트

혼자 쓸 수 있다고 한다. 숙소가 좋아 연구중심에는 책상 하나만 있어도 되는데 역시 과분하다.

오늘 오전에 푸단펠로우쉽 사무실에서 책임자 면담이 예정되어 있다. 사실 펠로쉽을 주는 주체가 어딘지 아직 헷갈리는데, 오늘 명확해지겠지.

이번이 세 번째 연구년 혹은 연구학기이다. 첫 번째는 2009-10년 한미교육위원회(풀브라이트)의 지원으로 UCLA의 코센Cotsen고고학연구소에서, 두 번째는 2014년 하반기 일본학술진흥회JSPS의 펠로쉽으로 교토대학 문학연구과에서 보냈다. 앞의 두 번은 적당하게 공부하며 여유롭게 보냈는데, 이번은 조금 느낌이 다르다.

고생 없이 얻어지는 의미 있는 결과는 없다. 기꺼이 감수하며 즐기려 한다. 상하이에서 남은 89일 동안 어떤 일이 펼쳐질지 궁금하고 기대된다.

10월 31일
푸단펠로우쉽

        등이 너무 시려서 2시 전에 깼다. 바깥 온도가 15도 이상이라 괜찮을 줄 알았는데 역시 상하이 생활 선배들의 말이 맞는 것 같다. 그들의 권유대로 챙겨온 전기담요를 깔고 잠을 청하다 포기하고 일어나 일 좀 하다 이 글을 시작한다.

   어제는 푸단펠로우쉽 관계자와 면담하고 이곳 생활에 필요한 여러 정보를 얻었다. 무엇보다 한 달 치 봉급津貼 1만5천 위안을 현금으로 받아 뿌듯하다. 갑자기 부자가 된 느낌이다.

   이곳에 오기 전에 푸단펠로쉽을 주는 주체가 어딘지 불명확했는데 어제 그 의문이 풀렸다. 두 종류의 푸단펠로우가 있어서 혼동이 있었다. 그 첫 번째가 푸단대학 산하 고등학술연구원의 푸단펠로우인데 이건 정말 소수의 세계적 석학 급들이 수여하는 것이란다. 내가 그걸 받은 게 아닌가 하고 잠시 착각한 적도 있었지만, 역시 석학이 아님은 분명히 입증되었다.

   내가 받은 건 그 두 번째로 한국 대학으로 치면 국제처에 해당하는 외사처外事處에서 주관하는 펠로쉽이다. 국제교류를 위해서 1년에 전 세계적으로 40명까지 선발한다고 한다. 학생(주로 대학원생)과 조교수는 푸단펠로우로, 각각 한달에 5천 위안과 1만 위안씩 받는 다. 부교수와 교수 급은 푸단 시니어 펠로우라 하고 매달 1만5천 위안을 받는다. 숙수 등 다른 혜택은 다 동일할 지도 모르겠다.

펠로쉽 기간은 4주에서 16주까지 신청이 가능한데 그 기간 동안 한 달에 한번 씩 강연을 하는 게 유일한 의무사항이다. 나머지 시간 은 푸단대학 구성원들과 교류하며 각자 취향대로 즐기면 된다. 이 펠로우 제도는 실시한지 몇 년 안 되었는데, 소수의 한국 학자가 이미 다녀갔다고 한다. 올해는 내가 유일한 한국의 수여자고. 영어나 중국어로 써야 하는 지원 서류가 간단하고 지원자가 많지 않은지 선정도 그다지 어려워 보이지 않는다.

푸단대학에는 이것들 말고 다른 펠로쉽도 있다. 정부에서 대학에 주는 지원금이 넘치는지 가 기관마다 경쟁적으로 좋은 외국학자들 을 모시려고 노력 중이다. 최근 베이징대학도 비슷한 펠로쉽을 만들 어 푸단대학보다 1천 위안 더 준다고 들은 적이 있다. 한국의 개별 대학 차원에서 이런 제도를 시행하는 데가 있는지 모르겠지만, 중국 대학들의 이런 노력은 높이 평가해야 할 것이다.

푸단펠로우로 선정되면 푸단대학 교직원과 동일한 혜택을 받고, 펠로쉽 기간이 끝난 이후에도 그 신분이 유지된다고 한다. 범 푸단대 학의 일원이 되는 것이다.

외사처가 서쪽의 구캠퍼스 쪽에 있어서 쌍둥이 고층빌딩 광화러 우만 삭막하게 부각되는 동쪽과는 다른 고적한 분위기를 느낄 수 있어서 좋았다. 정문을 들어서면 거대한 마오쩌둥 동상과 함께 푸단 대학 총장을 역임한 두 사람의 흉상이 세워져 있는 것도 인상적이었다. 푸단대학은 1905년 중국의 순수 민간자본으로 상하이에 세워진 푸단공학復旦公學을 그 전신으로 하는 중국 최고의 명문대학이다.

상당히 큰 금액을 현금으로 받아 은행구좌를 오픈하려고 외사처의 원조 편지까지 가지고 갔는데 단기 체류자라서 불가능하단다. 구좌를 열면 알리페이(즈푸바오支付寶)나 위챗페이(웨이신즈푸微信支寶) 등 여러 편리한 기능을 활용할 수 있는데 아쉽다. 당장 길거리에서 오렌지색 자전거인 모바이크Mobike 공유서비스를 활용할 수 없어서 불편하다.

숙소에서 동북쪽으로 걸어서 20분 거리에 있는 월마트에서 기본 생활 용품을 구입했다. 간단한 취사를 할 수 있어서 좋다. 숙소 인터넷이 느린 것은 옥의 티지만 차차 적응 될 것이다(알고 보니 숙소 인터넷은 중국에서는 최고의 수준이었다). 저녁 때 운동할 마땅한 장소도 아직 못 찾았다. 여긴 좋은 운동장을 여러 곳 만들어놓고도 아무나 못 들어가게 한다. 한국 같으면 난리날 일이다. 오늘 교원카드를 만들면 좀 나아지리라 기대한다(역시 알고 보니 모든 운동장의 개방시간이 정해져 있었다).

• 푸단대학 정문. 정면에 마우쩌둥의 동상이 있고 좌측이 구캠퍼스쪽이다.

11월 1일
일상과 새로운 교류

친구들한테 푸단대학 쌍둥이빌딩(광화러우)을 배경으로 찍은 내 사진을 보냈더니 외로워 보인다고 한다. 정말 그렇다, 많이 외롭다. 지난 여름 이사한 한국의 멋진 집 생각이 간절하다. 그 집의 단풍나무는 어떻게 변해갈지, 눈이 오면 어떤 모습일지, 제대로 못하고 온 월동준비 때문에 아내가 고생이나 하지 않을지 여러 상념에 휩싸인다.

• 푸단대학의 상징이 된 쌍둥이빌딩 광화러우.
왼쪽(서쪽) 건물 27층에 출토문헌연구중심이
있다.

그래도 한편으로 그런 외로움을 좀 즐기는 편이라 다행이다. 고독에 빠져서 그걸 만끽할 때 뭔가 의미 있는 게 만들어진다는 일종의 진리를 어렴풋이나마 느끼고 있다. 특히 외국에서 혼자 지낼 때는 더욱 그렇다. 내 나름대로의 노하우도 어느 정도 체득하고 있다. 그 첫 번째 원칙은 가능한 한 할 일을 많이 만들어 바쁘게 지내는 것이다. 얼마나 오래 갈지 모르겠지만, 이 일기를 공개적으로 쓰는 것도 역사가로서의 기록 못지않게 내 자신을 다잡기 위한 것이기도 하다.

아직 기본적으로 해결해야 할 일이 남아 있지만 이제 이곳에서의 생활패턴이 잡혀가고 있다. 여긴 오후 5시면 이미 어두워지기 시작한다. 일찍 자는 나에게는 안성맞춤이다. 4시 반쯤부터 1시간 정도 빠른 걸음으로 걷거나 뛰고 나서 숙소 인근 식당에서 6시쯤 저녁 식사를 마치고 8시 반쯤 취침. 3시 반쯤 기상하여 간단한 운동 후 커피 마시며 일 시작(남은 기간 동안 무슨 일을 새롭게 할지는 아직 확정 못했다).

이렇게 보내는 아침 시간이 나에게는 황금시간이다. 10시쯤 푸단대학의 연구실 행(이건 11월 11일부터 실행). 가능하면 꼭 그곳 학자들과 함께 학교 식당에서 점심 먹기, 점심 후 일 좀 더하다 학교 근처 유람하기, 아마 이런 단조로운 생활이 반복될 것이다. 행동반경이 좁아져 차를 타지 않아도 되니 너무나 좋다. 주말에는 가능하면 상하이의 여러 곳을 탐방하거나 고속철을 이용해서 인근 도시들부터 다녀볼 계획이다.

어제는 10시쯤 나가 교원카드를 받고 배정받은 연구실로 갔다. 타이베이臺北 고궁박물원故宮博物院에서 역시 푸단펠로우로 한 달 동안 온 중국 고문자학 전문가 요우궈칭游國慶 선생을 만났다. 나랑 연구실을 같이 사용하는 걸 모르고 있었는지 조금 당황하는 기색이었지만 즐겁게 대화를 나누었다. 연구실이 참 좋은데 책상 배치가 두 사람이 마주보게 되어 있어서 서로 조금 불편한 느낌이었다. 다행이 그 분이 11월 10일에 떠난다고 하니 나는 그 때까지는 숙소나 연구중심 자료실 같은 데서 시간을 보낼 생각이다

요우궈칭 선생과 점심을 같이 하려고 구내식당으로 가다 다른 연구자들도 만나 함께 식사를 했다. 마침 그 중에 알 만한 사람도 있었다. 어제 출토문헌연구중심에서 수년 전 박사학위를 받은 한국 연구자 한 분이 내 페이스북 포스팅을 보고 일부러 중국 친구한테 나를 좀 도와달라고 부탁을 했다. 바로 그 친구로 연구중심에서 몇 년 전 박사학위를 받고 조리助理연구원(한국의 조교수급)으로 있는 스지청石繼承 선생이다. 난징南京사범대학을 졸업하고 연구중심에서 인장印章연구로 박사학위를 받은 35세 정도 되는 소장학자인데 너무도 친질하게 잘 해주었다. 식사 후 내가 커피를 산다고 했더니 좋은 커피숍으로 데리고 가서 자신이 다른 사람들 것까지 적지 않은 금액을 부담해서 미안하고 고마웠다. 무슨 어려운 일이든 자신에게 이야기하라고 했다.

한국으로 치면 제자뻘 정도 되는 연구자이지만, 여기서는 이런 분들과 친구처럼 지내야 할 것 같다. 이미 대가 반열에 올라간 우리 또래 연구자들은 너무 바빠 자주 만나자고 하기 민망한 상황이기 때문이다. 다행이 소장 연구자들이 모두 참 밝고 한국에도 상당히 호의적이다.

재밌게 한담하고 숙소로 와서 조금 쉬다가 오후에는 걸어서 30분 정도 거리인 통지同濟대학 캠퍼스까지 운동 삼아 다녀왔다. 캠퍼스가 괜찮다는 얘기를 들었는데 정말 그랬다. 특히 기숙사로 향하는 숲이 아주 인상적이었다. 이 대학은 1907년 독일인들이 세운 유서 깊은

명문대학이다. 아직 서양의 영향이 남아 있어서 그런지 캠퍼스에 외국인들이 많이 눈에 띄었고, 특히 진하게 포옹하고 있는 청춘남녀들이 유독 두드러져 더욱 멋졌다. 마지막 부분만 빼면 교토의 도시샤同志社대학과 비슷한 분위기였다.

저녁은 사학과 박사과정에서 송대사를 공부하는 한국 유학생 박세완 선생과 숙소 근처의 한국 식당에서 해결했다. 한국인들에게서만 얻을 수 있는 유용한 정보를 꽤 얻었다. 사학과에 한국 유학생이 10명 정도 된다니 언제 모두 초대할 생각이다. 중국에서 먹는 한국 요리는 대체로 가격대비 불만족인데, 거기도 크게 다르지 않았다. 당분간 괜찮은 중국 식당들을 탐방해야겠다.

오늘은 알리페이나 위챗페이 문제만 해결하면 될 것 같다. 일단 중국 전화부터 개통하고 공상工商은행 계좌개설이 쉽다니 찾아가 볼 생각이다.

• 통지대 캠퍼스 숲길

11월 2일
成功了

말이 편하게 통하지 않는 낯선 곳에 오면 사람이 좀 조잔해진다. 마치 어린애가 된 듯이 작은 것에 집착하고 환호하기도 한다. 어제 내가 딱 그랬다. 마친 큰 성공을 거둔 사람처럼 말이다.

이전에 중국을 잠시 방문할 때 호텔비는 신용카드로 결제하고 나머지는 현금을 들고 다니며 사용해도 큰 불편함을 못 느꼈다. 이번에는 3개월 가까이 장기 체류하려니 상당히 큰 현금을 숙소에 두는 것도 조금 불안했고, 특히 현금 지불이 안 되는 곳이 꽤 있어서 당장 불편함을 느끼고 있다. 은행 구좌 개설과 함께 즈푸바오(알리페이)나 웨이신즈푸(위챗페이) 사용이 급한 현안이 되었다.

이미 둘째 날에 구좌 개설을 요청하는 외사처의 편지까지 가지고 중국은행에 갔다 퇴짜를 맞았기 때문에 포기할까도 생각했지만 방법이 없는 건 아니었다. 한국의 블로그들을 살펴보다 한 달을 머문 한 어학 연수생이 공상은행에서 구좌를 개설했다는 얘기를 보았다. 성질 급한 나는 당장 근처의 공상은행 위치부터 검색했다. 마침 이틀

전 스지청 선생과 함께 갔던 전화개설 대리점과 가까운 곳에 공상은 행이 있어서 10시 전에 대리점으로 갔다.

제일 싼 가격이 한 달에 100위안(데이터 무제한에 한 달 통화 500분)이라는 얘기를 듣고 사실 전화를 대여해주는 걸로 잘못 짐작했다. 알고 보니 대여가 아니라 한국서 가져온 내 전화에 유심칩을 끼우는 방식이었다. 그렇게 되면 한국에서 데이터로밍을 해온 전화 사용이 불편해 질 터였다. 그 데이터로밍 덕분에 중국에서도 구글과 카톡, 페이스북을 사용할 수 있어서 정말 좋은데 말이다.

그래서 가장 싸게 살 수 있는 중국 휴대전화를 물어보니 899위안이란다. 듣도 보도 못한 Gionee라는 브랜드인데 그것도 상당히 구형인 것 같았다. 은행 구좌 개설을 위해서는 중국 전화번호가 필요하니 일단 사야 했다. 다음에도 중국에 오면 계속 쓸 수 있게 매달 보류금을 5위안씩 내면 된다고 해서 3개월 사용료 300위안에 예치금 200위안을 더 내고 전화 문제를 해결했다. 처음으로 중국 전화를 손에 쥐게 되어 뿌듯한 마음은 잠시였다.

급한 걸음으로 찾아간 공상은행에서도 3개월짜리 비자로는 개설이 불가능하단다. 옆에 있는 초상招商은행으로 가보라고 해서 갔더니 거기서는 또 근처의 상하이은행으로 가보란다. 역시 미안하다는 얘기와 함께 퇴짜를 당했다. 앞에서 언급한 블로그의 게시 일자를 확인 안한 게 화근이었다. 아마 작년 여름까지만 해도 좀 쉽게 구좌 개설이 가능했던 모양이다. 또 다른 실수도 있었다. 지인과 스치청 선생까지 한국계 은행에서는 가능하다고 조언했지만, 그런 은행의 구좌는 알리페이나 위챗페이와 연동이 안 된다는 블로그 기사가 머리에 맴돌고 있었다. 사실 그 기사도 철 지난 옛날 얘기인데 말이다.

이미 오전에 만보 이상을 걸어서 힘이 빠진 상태로 학교 식당에서 점심을 먹고 허탈하게 전화개설까지 한 걸 후회하며 숙소로 돌아갔다. 가서 보니 전날 함께 식사한 박세완 선생이 신한은행에서 구좌를 개설해서 문제없이 전자결제가 가능하다는 또 다른 블로그 기사를 보내주었다. 새로 개통한 전화로 가장 가까운 신한은행에 전화를 걸었더니 한국어 서비스도 가능하다고 당장 오라고 한다.

택시를 잡아타고 동방명주 근처의 신한은행 루자쭈이陸家嘴 지점으로 날아갔다. 30분 만에 구좌 개설하고 웨이신즈푸까지 사용 가능하도록 연결해주었다. 이틀 동안 낑낑대던 문제가 해결되는 순간이었다. 덤으로 근처의 와이탄까지 둘러볼 수 있었으니 금상첨화였다. 50위안을 내고 탄 와이탄관광수도外灘觀光隧道는 실망스러웠지만, 밖으로 나와서 바라본 경치로 가슴이 뻥 뚫리는 기분이었다.

난징동루 지하철역으로 가는 길에 신세계다완大丸백화점에 들렀다. 몇 해 전 더운 여름날 감동하며 마신 지하 2층 이태리식 레스토

• 은행 구좌 개설 후 와이탄에서 바라본 상하이 스카이라인

랑의 망고주스가 생각나서였다. 거기서 주스와 함께 파스타나 먹고 들어가려고 했는데, 이제 망고주스는 더 이상 안 한단다. 실망하며 돌아섰지만 그래도 지하 식품매장에서 아주 괜찮은 빵과 함께 당분간 먹기를 포기하고 있었던 크림치즈, 잼, 발사믹 식초까지 살 수 있었다.

이것들과 함께 한 오늘 아침은 어느 때보다 행복하다. 숙소로 돌아오는 길에 스지청 선생에게 "成功了"라고 위챗을 보냈다.

11월 3일
고문자학 수업

　　1994년 6월에서 8월까지 베이징사범대학에서 보낸 이후로 24년 만에 가장 장기간 중국에서 체류하고 있다. 중국 방문 시점이 대체로 여름방학 기간이다 보니 중국 대학에서 수업을 들을 기회가 한 번도 없었다. 어제 처음으로 대학원 수업을 청강했다.

　　이번 학기 푸단대학 출토문헌연구중심에는 석박사 과정생을 대상으로 세 강좌가 개설되어 있다. 그 첫 번째가 전공 외국어로 이번 학기는 고대 중국 관련 영문 논문들을 읽고 있다. 두 번째는 돈황학 수업인데 수업이 월요일이라 가볼 기회가 없었다. 세 번째가 바로 어제 오전 청강한 은주금문선독殷周金文選讀이다. 담당자는 한국에서부터 한번 만나보고 싶었던 셰밍원謝明文 부연구원으로 30대 후반의 소장 학자이다.

　　9시 30분 수업인데 이미 15분쯤부터 상당수의 학생과 교수가 와서 수업을 준비하고 있었다. 연구중심 소속 대학원생이 상당히 많아서 약 30명 정도가 수강하는 대학원 수업치고는 대형수업이다. 중국

대부분의 대학원 수업이 이 정도 규모로 대체로 일방적인 강의 방식인 것으로 듣고 있다. 특히 출토문헌 수업의 경우 학생들의 배경지식이 얕기 때문에 이 방법 이외 다른 방식을 찾기는 어려울 것 같다.

1899년 갑골문 발견 이후 본격적으로 시작된 청동기 금문과 초나라 죽간(이하 초간楚簡), 죽간과 비단에 씌어진 백서(이하 간백簡帛) 등 고문자 연구는 중국 고유의 학문이다. 일본과 구미에서도 좋은 연구들이 나오기는 하지만 양적이나 질적인 면에서 중국을 따라갈 수는 없다. 현재 중국에서는 푸단대학 출토문헌연구중심을 비롯해서 베이징대학과 칭화淸華대학, 우한武漢대학, 지린吉林대학, 안후이安徽대학 등에서 유사한 연구중심을 운영하며 대학원생 교육과 연구에 매진하고 있다.

고문자 연구의 핵심은 정확한 해독에 있다. 해독을 정확하게 하는 사람이 최고의 실력자인 것이고, 이들의 연구논문 역시 글자 하나

• 셰밍원 교수의 중국 고문자 수업 광경

의 새로운 해석에 천착하는 경우가 많다. 그러니 교육의 목표도 당연히 정확하게 해독하는데 초점이 맞춰질 수밖에 없다. 어제 셰밍원 교수의 수업도 마찬가지였다. 1시간 45분 정도의 수업 내내 糸와 絲자를 기본으로 하는 글자들의 연변과정을 설명했다. 갑골문에서 금문, 초간에 이르기까지 이것들을 구성요소로 하는 글자들을 종횡무진 추적하며, 그 연계성과 변천 모습을 상세히 가르쳤다.

사실 나는 이런 식의 교육을 제대로 받아본 적이 없다. 시카고대학에서의 갑골문과 금문을 비롯한 고문자 수업도 물론 자구 하나하나를 중시하기는 했지만 대체로 명문 전체의 내용 이해에 주안점을 두다 보니 글자 하나하나에 대한 깊이 있는 성찰은 부족했다. 따라서 특정 글자에 대한 기존 고문자 연구자들의 다양한 해석을 토대로 더 큰 그림이라고 할 수 있는 역사 연구에 활용해왔다. 그러니 내가 잘 모르는 기본을 천착하는 이들의 학문을 높이 평가할 수밖에 없다. 물론 나무와 숲의 비유로 그 반대의 경우도 상정할 수 있겠지만 나무에 대한 허약한 인식이 아름다운 숲을 만들어낼 수 없음은 당연한 이치이다.

어제 수업을 청강하며 중국인들에게도 상당히 이질적인 고문자학을 중국 본토에서 공부하여 박사학위까지 수여한 한국 분들이 정말 대단하다는 생각을 했다. 부족한 중국어로 한국에서는 거의 경험하지 못했던 연구와 교육 방식에 적응해가야 했으니 얼마나 큰 좌절을 딛고 섰을지 안 봐도 뻔한 일이다. 푸단대학 출토문헌연구 중심에서만 이미 5명의 한국인 박사가 배출되었다. 한국에 돌아와서 취업이라는 더 큰 새로운 벽을 만나 어려움을 겪고 있을 그들의 건승을 기원한다(그들 중 한 명인 김혁 선생이 2019년 3월부터 경상대학 중문과에 고문자학 전공 교수로 임용되어 첫 테이프를 끊었다).

세밍원 교수와는 수업 후 따로 만나 대화를 나누었다. 사실 두 달 전에 나온 내 책『청동기와 중국 고대사』(사회평론, 2018) 290쪽에서 그의 논문에 대해서 높이 평가한 적이 있다. 탁본으로만 전래된 진공전(분)晉公𥂖(盆)이라는 불완전한 청동기 명문에 대한 세 교수의 새로운 해석(2013년)이 유사한 명문을 지닌 다른 청동기인 진공반晉公盤이 새롭게 발견됨으로써 아주 정확한 것으로 입증되었기 때문이다. 그 얘기를 전했더니 기뻐하며 자신의 논문들을 모은 새 저서『상주금문논집商周銘文論集』(上海古籍出版社, 2018)을 한 권 주고 싶다고 해서 받았다. 연구중심에서 만난 다른 소장 연구자들이 전형적인 신세대의 발랄함을 보여주는 것과 달리 세 교수에게서는 세상 물정에 둔감한 전통적인 학자 분위가가 물씬 풍겨났다. 세 교수 강의에서 한 가지 아쉬운 점은 강의계획이 불분명하여 예측이 어렵다는 점이다. 가르치는 사람이 대체로 자신이 배운 방식을 뛰어넘기는 어려운 것 같다.

어제는 세 교수 외에도 두 명의 학자를 더 만났다. 위에서 언급한 이번 학기 영어 수업을 맡고 있는 장원蔣文 연구원으로 연구중심에서 박사학위를 받고 시카고대학에서 박사후과정을 밟은 드문 미국통이다. 초간과『시경詩經』을 함께 연구하는 장 박사와 푸단대학 인근 서양식 식당이 즐비한 대학로에서 꽤 괜찮은 셀러드와 파스타로 점심을 함께 하며 많은 대화를 나누었다. 남편도 연구중심의 연구원으로 있다는 장 박사와는 잘 통하는 점이 많아 앞으로도 자주 만날 것 같다.

오후에는 역사학과에서 한국근현대사를 담당하는 쑨커즈孫科志 교수를 오랜만에 만났다. 이미 중견 학자로 자리 잡고, 열심히 연구하며 한국사 관련 연구자들을 배출하는 쑨 교수의 모습이 보기 좋았다.

한국어로 편하게 얘기할 수 있어서 더 좋았다.

늦은 오후에는 상하이에 살았던 친구가 알려준 푸단대학 캠퍼스 바로 북쪽 통지同濟대학 병원 내의 엽가화원葉家花園을 산책했다. 상당히 멋진 정원에 사람들이 거의 없어서 여유롭게 즐길 수 있었다. 어제와 그제 연속으로 1만 5천보 이상씩 걸었다. 상하이에서 처음 맞이하는 주말에 뭘 할지는 아직 결정 못했는데, 이곳은 시진핑까지 왕림할 정도로 큰 국제수입박람회가 있어서 화요일까지 휴일이란다.

11월 4일
일상과 잡다한 생각들

중국에 오면 나를 포함한 한국 사람들이 얼마나 서양 식에 동화되었는지 절감할 때가 많다. 90년대에는 커피에 대한 욕구가 가장 컸다. 중소 도시에도 있던 KFC가 단비와 같은 존재였다. 요즘 푸단대학 근처에는 도처에 커피 전문점이 널려 있어서 격세지감을 느낀다. 한잔에 20위안(3,500원 정도) 이상인 아메리카노 등을 마시는 사람들이 정말 많고 커피 맛도 상당히 괜찮다. 상하이 같은 대도시에서 우후죽순처럼 늘어나는 커피숍을 보며 미래 중국의 차산업이 걱정될 정도이다.

이번에 내가 가장 불편을 느끼는 것은 구글 중독이다. 한국에 있을 때는 구글에 크게 의존한다는 생각을 해본 적이 별로 없다. 중국에 와서야 구글이 막혀 있으니 그 위력적인 존재감을 실감한다. 내가 한국에서 해온 데이터로밍으로는 한 달에 5G를 쓸 수 있다. 충분하다고 생각했는데 일주일도 안 돼서 이미 2G를 썼다는 메시지가 뜬다. 아마 모바일핫스팟을 열어놓고 노트북과 아이패드에서 구글과

페이스북 등을 써서 그럴 것이다.

그래서 이제 가능한 한 바이두에 최대한 익숙해지도록 노력하고 있다. 특히 바이두 지도는 나 같은 이방인들에게 정말 유용한 도구인 것 같다.

어제는 비도 조금 내리고 해서 종일 집에서 빈둥거렸다. 점심 때 좋은 소고기 쌀국수牛肉米線 집을 하나 발견한 게 수확이라면 수확이다. 한단루邯鄲路에 위치한 허름한 식당이지만 적당하게 간이 된 진한 육수가 일품이었다. 마늘을 제공해서 더욱 좋고 가격도 착하다. 요즘 괜찮은 식당을 찾는 기준은 12월 말에 합류할 아내의 입맛이다. 중국 올 때마다 음식 때문에 덜 행복했던 아내를 위해 좋은 식당 열군데 이상 확보하는 게 목표다. 절약이 체화된 아내에게 비싸고 맛있는데는 별 의미가 없을 것이다.

오전에 지금 중국에 계시는 시카고대학 지도교수 에드워드 쇼네시(Edward L. Shaughnessy, 중국이름 夏含夷)와 이메일을 주고받았다. 다음 주말에 우한武漢대학에서 열리는 일서日書 관련 한 학회에 그가 참석한다는 얘기를 듣고 나도 잠시 다녀오려고 하던 차였다. 그런데 13일에 시카고로 돌아가야 해서 그 학회 참석은 포기했다고 한다. 그 학회는 시카고대학의 또 다른 고대중국 전문가 도널드 하퍼(Donald Harper, 중국이름 夏德安) 교수가 우한대학 및 후베이성湖北省문물고고연구소와 함께 주관하는 학회로 내 전문분야가 아니라서 참관 여부를 좀 더 고민해야 할 것 같다.

요즘 중국의 저명 대학들은 뛰어난 해외 석학들을 경쟁적으로 모시고 있다. 쇼네시 교수는 현재 톈진天津의 난카이南開대학 역사학원에 해외 걸출 학자로 3년 동안 초빙되어 매년 2주 동안 강연을 하고, 두 달은 중국에 체류해야 한단다. 엄청난 대우를 받고 있을 것이다. 지린吉林대학은 컬럼비아대학의 리펑李峰(Li Feng) 교수를, 시베이西北대학도 UCLA의 로타 본 팔켄하우젠(Lothar von Falkenhausen, 중국이름 羅泰) 교수를 형식은 약간 다르지만 그렇게 초빙한 것으로 알고 있다. 미국에서의 고대중국 연구 석학들을 충분히 인정해주고 있는 것이다. 이들의 좋은 소식을 접하며 사실 나는 뭔가 하는 생각이 들기도 하지만 내가 부족한 걸 받아들이면서 더욱 겸손히 현재 위치에서 최선을 다할 뿐이다.

저녁때는 푸단대학 캠퍼스 구석구석을 돌아보았다. 이 구역 전체가 푸단타운이라고 해도 과언이 아니다. 가장 인상적인 것을 하나만 들라면 충분한 기숙사를 꼽고 싶다. 캠퍼스의 남쪽과 북쪽(특히 북쪽)에 대형 아파트 단지처럼 조성된 기숙사가 자리하고 있었다. 시설은 조금 떨어질지 모르겠지만 푸단대학의 모든 학생들을 수용할 수 있을 것이라 생각하니 많이 부러웠다. 교직원들 숙소도 물론 인근 곳곳에 산재해 있다.

• 푸단대학 베이취北區 기숙사 타운

요즘 중국도 학원이 극성이고 좋은 대학 가기 위해 갖가지 방법을 동원하는 것으로 듣고 있다. 그래도 머리 좋고 열심히 공부한 가난한 학생들에게도 아직 많은 기회가 열려 있을 것이다. 이런 건 중국에게서라도 배워야 한다. 현재 한국의 교육 문제를 생각하면 "백약이 무효"라는 생각이 우선이지만, 부모의 경제력에 따른 교육 기회 불평등이라는 비인간적인 상황 해소가 무엇보다 시급해 보인다.

숙소 근처에서 기차표 살 수 있는 곳(톈란퍄오우天藍票務)을 찾은 것도 어제의 큰 수확이다. 여권을 보여주고 5위안 수수료만 내면 직접 표를 받을 수 있다, 예매 후 역에 가서 표를 받기 위해 한참 동안 줄서서 기다리지 않아도 되니 너무 좋다. 내친 김에 오늘 아침 쑤저우蘇州행 왕복표를 바로 끊었다.

11월 5일
쑤저우(1) : 첫 번째 유람

　　상하이 온지 일주일 만에 처음으로 늦잠을 잤다. 정겨운 빗소리가 나그네의 외로움을 더해준다. 마음은 청춘이고 싶은데 50대 후반의 나이를 속이기는 어렵다. 쑤저우를 다녀와서 미밴드를 보니 23,902보가 찍혀 있다. 오자마자 욕조에 몸을 담근 뒤 8시 전에 쓰러져 잤는데 7시가 넘어서야 기상했다. 최근 몇 년 동안 이렇게 길게 자본 적이 없으니 이것도 복이라면 복이다.

　　상하이나 난징南京, 우한 등 몇몇 대도시를 제외하고 강남 지역을 여행한 적이 없었다. 이번 상하이 체류 기간 동안 상하이 주변의 수변 마을水鄕를 포함해서 최대한 많은 도시를 가보는 게 희망사항이었다. 그 첫 번째로 택한 도시가 상하이에서 가장 가까운 쑤저우였다. 그런데 날을 잘못 잡았다. 하필 일요일이었으니 중국 관광지 어디나 그렇겠지만 "런타이둬"人太多.

　　가기 전날 바이두를 뒤져서 쑤저우 하루 관광 전략을 소개한 현지인의 블로그 기사를 살펴보았다. 쑤저우역에서 내려서 가까운 시내

를 탐방하는 방식으로, 북사탑北寺塔-쑤저우공예미술박물관-쑤저우
박물관-졸정원拙政園-핑장루平江路-쑤저우대학-관첸제觀前街의 순으로
보면 충분하다고 한다. 더 검색해보니 쑤저우의 수변 마을 대표 격인
산탕제山塘街와 소동파가 "쑤저우에 와서 호구虎丘를 유람하지 않으
면 후회할 것이다"라고 격찬했다는 호구를 추가할 수 있을 것 같았
다.

　박물관이 9시쯤 개관하니 9시쯤 쑤저우에 도착하는 표를 끊은
게 실수였다. 쑤저우역에서 지하철 한 정거장 거리인 삼국 오吳나라
때 시건始建되었다는 북사탑이 있는 보은사報恩寺를 둘러보고 박물관
으로 가니 이미 인산인해였다. 한 시간을 기다려야 들어갈 수 있단
다. 강남 최고의 정원이라는 졸정원과 둘 중 하나를 선택해야 했다.
어찌 역사학자가 박물관을 포기할 수 있겠는가 하고 정말 체질에
맞지 않게 한 시간을 기다려 입장했다.

　쑤저우가 고대 이래 오나라의 중심으로 알려져 있으니 춘추전국
시대 오나라의 유물들이 있을 것으로 기대했다. 그런데 웬걸 삼국시
대 오나라 불교 관련 유물들과 서예작품이 전시의 주종을 이루고
있었다. 샌프란시스코 아시아미술박물관 소장 일본 죽공예품의 특
별전시와 함께였지만 눈길이 가지 않았다. 고대 오나라 관련 주요
유물들은 사실 장쑤성江蘇省의 성도인 난징에 있는 난징박물관에 소
장되어 있는 기억이 났다. 2006년 완공된 쑤저우박물관의 신관은
상당히 특이하고 아름다운 건축이다. 많은 사람들이 박물관 야외에
서 사진을 찍고 즐기고 있었다. 1960년 이 박물관이 개관했을 때는
현재 바로 옆에 붙어있는 태평천국의 충왕부忠王府 건물을 박물관으
로 사용했다. 태평천국의 명장 이수성李秀成(1823~1864)의 흉상이
세워져 있는 그 건물도 참 인상적이었다.

• 쑤저우박물관　　　　　　　　　• 태평천국 충왕부

　최대한 빨리 박물관을 둘러보고 강남 최고의 정원園林이라는 졸정원으로 갔더니 역시 사람들로 가득했다. 매표소에 가니 또 줄을 서야 하는 상황이다. 위챗페이로 사면 좀 줄이 짧았지만 외국인은 현금으로 해야 한다니 잠깐 고민 끝에 쑤저우에 다시 올 기회가 있겠지 생각하며 졸정원은 그냥 패스하기로 했다. 남쪽으로 핑장루까지 내려가는 길에 허기져서 5위안짜리 옥수수 하나 입에 물고 이동하며 아는 사람을 만날 일이 없으니 참 다행이라는 생각을 했다. 한국이었으면 상상도 못할 일이다.

　1km 남짓 수변 거리로 조성된 핑장역사가구平江歷史街區는 걸을 만 했지만 역시 아주 큰 감흥을 느끼긴 어려웠다. 사진으로 익히 보던 풍경이고 상하이 외곽의 주자자오朱家角와 별 차이가 느껴지지 않았기 때문이다. 여기보다 조금 나을 수 있는 산탕제도 갈 필요가 없겠다는 생각에 이르렀고, 나중에 수향 중 가장 아름답다는 우전烏鎭에서 1박할 계획을 세웠다.

　핑장루의 남쪽 끝에서 쑤저우대학의 북문까지는 그다지 멀지 않았다. 중국에서 가장 아름다운 대학 캠퍼스 중 하나라는 쑤저우대학 북문 앞에는 상당히 많은 사람들이 들어가지 못하고 서성대고 있었다. 앞에서 언급한 블로그에서 학생이나 교원 등 쑤저우대학 관계자가 인도해야 들어갈 수 있다는 걸 봤으니, 교문으로 들어가려는 교수처럼 보이는 한 분께 내 명함을 보여주며 사정 애기를 했다. 흔쾌히 수락하여 진입할 수 있었다.

쑤저우대학 캠퍼스는 남북으로 길쭉하게 늘어서 있다. 북문 쪽에서 남쪽으로 내려가다 보면 누구나 이게 왜 멋진 캠퍼스 중 하나인지 의아해 할 것이다. 북쪽 부분은 대체로 현대식 건물이 많기 때문이다. 중간쯤 내려가다 보면 옛 건축물이 나오기 시작한다. 사실 쑤저우대학은 중국에서 가장 오래된 사립대학으로 미국 감리교재단이 1900년 세운 동우東吳대학이 그 전신이다. 동우대학은 1951년 타이베이에서 복교復校하여 고궁박물원 근처에 아름다운 캠퍼스를 지니고 있다.

쑤저우대학의 남쪽에는 이미 100년이 훨씬 넘은 동우대학의 교문과 구 교사가 아주 잘 보존되어 있었다. 흐리던 날씨까지 청명해져서 쑤저우에서 그 때까지 느꼈던 작은 실망감이 한 순간에 날아가 버렸다. 캠퍼스 구석구석을 돌아보며 제국주의 외세가 세운 구 건축물을 잘 보존해 놓고 초대와 2대 외국인 총장의 흉상까지 세워놓은 쑤저

• 쑤저우대 캠퍼스, 일요일이라 산책 나온 사람들이 많았다.

우대학의 노력에 탄복했다. 큰 대학은 아니지만 신구가 잘 조화를 이룬 쑤저우대학 캠퍼스는 정말 내가 가본 가장 멋진 중국 대학 캠퍼스 중 하나이다.

쑤저우대학 남문으로 나와서 중심 거리로 돌아가서 늦은 점심을 먹을 깨끗한 식당을 찾았다. 이미 1만 5천보를 걸었으니 시원한 음료수부터 마시며 좀 쉴 요량이었다. 망고주스와 해물두부탕, 채소를 곁들인 조금 비싼 점심으로 원기를 회복한 뒤 택시를 타고 쑤저우의 서북쪽 교외에 있는 호구 풍경구로 갔다.

탁월한 선택이었다. 호구라는 아름다운 작은 동산에 꾸며진 멋진 정자 등 건축물들의 유래를 따져볼 여력은 없었지만 지금보다 훨씬 한산했을 소동파 시대의 광경이 조금은 짐작되었다. 호구 풍경구의 압권은 정상 중앙에 위치한 호구탑이라고도 불리는 운암사雲岩寺탑이다. 송나라 초인 961년 완성되었다는 7층 8면의 누각 전탑으로

· 운암사탑

현재 높이가 47.7m나 된다. 한 가지 흥미로운 사실은 이 탑의 기초토대가 고르지 않아 약 500년 전쯤 명나라 때부터 기울기 시작했다는 점이다. 동쪽으로 약 3도 정도 기울어져 있어 중국판 피사의 사탑으로도 불린다.

호구에서는 체력이 이미 방전이 되어서 염치불구하고 한참 동안 벤치에 누워있었다. 기차 시간이 좀 남아서 대중교통을 이용하려다 길을 잘못 들어 또 상당 거리를 걸어야 했으니 상하이 숙소 근처에 이르렀을 때는 완전 파김치가 되어 있었다. 저녁을 뭘 먹을까 고민하다 전에 가본 한국식당이 떠올랐다. 정말 맛나게 먹은 참치김치찌게에는 아마 피로회복 착각제가 들어있었나 보다. 잠시 원기를 회복했다고 생각했는데 아직까지도 피로가 이어지고 있다.

11월 6일
커피와 빵, 서점

　나는 중국식 조식을 참 좋아한다. 어디나 널려 있는 길거리 식당에서 착한 가격에 뜨끈한 죽과 함께 삶은 달걀과 빵, 만두나 만둣국(훈둔)까지 먹을 수 있다. 그런데 이번에는 아직 아침에 밖에 나가보질 못했다. 한국에서 커피용구를 다 가져왔기 때문이다.

　갓 볶은 원두커피도 네 종류 약 1kg 정도 가져왔다. 열흘 정도 먹을 분량은 내놓고 나머지는 조금씩 잘 포장해서 냉동시켜놓고 있다. 내가 하루에 먹는 분량이 대략 20g이니 12월말 아내가 들어올 때까지는 버틸 수 있을 것 같다. 사실 요즘 중국도 어렵지 않게 양질의 커피를 주문할 수 있을 터인데, 인터넷 주문이 불가할 것으로 예상하고 괜한 일을 했는지도 모르겠다(실상 한국에서 가져온 커피는 거의 버렸다. 상하이는 중국에서 커피의 천국이라고도 할 수 있는 곳이었다).

　커피와 함께 빵, 삶은 달걀, 과일, 내가 제조해서 먹는 걸쭉한 검은콩 물이 아침의 주종이다. 오늘 아침에는 지난번 은행구좌 때문에 시내 나갔을 때 난징동루의 신세계백화점에서 사온 빵 중 하나를 다 먹었다(나머지 하나는 냉동해두었다가 내일부터 먹는다). 15위안 이니 2500원쯤 되겠는데 한국에서는 맛보지 못했던 새로운 유형의 빵이다. 다 먹고 나서 포장지에 있는 빵 이름을 보니 즈마허타오추안 마이멘바오芝麻核桃全麦面包다. 우리식으로 번역하면 '참깨호두통밀 빵'쯤 되겠다. 검은깨와 호두를 갈아 앙금처럼 집어넣었는데 아주 고소하고 맛있어서 조금씩 아껴서 닷새 동안이나 먹었다.

미리 삶아놓은 적당량의 서리태를 저지방 우유에 갈아 먹는 콩물 이 내 조식의 핵심이다. 중국에서 저지방 우유는 아직 못 찾았다. 이것 역시 며칠 전 인근 완다광창에 있는 식품코너에서 견과류를 찾다 발견한 첨가물 때문에 더 맛있게 먹고 있다. 호두 포장이 너무 커서 망설이던 나에게 판매원이 더 작은 포장의 미수가루 같은 걸 권했다. 사실 뭔지 제대로 보지도 않고 사와서 먹었는데 알고 보니 이것 역시 위의 빵에 들어간 것과 같은 검은깨호두黑芝麻核桃 가루다. 요즘 중국도 이런 건강식품이 유행인 듯하다. 내 취향에 딱 맞아서 새벽부터 오전 내내 숙소에서 머무는 시간이 참 즐겁다.

• 참깨호두 통밀빵

어제는 쑤저우에서 무리한 답사의 후유증으로 거의 모든 시간을 숙소에서 보냈다. 그리고 보니 이틀 동안 거의 모든 시간을 혼자서만 보냈다. 사실 언젠가부터 누구 찾아가는 걸 즐기지 않게 된 나는 이런 생활에 상당히 익숙하다. 그러나 아무도 찾아주는 이 없는 외국에서도 이렇게 보내면 나만 손해다. 좀 귀찮더라도 작은 이벤트를 계속 만들어야 한다. 아마 학교의 연구공간을 편하게 이용할 수 있는 다음 주 월요일부터나 생활 패턴이 제대로 잡힐 듯하다.

어제 점심때는 난징대학 박사과정에서 중국 고대사를 공부하고 있는 이대우 선생이 알려준 푸단대학 남쪽 캠퍼스 체육관 정문 맞은 편에 있는 루밍鹿鳴서점에 들렀다. 역사나 고고학, 고문자학 분야의 좋은 책들이 많았고, 특히 편하게 앉아서 책을 볼 수 있도록 호젓한 공간을 만들어놓아 참 여유롭게 느껴졌다.

아마 고대 중국을 연구하는 사람들은 대체로 동의할지도 모르겠는데 서점에 가면 쏟아져 나오는 새로운 책들 때문에 불안한 마음이 커진다. 5~6년 전까지만 해도 관련 분야의 책들은 다 사려는 욕심에 베이징에 가면 서점 탐방이 필수 코스였다. 요즘은 그런 욕구가 시들해져서 정말 필요한 책들만 조금씩 사고 있다. 내 연구실의 남은 공간을 더 이상 책으로 채우지 않는 게 작은 목표다(새로 산 만큼 필요 없는 책들은 버려야 한다는 얘기인데 그게 참 힘들다).

여러 책들을 살펴보다 당장 필요한 한 권을 샀다. 출토문헌연구중심에서 출간하는 『출토문헌여고문자연구出土文獻與古文字硏究』 제7집 (2018년)에 지금 내가 관심 가지고 있는 요순우堯舜禹의 역사화 문제와 관련된 논문이 실려 있었다. 연구중심 소속 소장학자인 궈용빙郭永秉 교수의 「근래 출토된 전국시대 문헌들이 고사 전설 연구에 가져온 새로운 지식과 반성」이라는 상당히 긴 논문을 어제 내내 읽었는데 아직 다 마무리하지 못했다.

골자는 구제강顧頡剛 선생이 제기한 의고疑古적 관점이 아직 유효한 부분도 많고, 기원전 5~4세기경 전국시대에는 이미 성행한 요순우의 전설들이 허황되게 날조된 얘기가 아니라 그 골자는 상고시대 이래로 전래될 얘기들일 가능성이 크다는 것이다. 특히 중국에서 최초의 국가이자 왕조시대로 일반적으로 인정되는 하상주 3대에 앞서 전설상 순舜의 나라로 알려진 우虞라는 나라가 실존했을 가능성을 강조하고 있다. 요나 순이나 우나라의 통치자였을 거라는 얘기다.

그의 주장을 전면적으로 수용하기는 주저된다. 나는 전국시대에 확실히 유행했던 요순우 관련 상호 모순되기까지 하는 다양한 전설들이 그 시대에 경쟁적으로 창작된 유사역사 이야기일 것으로 보고 있다. 그렇지만 궈용빙의 견해처럼 그 이야기들의 큰 뼈대, 예컨대 인물이나 나라 이름 등은 실제로 전래되었을 가능성을 배제하지 않고 있다.

이렇게 그럭저럭 일주일을 상하이에서 보냈다. 어제 점심은 소고기 왕만두 두 개(4위안)와 닭꼬치(5위안) 하나로 해결했다. 길거리 음식에도 점차 익숙해지고 있다. 저녁은 집 근처에 있는 르촨스日全食라는 골라먹는 철판 뷔페집에서 먹었는데, 여긴 아내도 좋아할 만한 곳이다. 중국에 대해 조금 지저분하다는 인상을 가지고 있는 아내를 안심시키기 위해 한국의 여느 동네 같은 그 식당 주변 사진을 찍어 보냈다.

11월 7일
상하이 시내 탐방(1)

지난 8일 동안 상하이 일기로 쓴 분량이 원고지로 100매가 넘었다. 이럴 생각은 아니었는데 일종의 자승자박이 되고 있다. 그런데 사실 이런 글쓰기가 연구보다 즐거우니 행복한 자승자박이다. 그래도 내 본업을 경시할 수는 없다. 오늘부터는 새벽 황금시간에는 할일 먼저하고 일기는 최대한 나중에 쓰기로 했다.

오늘과 내일 상하이는 계속 비가 내릴 예정이다. 그래서 어제 오전에 처음으로 시내 탐방에 나섰다. 그 첫 번째 행선지는 신천지新天地이다. 아마 상하이를 방문하는 한국인들은 거의 이곳을 들를 것이다. 신천지역 근처에 상하이임시정부 옛터가 보존되어 있기 때문이다. 나 역시 예전에 임시정부 구지는 가보았지만, 사실 이 지역을 제대로 살펴볼 기회는 없었다.

신천지는 아마 상하이의 젊은이들과 관광객들이 좋아하는 쇼핑과 유흥 거리일 것이다. 그런데 돈 많은 사람들이어야 할 것 같다. 식당들의 가격표를 보니 서울의 강남 못지않게, 아니 그 이상으로 비싼 지역이다.

그렇지만 신천지에 담겨 있는 흥미로운 역사는 돈이 좀 없어도 마음껏 즐길 수 있으니 공평하다. 언제부터 이 지역을 신천지라고 불렀는지 명확치 않지만 아마 1990년대 개발 이후가 아닐까 한다. 1860년대쯤 태평천국이 기승을 부릴 때 저장성浙江省 일대의 부호들은 프랑스조계지이던 이곳에 가족들을 위한 안가를 짓기 시작했다. 서양 부동산개발업자들이 강남 전통과 서양식을 혼합하여 큰 돌로 문틀을 만들고 나무문을 단 이른바 석고문石庫門 건축을 짓기 시작했다. 1900년대 이후에는 대형 서양식 건축도 많이 들어서서 아주 독특한 지구로 발전했다.

1919년 우리 임시정부가 이 지구의 한 귀퉁이에 터를 잡았듯이, 중국 공산당의 역사도 바로 이곳에서 시작되었다. 신천지역 개찰구를 나오니 역 인근에 있는 중국 혁명의 성지인 이른바 홍색경점紅色景點을 안내하는 시도가 눈에 띄었다. 중국 공산당 제1차 전국대표회의가

• 젊은 시절 마오쩌둥

49

열렸던 장소와 사회주의청년단기념관, 쑨중산孫中山 고거故居, 항일전쟁 승리 후 저우언라이周恩來의 사무처로 알려진 주공관周公館이 그것이다.

중국 공산당의 시작을 알리는 1차 대회 장소는 아침부터 상당히 긴 줄이 늘어서 있었다. 당시 회의 참석자들의 면면과 회의장 모습을 재현해놓고 교육의 장으로 활용하는 것 같았다. 젊은 마오쩌둥의 사진을 보면 인간 심성의 변화가 어느 정도는 그 얼굴에 반영되어 나타남을 짐작할 수 있다. 독재의 길을 걸은 말년의 고집스런 모습과 상당히 대조적이다.

1918년부터 쑨원孫文이 쑹칭링宋慶齡과 함께 거주했다는 쑨중산 고거가 상당히 인상적이었다. 캐나다의 화교들이 쑨원에게 기증했다는 서양식 주택과 함께 그 옆 건물을 기념관으로 만들어놓았다. 쑨원의 행적을 시기별로 나누어 전시했고, 특히 쑹칭링과 관련된 사진 등 전시가 상당히 좋았다. 1925년 쑨원이 서거한 이후에도 쑹칭링은 1937년까지 계속 이곳에서 거주했다고 한다.

• 쑨중산 고거 후면, 신천지에는 이런 모양의 서양식 건축이 즐비하다.

제2차 국공합작에 이은 항일전쟁 승리로 국민당과 담판하여 1946년 얻어내어 공산당 상하이연락처로 사용했던 건물이 주공관이다. 저우언라가 책임자로 그의 거처로 위장했기 때문에 이런 이름이 붙여졌다고 한다. 국민당의 소굴에 설치된 이 연락처가 중국 공산당의 중요한 기지 역할을 했을 것이다.

쑨원의 고거와 마찬가지로 주공관 역시 서양식 건축물이다. 이 일대는 이러한 멋진 건축물들이 군집한 지역으로 현재 대체로 서양식 고급 식당들이 자리하고 있다. 이런 건물들의 사진을 찍어 가족들에게 보냈더니 상하이에 이렇게 좋은 데가 있냐고 반문한다.

문득 1990년대 신천지가 개발되기 이전까지 이런 고급 주택들이 어떤 영욕의 과정을 거쳤을지 궁금해졌다. 나는 비록 중국 고대사를 공부하지만 중국사 전체에서 가장 재밌는 부분을 꼽으라면 단연 20세기 초반의 현대사를 들고 싶다. 수천 년을 이어온 전통이 다양한 방식으로 파괴되며 서양에서 온 공산주의가 중국식으로 정착되어가는 과정은 정말 복잡 미묘하다. 아직도 많은 문제를 안고 있는 중국이지만 당시 젊은이들의 혁명을 향한 순수한 열정이 현대 중국의 토대를 닦았음은 누구도 부인할 수 없을 것이다.

• 18세 쑨원

11월 8일
갈등

동 트 기 전 새벽 내내 세차게 비가 내린다. 한국 뉴스를 보니 미세먼지가 심각하던데 이곳 상하이는 아직까지 다행이도 공기는 괜찮은 것 같다. 비 때문에 바깥온도가 12도 정도까지 떨어져 두꺼운 겨울 파자마를 입고 있는데도 아랫도리에서 한기가 느껴진다. 건물의 단열이 제대로 되어 있지 않은 탓일 게다. 창틀 사이에서 바람이 송송 들어온다. 온기를 느끼고 싶어 벽에 달린 에어컨의 온풍 기능을 켜보지만 아직 세팅이 제대로 되어 있지 않은지 찬바람만 나온다.

상하이에 온 이래 어제 처음으로 사진을 한 장도 안 찍었다. 그만큼 적응하고 있다는 얘기일 수 있지만 의욕이 그만큼 떨어진 것 같기도 하다. 처음 일주일 동안 좌충우돌하며 열심히 지낼 때는 외로움을 느낄 새가 없었는데 이제 조금 안정되고 나니 외로움이 밀려온다.

마찬가지로 이곳에 온 이상 뭔가 의미 있는 일을 해야 된다는 부담감과 그냥 한국에서 가져온 일이나 적당히 하면서 여행 많이 하고 편하게 지내다 가면 되지 하는 두 마음이 교차한다. 아마 나처럼 외국에서 이런 시간을 보낸 사람들은 누구나 유사한 갈등을 경험해보았을 것이다.

사실 역사를 공부하면서 연구자가 국가대표라는 인식을 가지는 것에 대해 지나칠 정도로 거부감을 느껴왔다. 한국사 연구자들이 연구논문에서까지 "우리 역사"라는 표현을 종종 쓰는 것을 냉소적으로 봐온 것도 사실이다. 그런데 지금 내가 처한 상황은 맥락이 많이 다르기는 하지만 국가대표라는 부담에서 완전히 자유롭기 어려운 것 같다.

여러 상념이 교차하는 아침이지만 한 가지 분명한 사실은 무언가 열심히 하지 않을 때 별로 행복하지 않다는 점이다. 상하이 푸단대학에 다녀간 단국대학의 심 모가 한국의 중국 고대사 연구 수준이 상당히 괜찮다는 걸 보여줬다는 애기를 듣고 싶다. 너무 큰 욕심인가?

11월 9일
강연과 작별

바깥 온도가 8도로 떨어지니 거실에 냉기가 완연하다. 옷을 껴입고 뜨거운 차를 찾게 된다. 어제 만난 중국 동료들은 이구동성으로 상하이의 추운 겨울에 대해 한마디씩 한다. 온도가 그리 낮지 않은데도 뼈를 파고드는 추위란다.

상하이의 습도 높은 날씨가 일면 이해되면서도 일반 집들의 단열과 난방 미비가 그 못지않은 이유라는 생각을 버리기 어렵다. 실내가 추우니 바깥의 날씨가 더 춥게 느껴지는 것이리라. 10년 전 캘리포니아에 머물 때도 비슷한 상황을 경험했다. 그 때 그랬듯이 한국에서 문풍지를 가져와서 숙소 창틀 곳곳의 느슨해진 틈 사이를 막고 싶다.

이곳에 와 있으며 가장 신경 쓰였던 부분은 매달 한 번씩 해야 한다는 강연이었다. 오자마자 일정을 잡고 그 준비를 할 수 있으리라 예상했다. 강연 주제도 4개 정도 준비해왔고. 그런데 상황이 내가 예측했던 것과는 상당히 달라서 조금 당혹스럽다.

일단 출토문헌연구중심에 푸단펠로우로 먼저 오셨던 분들 중 강연을 한 경우가 없다고 한다(모두 한 달 체류이기는 하다). 이분들이 다 뛰어난 연구자들이기 때문에 조금 의아했으나 이곳의 여러 사정을 들어보니 이해되는 측면이 있다. 깊은 얘기를 하기는 어렵지만 아직 허술한 중국의 시스템도 한 몫 하는 것 같다(3개월 체류에 세 번이나 강연을 요청하는 것도 조금 무리로 보이고, 이런 경우도 처음이다).

그래서 내가 나서서 강연할 데를 찾아야 하는 형국이 되고 말았다. 물론 안 하고 편하게 지내다 갈 수도 있겠지만, 그건 내 성미에 맞지 않고 부족하더라도 그동안 내가 한 연구를 여기서 풀어놓고 싶은 마음도 크다.

너무 바빠 일정을 내기 어렵다는 출토문헌연구중심에 한 차례 정도 강연 안배를 요청했고, 다른 루트를 통해서도 부탁을 했다. 그랬더니 역사학과에서 중국고대사를 담당하는 타이완 출신 린즈펑 林志鵬 교수가 정식으로 강연요청 메일을 보내왔다. 외국인들은 한 달 전쯤 날짜를 정해서 학교 당국에 신청해야 하는 모양이다. 발표할 논문을 확정하고 새벽 내내 중문이력서를 만들었다. 일정은 아직 결정 못했는데 12월 초나 20일 경이 될 것 같다.

• 요우궈칭(우), 스지청 선생과 숙소에서

그래도 한번 정도 더 강연을 하고 싶어서 어제 푸단대학에 있는 한국연구중심에 찾아 갔다. 외사처 담당자의 소개로 혹시 한국 고대사 관련 강연을 할 수 있을까 해서 가보았는데 대체로 국제관계 등 근현대 연구에 치중하는 곳이라 그다지 여의치는 않은 것 같다. 물론 그쪽에서 정식 요청이 오면 고려해보겠지만 굳이 안 해도 내가 할 도리는 다 한 것 같다.

　어제는 내일 떠나는 타이베이 고궁박물원의 요우궈칭 선생과 함께 점심을 했다. 스지청 선생과 미리 선약이 있다고 해서 내가 거기 끼는 형식이었다. 완다광장에 있는 상당히 고급스러워 보이는 신장新疆 요리 식당에서 아주 맛있는 점심을 먹을 수 있었다. 이후에 두 분을 내 숙소로 초대해서 커피를 대접했다. 정말 유쾌하고 좋은 분들이어서 즐겁게 대화를 나누었다. 아직도 못 알아듣는 말이 많은 나를 배려해주는 그들이 참 고마웠다.

　서예가이기도 한 요우궈칭 선생은 상하이에서 한 달 동안 체류하며 겪은 일들을 일기장 형식으로 멋지게 정리한 걸 보여주었다. 전각에도 조예가 있는 그는 이곳에서 전각한 인장들을 찍고 청동기 금문으로 글들의 일부를 채워서 상당히 인상적이었다. 사진을 찍어놓지 않아 아쉽다.

　나도 가만히 있을 수 없어서 지금 쓰고 있는 상하이 일기를 보여주었다. 두 분 모두 큰 관심을 보여 내 페이스북에 올라 있는 가족이나 집 사진 등도 함께 봤다. 아내가 너무 젊어 보인다고 놀라며, 5년 전쯤 찍은 염색으로 위장한 내 사진과 지금의 내 모습이 너무 다르다고 한다. 페이스북 계정을 가지고 있는 스지청 선생과는 바로 친구가 되었다.

　이들과 재밌게 어울리면서 어제 아침의 우울했던 기분은 바로 사라져버렸다. 작별인사를 나눈 요우궈칭 선생이 떠나는 토요일부터는 광화러우 서쪽 건물 29층에 있는 연구실로 나갈 생각이다. 12월로 예정된 강연을 준비하며 좀 더 교류의 폭을 넓혀가야겠다.

11월 10일
첫 번째 연구년 회상

　　특별한 일이 별로 없었던 어제였다. 역사학과 강연이 12월 19일 오후 3시 반으로 확정되었고, 에어컨의 온풍 기능이 작동되도록 기사가 다녀갔다. 강연을 일찍 다 해버리고 편하게 지내고 싶었는데 내가 이곳 사정에 맞추는 수밖에 없는 것 같다.

　오늘 아침 늦잠을 자면서 문득 약 10년 전의 첫 번째 연구년 시절을 떠올렸다. 중3짜리 딸과 둘만 1년 동안 LA에서 동쪽으로 약 100km 떨어진 클래어몬트Claremont라는 데서 보냈다. UCLA 인근 집값이 너무 비싸서 고민 끝에 선택한 클래어몬트는 명문 리버럴 아트 칼리지Liberal Arts College들이 모여 있는 작은 대학타운이다. 거기서 참 평화롭고 열정적인 나날들을 보냈다.

　지금과 마찬가지로 저녁에 할 일이 별로 없으니 8시쯤 자서 2시에 기상했다. 딸의 등교 시간에 조금 신경 쓴 것 외에 오전 내내 정말 많은 일을 했다. 오후에는 사막에 있는 황량한 산을 두 시간 정도 트래킹했다. 그것도 가장 더운 시간대에. 트래킹을 쉬는 날은 골프

약속이 있는 날로 캘리포니아는 정말 골프의 천국이었다. 선크림 로션을 제대로 바르지 않고 뙤약볕에서 운동하다 보니 피부가 망가질 정도였다.

UCLA와 시카고대학에서 한 번씩, 클래어몬트 대학들에서 두 번, 미주극동문제연구소 주관으로 교민들 상대로 한 번 강연을 했다. 모두 상당히 유익했다. 그 기간 동안 두 권의 번역서를 완성했다. 『고고학 증거로 본 공자시대 중국사회』(세창출판사, 2011)와 『화이부동의 동아시아학』(푸른역사, 2012)이 그것이다. 앞의 것은 한국연구재단의 명저번역과제였다. 두 권 모두 전문 학술서여서 학계에 조금은 기여했을 것이다.

사실 이번 상하이에 오면서도 그 때와 같은 방식을 기대했다. 번역하고 싶은 책 한 권과 다른 일거리들도 가져왔다. 3개월에 그걸 다 하는 것은 사실 무리지만 그래도 어느 정도 구색은 맞출 수 있으리라 생각했다. 그런데 아직까지 그 때와 같은 열정이 되살아나지 않는다. 환경이 달라서 그런 것 같고, 더 중요하게는 체력적으로도 당시와는 상당한 차이가 느껴진다.

나이를 이길 수 있는 장사는 정말 없는 것인지, 그게 그저 약해진 열정에 대한 핑계에 불과한 것인지 정확히 알 수는 없다. 이곳에서 남은 기간 동안 내가 과연 어떤 성과를 만들어낼 수 있을지 나도 궁금하다.

새벽에 커피를 내리려다 문득 한 꾸러미 100장짜리 필터가 눈에 들어왔다. '아! 저게 거의 다 없어져야 집에 가는 구나'라는 생각에 움칠했다. 스스로 강해지고 싶은 어쭙잖은 욕망과 이미 약해지고 있는 어쩔 수 없는 자연스러움이 교차하고 있다.

그래도 아이패드에서 흘러나오는 음악이 잔잔한 평화를 선사하는 행복한 아침이다.

11월 11일
강사법 단상

　　서강대 사학과 계승범 교수의 대학 강사 문제를 다룬 칼럼 "절벽사회와 사다리사회"를 이제야 읽었다(서울신문 2018년 11월 2일자). 미국의 상황을 조금 과대포장한 감이 있지만 자신의 체험을 토대로 "동일노동 동일임금"을 주장한다. 십분 공감하면서도 해결책이 제시되지 않아 아쉽다. 중국 대학의 사례에서 실마리를 찾을 수도 있을 것 같은데 아마도 한국의 교수들은 별로 좋아하지 않을 것이다.

　중국 교수들을 만나면 한국 교수들의 처우에 대해 상당히 궁금해한다. 내가 받는 연봉을 얘기해주면 많이 놀라며 부러워한다. 미안한 마음에 한국 교수들은 강의 부담이 크고 연구와 행정 등 일이 많다고 항변한다.

　사실 이 얘기가 어느 정도는 먹힌다. 중국 대학 교수들의 상황이 한국과는 정반대이기 때문이다. 한국이 소수가 많은 것을 독점하는 구조라면 중국은 여럿이서 나눠가지니 개인에게 돌아가는 몫이 적을 수밖에 없다.

일례로 내가 현재 적을 두고 있는 푸단대학 출토문헌연구중심에
는 15명 이상의 전임교원이 있다. 대학원생만 있는 연구소라서 중국
대학의 일반적 기준으로 얘기하기 어렵겠지만 어쨌든 연구중심의
이번 학기 개설 강의가 세 과목 밖에 안 된다. 강좌 개설이 조금
적은 학기라고는 하지만 대체로 2~3년에 한번 정도 강의 기회가 온다
고 한다. 행정 부담도 별로 없이 대부분의 시간은 연구에 할애한다.

푸단대학 역사학과의 홈페이지에 들어가 보니 전임교원이 무려
66명이나 된다. 세계사교연실世界史教研室에 21명, 중국고대사교연실
에 21명, 중국근현대사교연실에 22명, 사상사나 의학사 등을 다루는
전문사교연실 6명이다. 한국에서도 유명한 거자오광葛兆光 교수가
전문사교연실 소속으로 나온다. 그런데 이 정도는 중국 대학 역사학
과치고 그다지 많은 편이 아니다.

푸단대학 역사학과에는 이번 학기 허부에 84개, 석박사과정에 약
35개 정도의 강의가 개설되어 있다. 상당히 다양한 강의에 많이 놀
랐다. 교원들의 강의 부담도 꽤 큰 것 같다. 한국사를 담당하는 쑨커
즈 교수의 경우 학부(근현대중한관계사)와 박사과정(한국사) 각각
하나씩 담당하듯이 한 학기에 두 강좌를 가르치는 교수들이 상당수
있는 것 같다.

그러나 푸단대학 역사학과의 경우를 중국 대학 교수들의 평균
강의 시수로 보기는 어려울 것이다. 요즘 조금 늘어나는 추세라고는
해도 아직 대부분의 중국 대학교수들은 평균적으로 1년에 한두 과목
정도 맡는 것으로 알고 있다. 한 학과에 전임교원이 많아서 일을
적게 하는 대신 수입도 적은 구조다. 열심히 하는 역량 있는 교수들
은 외부에서 연구비를 받아오기 때문에 물론 실제 수입은 다 다르다.

사람이 많은 중국의 특수한 상황이 이런 제도를 만들어냈겠지만 사실 한국 대학의 강사 문제도 이를 통해서 보면 단순하다. 서두에서 얘기한대로 공유와 독식이라는 차이가 있을 뿐이다. 주어진 파이는 중국이나 한국이나 비슷한데도 말이다.

사실 독식 문제는 경제전문가 주진형 선생이 강조하는 "원청과 하청"의 문제로도 볼 수 있을 것이다. 한국 사회에 만연한 이 문제가 대학에만 있는 것은 물론 아니다. 그래도 내가 경험하고 있는 한국의 대학교수는 하는 일에 비해 상당히 과분한 대우를 받는다. 어려운 대학들이 늘어나고 있어서 대학마다 차이가 있겠지만 세계적인 보편적 기준으로도 확실히 그렇다. 게다가 사회적인 존경까지 받고 있지 않은가. 그 존경이 최고의 교육자로서 교수라는 직업 때문인지 대우 좋은 그 직업 때문인지는 잘 모르겠다. 한 가지 확실한 사실은 나를 포함한 교수들도 일반인들과 크게 다르지 않게 돈 좀 더 벌기 위해 노력하는 운이 더 좋은 직장인일 뿐이라는 점이다.

그러니 사실 내가 생각하는 강사문제의 해답은 간단하다. 결국 돈 문제인데 강사료를 대폭 올려주는 것이다. 계승범 교수가 강조하는 "동일노동 동일임금" 원칙을 적용해서 말이다. 정부의 재원도 없는데 어떻게 가능할까? 결국 교수들이 독점하고 있는 파이의 몫을 점차 줄여나가는 방법을 모색해야 하지 않을까 한다.

그 한 가지 방안으로 이전에 쓴 어떤 글("시간강사 문제 해결의 첫 단추" 한겨레신문 2015년 12월 9일자)에서 각 대학마다 전임교수들에게만 주는 교내 연구비를 강사료 인상 재원으로 돌리자는 제안을 한 적이 있다. 외부에서 연구비를 받을 수 있는 역량 있는 교수들을 제외한 대부분의 교수들이 당연히 반대할 것이다. 대학 평가에 교내 연구비 항목이 일정 비중을 차지하니 대학 당국도 난색을 표명

할 텐데, 그래도 해결책이 없는 것은 아니다. 대학당국의 저승사자인 교육부가 강사들의 처우 문제를 대학평가의 주요 항목으로 설정하면 어떻게 될까? 대학들이 경쟁적으로 이 문제 개선을 위해 아이디어를 짜낼 것이다.

한국의 교육 문제는 정말 해답을 찾기 어려운 것 같다. 문재인 정부에 상당한 기대를 가졌던 나이지만 요즘 돌아가는 걸 보면 "혹시나 했더니 역시나"에 가깝다. 물론 이전 두 정권의 무도함에서 자유로워진 것만 해도 많이 감사해야 할 일이고, 그만큼 한국 사회 곳곳에 파인 골이 깊다는 얘기일 수도 있을 것이다. 그래도 과연 한국에 실력 있는 사람들이 부족한 건지, 많은 데도 제대로 발탁을 못 하는 건지 의문은 있다. 아마 후자에 가까울 텐데 여기에도 내가 잘 모르는 속사정이 있을 것이다.

내가 위에서 제시한 방안도 당연히 문제가 있을 것이다. 한국에 민주주의가 도입된 지 이제 기껏 70여년, 역시 민주주의는 시간을 먹고 자라는 것 같다(급기야 올해 가을 학기부터 시간강사법이 시행되어 그 선한 의도와는 달리 상당한 혼란이 예상된다).

11월 12일
상하이 시내 탐방(2)

오늘부터 아침에 숙소에 머물다 점심 때 맞춰서 개인 연구실로 나오고 있다. 여기 친구들은 11시 조금 넘어 학교 식당에서 점심을 먹는다니 나한테는 좀 이르지만 그렇게 맞추기로 했다. 내가 받은 연구실은 출토문헌연구중심보다 2층 위인 광화러우 시주러우西主樓 2908호로, 건물 서쪽으로 탁 트인 전망이 상당히 좋다. 아직은 조금 생경하지만 차차 적응될 것이다.

지난 주말에는 이틀 연속 상하이 시내 탐방을 했다. 토요일에 한 친구가 권한대로 상하이의 근대를 느낄 수 있다는 우캉루武康路부터 먼저 가보았다. 상하이교통대학이 그 근처에 있어서 그렇게 결정했다. 중국 친구들과 대학에 관한 얘기를 나누던 중에 "자오다"라는 대학이 베이징나 칭화, 푸단 등과 동열로 언급되는 것을 듣고 무슨 대학인지 물어보았다. 상하이교통대학이란다.

상하이교통대학 하면 매년 세계 대학랭킹을 발표하는 괜찮은 대학 정도로만 알았는데 알고 보니 중국에서 가장 오래된 명문 대학 중의 하나다. 1896년에 난양공학南洋公學으로 창건했다. 1929년에 국립교통대학으로 개명하고, 1955년 학교를 시안西安으로 옮겨 교통대학 상하이부분으로 남아 있다. 1959년 상하이교통대학과 시안교통대학으로 분리되었다고 한다. 시안교통대학이 좀 쳐지지만 두 대학 모두 중국 내 자연계열 분야에서 수위를 다투는 명문대학이다.

시내 중심에서 가까운 지역에 위치한 상하이교통대학 캠퍼스는 그다지 크지는 않았지만 오랜 역사를 자랑하는 구 도서관과 체육관 등 건축물이 아주 인상적이었다. 장쩌민江澤民 주석을 배출한 대학답게 캠퍼스 정 중앙에 상하이교통대학이 세계의 일류대학이 되길 염원하는 장 주석의 휘호가 담긴 비석이 서 있다.

우캉루를 찾은 또 다른 이유인 인근 쏭칭링宋慶齡의 고거는 현재 개보수 중이라 들어갈 수 없어서 아쉬웠다. 우캉루의 초입에는 그 길의 상징이라 할 수 있는 1924년 프랑스 상인이 건축한 아파트인 우캉다리우武康大樓가 우뚝 서 있다. 20세기 초 많은 명사들이 거주한 서양식 건축이 즐비한 우캉루 역시 프랑스 조계지의 일부로 1914년부터 본격적으로 개발되었다고 한다. 관광객들뿐만 아니라 많은 상

• 상하이교통대학
  구 도서관

하이의 젊은 커플들이 이 거리를 즐기고 있었다. 상하이를 낭만이 깃든 도시로 만들어준 주요 지역들이 대부분 근대 서양 문화의 산물이라는 점에 큰 아이러니를 느꼈다.

한참을 걷다가 지친 몸을 이끌고 우캉다러우의 맨 아래 1, 2층에

• 우캉다러우

• 우캉다러우의 Cottage 카페

있는 The Cottage Cafe and Bar에서 따뜻한 차를 한 잔 마셨다. 그 카페의 모습이 두드러져서 많은 사람들이 사진을 찍고 있었다. 나 역시 그 중의 하나였는데, 결국 그 카페 2층에서 창밖을 보고 앉아 있는 하얀색 옷을 입은 젊은이 옆으로 들어가 앉았으니 나도 아마 여러 사진에 모델로 등장했을 것이다.

어제는 역시 프랑스조계지로 개발된 형산루衡山路에 들렀는데 큰 감흥을 느끼긴 어려웠다. 1호선 지하철역에 이르자 바로 난징시루南京西路로 발길을 돌렸다. 작년 말 개장한 스타벅스 리저브 로스터리 Starbucks Reserve Roastery에 가보기 위해서였다. 3년 전 시애틀에 커피 종합전시관이라고 할 수 있는 첫 번째 로스터리를 연 이래 그 두 번째로 훨씬 큰 규모의 로스터리가 상하이에서 문을 열었다.

상하이는 스타벅스가 큰 성공을 거둔 도시로 전 세계적으로 가장 많은 600곳 이상의 매장이 있다고 한다. 로스터리 맞은편과 주위에

• 상하이의 명물이 된 스타벅스 리저브 로스터리

서도 상당수의 스타벅스 매장이 눈에 띄고 전날 들른 상하이교통대학 구내에까지 매장이 들어서 있을 정도이다. 상하이가 이미 커피의 도시가 된 줄도 모르고 한국에서 상당 분량의 커피를 가져왔으니 난생처음 중국에서 촌놈이 된 기분이었다.

30분 이상 줄을 서서 입장한 상하이의 스타벅스 로스터리는 커피뿐만 아니라 차와 관련된 많은 것들도 구비된 곳이다. 커피용구 일체와 다양한 원두커피, 맛있는 빵, 커피맥주뿐만 아니라 원두 로스팅 과정까지도 생생하게 보여줘 이미 상하이의 새로운 명소로 자리 잡고 있었다. 한국에서 온 관광객들 역시 많이 눈에 띄었다.

문제는 상당히 비싼 가격이다. 원두커피 50g에 1만 원 정도이고 머그컵들도 대부분 4~5만원은 족히 넘는다. 그래도 거기까지 간 김에 빈손으로 올 수는 없어서 아내의 상하이 도착 기념 선물로 줄 머그컵 하나와 당장 먹을 원두 200g을 사왔다. 아마 한국에서 가져온 커피는 다 버려야 할 것 같다.

이제 2주를 상하이에서 보내며 이곳 물가의 이중성을 강하게 느끼고 있다. 상하이는 중국에서 가장 물가가 비싼 지역일 텐데 그래도 보통사람들이 갈만한 싼 식당이나 식품점이 아직도 많다. 내가 주로 가는 식당이나 제과점의 가격은 서울의 약 7~80% 정도로 사실 더 싸게 먹을 수 있는 곳도 꽤 있는 것 같다. 그런데 소위 말하는 고급 식당들은 서울의 가격보다 훨씬 비싸 보인다. 음식 맛 못지않게 세련된 분위기가 가격을 무진장 끌어올리는 요인이 아닌가 한다. 나같이 1990년대부터 저렴한 중국에 익숙해진 사람들에게는 참으로 격세지감을 느끼게 하는 곳이다.

어제 난징시루에서 난징동루까지 중국 아니 세계 최고라고도 할 수 있는 거대한 쇼핑가를 걸으며 최고의 부자와 빈자가 공존하는 중국의 미래가 과연 어떻게 될지, 우리 한국인들은 거기서 과연 어떤 기회를 얻을 수 있을 것인지 여러 상념에 휩싸였다. 난징동루의 신세계다완 백화점 지하 2층의 제과점에 또 들러 지난주까지 맛있게 먹었던 참깨호두통밀빵 두 덩어리를 사서 귀가했다.

11월 13일
일상과 또 다른 만남

　　중국에서 이렇게 훌륭한 연구실을 쓸 수 있으리라곤 상상도 못했다. 방도 적당하게 크고 오후가 되니 따뜻한 햇볕이 들어와서 참 좋다. 29층이니 전망도 아주 좋다.

　　10시쯤부터 연구실에 나와 학교에서 발급한 아이디와 패스워드로 인터넷 접속을 시도해보지만 여의치 않다. 연결은 되는데 인터넷 익스플로러나 크롬 접속이 원활하지 않으니 답답하다. 꼭 뭐가 막혀 있는 느낌도 들고, 무슨 문제인지 원인을 정확히 알 수 없지만 연구실에 나와 있는 시간은 그냥 인터넷과 와이파이에서 해방되는 시간으로 할까 하는 생각까지 하게 된다.

　　그런데 그렇게 시도해본 사람들은 알겠지만 그게 정말 어렵다. 한국 관련 인터넷 사용이 불편한 이곳에 와서야 요즘 우리들의 일상이 얼마나 웹상의 정보와 밀접하게 얽혀 있는지 실감하고 있다. 글을 쓸 때 구글이나 네이버에 편하게 접속하지 못하니 속도가 더딜 수밖에 없다.

• 푸단대학 연구실(광화러우 시주러우 2908호)

• 연구실에서 바라본 캠퍼스 서쪽, 우측 중간 지점에 기숙사 단지가 보인다

중국폰에 익숙해지면 될 것 같은데, 아직 한글을 쓰는 방법이나 필요한 한국앱을 까는 문제마저 해결 못하고 있다. 네이버나 다음에도 접속이 잘 안 되어 그 전화는 거의 알리페이나 위챗페이 전용이 되어버렸다. 오늘 점심 먹으면서 중국 친구들과도 한글을 추가하려고 시도했는데 못 찾았다(며칠 후 한국 제자가 간단히 해결해주었다).

그래도 이번 주부터는 일이 어느 정도 계획대로 진행되어 다행스럽다. 다른 분야도 비슷하겠지만 나같이 새로운 자료의 홍수 속에 있는 고대 중국을 연구하는 사람이 자신의 연구실을 떠나서 연구를 지속하기는 어렵다. 다양한 사전 등 참고서적 없이 제대로 된 연구를 하기는 거의 불가능하기 때문이다. 물론 요즘 많은 자료들이 전자화되어 있어서 이곳에 오기 직전 대학원생이 고맙게도 새로 구입한 노트북에 웬만한 도서관 규모의 자료를 정리해서 넣어주기는 했다. 그래도 자신이 계속 보면서 익숙해진 책이나 자료를 벗어나기가 쉽지 않은 것 같다.

이런 상황에서 아쉽게나마 할 수 있는 가장 좋은 일이 바로 번역이다. 사실 그 결과가 어떻게 될지 몰라 공개하기는 주저되지만 사연이 있는 상당히 괜찮은 책을 번역하기 시작했다. 어떤 면에서 작은 보상도 없는 고생문을 열어 제친 셈인데, 그래도 어려운 문장을 고민 끝에 우리말에 최대한 가깝게 옮길 때의 짜릿함은 해본 사람만이 알 수 있다. 퍼즐 맞추기를 해본 적은 없지만 그 마지막 완성 때 느끼는 기분과 비슷하지 않을지, 덤으로 공부까지 제대로 할 수 있지 않은가.

처음 시작은 더디지만 조금씩 탄력이 붙어서 속도도 점차 빨라진다. 그래도 번역을 하다 꾸준한 우보牛步의 소중함도 절실히 체험하게 된다. 너무 거창한지 모르겠지만 대학에서 녹을 먹으며 편하게 사는 이가 세상에 조금이나마 보답하는 방법 중의 하나라 생각한다. 한국으로 돌아갈 때쯤 그 번역의 내력을 설명하고 이만큼 했노라고 보고하고 싶은데 어떻게 될지 장담하기 어렵다. 못 해도 내 능력 부족이니 어쩔 수 없는 일이다.

오늘 점심은 스지청 선생을 포함해서 연구중심의 소장 연구자

세 명과 함께 했다. 새로 합류한 두 사람은 추시구이裘錫圭 교수의 제자로 연구중심의 부연구원으로 있는 우커징鄔可晶과 류자오劉嬌 선생이다. 사실 두 분 다 구면으로 인상부터가 굉장히 좋아 보였다. 어제 스지청 선생에게 학교 근처에 괜찮은 딤섬식당이 있냐고 물어봐서인지 우자오창五角場역 근처 쇼핑몰 지하에 있는 괜찮은 딤섬 체인 차오지潮記로 데려가서 정말 배불리 먹게 해주었다. 숙소에서 조금 멀기는 하지만 앞으로 가끔 갈만한 좋은 식당을 하나 추가했다.

　그동안 중국을 자주 다니면서도 한 군데 장기간 체류한 적이 별로 없으니 크게 의식하지 않았는데 중국인들의 손님접대 문화는 정말 알아줘야 한다. 한국에서 주로 돈을 내는데 익숙한 나는 여기서도 나보다 한참 어린 사람들에게 얻어먹는 게 상당히 불편하다. 사실 내가 돈을 내는 원칙은 간단하다. 당연히 동행하는 사람에 따라 예외가 있겠지만 대체로 상대방이 나보다 수입이 많은 경우는 양보하고 그 반대의 경우는 내가 부담한다.

　그러니 이 젊은 중국 친구들의 수입이 그다지 많지도 않을 텐데 손님 접대한답시고 고급 식당에서 무리하는 게 아닐까 하는 우려가

• 스지청(좌), 류자오(중), 우커징(우) 박사와 단골이 된 딤섬집 차오지에서

항상 앞선다. 그래서 내가 내려고 시도해보지만 자신들의 방식이 아니라고 하고 식후에 디저트마저도 못 사게 한다. 언제 이들을 다 초대해서 꼭 원수를 갚아야겠다.

상하이에서의 2주가 훌쩍 지나가버려 이제 여기 머물 시간이 11주도 안 남았다. 오매불망 기다리는 아내가 상하이로 왕림하기까지는 47일이나 남았다. 꾸역꾸역 열다섯 번이나 일기를 쓰고 있다.

11월 14일
식당과 세대 차이

　　나는 한국에 있을 때 점심은 거의 구내식당에서 먹는다. 학교 밖으로 나가는 게 번거롭고 특별한 경우 아니라면 딱히 맛있는 걸 찾아다니는 취향도 약하기 때문이다. 같이 밥 먹는 동료들이 몇 명 있어서 거의 이들과 일정한 시간에 동행한다. 재밌게 얘기하며 먹다보면 오래 먹어서 질릴만한 음식도 그냥 먹을 만하다. 그들이 그립다.

　　우리 학교 교직원식당은 이미 거의 학생들로 점령된 지 오래여서 거기서만큼은 학생과 교수 사이의 구분 없는 민주주의가 확실히 이루어지고 있다. 푸단대학의 식당도 그건 마찬가진데 1층에서 3층까지 꽤 넓은 규모로 중식에서 양식까지 다양한 코너가 있어서 선택의 폭이 훨씬 넓다. 상하이 도착 첫날 출토문헌연구중심 교수들과 함께 왔던 일반 식당처럼 고급요리를 주문할 수 있는 곳은 각종 행사 시에 이용되고 있는 듯하다. 얼마 전에 피자가 생각나서 1층 양식코너에서 한번 사먹었는데 너무 짜서 좀 별로였다.

요즘 점심은 주로 3층에서 먹고 있다. 이전에는 출토문헌연구중심 소속 교수들이 함께 식사를 했다고 들었는데 요즘에는 다들 바빠서인지 그다지 많은 사람들이 모이지는 않는 것 같다. 그래도 몇 분 만나 대화를 나눌 기회가 있어서 좋고, 음식도 대체로 먹을 만하다.

3층은 뷔페식으로 다양한 음식을 가격대 별로 늘어놓고 있어서 거기서 먹고 싶은 만큼 골라서 계산하면 된다. 대체로 15위안 정도면 충분한 것 같다. 저녁 때 와보니 부부가 함께 와서 아예 저녁을 학교식당에서 해결하고 들어가는 경우도 많은 것 같았다.

외국에 나와 있다 보면 한국에서는 많이 찾지 않던 김치 생각이 강해진다. 얼마 전에 월마트에 갔더니 한국 포기김치를 팔아서 한 포기에 약 16위안 정도 주고 샀다. 월마트에는 신라면도 있어서 요즘 가끔씩 김치와 함께 아주 유용하게 먹고 있다. 객지에서 스스로 건강을 더 챙겨야 한다는 부담감 때문인지 라면에 뭔가 영양가 있는 것을 첨가해서 먹으면 더 낫겠다는 생각이 들었다. 월마트를 돌다 비교적 저렴

• 푸단대학 구내식당 3층의 다양한 메뉴

한 냉동왕새우를 발견했다. 넉넉하게 사다 냉동해놓고 라면을 끓일 때마나 몇 개씩 넣어 먹으니 별미다. 어제 점심을 너무 잘 먹어서 저녁은 이렇게 간단하게 해결했다.

오늘 스지청 선생과 점심을 먹다 이 근처에서 가고 있는 식당에 대해서 얘기를 나누었다. 내가 다니는 식당을 그는 안 가본 경우가 대부분이었다. 특히 국물 맛이 맘에 들어 가끔 가는 소고기 쌀국수집의 경우는 그런 식당이 있는지조차 모르고 있었다.

90년대부터 중국에 드나들던 나 같은 사람은 길거리의 허름하고 저렴한 식당에 상당히 이숙한 편이다. 요즘 신세대들은 아예 그런 식당은 쳐다보지도 않고 주로 한국의 젊은이들과 마찬가지로 쇼핑센터 내에 있는 것들처럼 깔끔한 식당들을 다니는 모양이다. 상당한 세대차이가 비로소 느껴졌다.

다른 한편으로는 사실 우리 세대보다 이들 젊은이들과 더 통하는 부분도 있어서 아이러니하다. 한국이 지구상에서 최첨단을 달리는 나라라는 사실은 외국 특히 중국 같은 데 오면 실감하게 된다. 한국에서는 비록 이미 구세대로 뒤처지고 있지만 디지털 기기나 외국에 대한 인식 등은 중국의 우리 또래보다 확실히 앞서있는 것 같다. 이건 순전히 기호 차이지만 우리 세대 중에 일부러 커피를 찾아서 마시는 사람도 그다지 많지 않다. 그러다 보니 생활양식까지 더 비슷한 신세대들과 오히려 소통이 더 원활한 것 같다.

상하이에서 더 젊어지고 있다.

11월 15일
타이완 출신 린즈펑 교수

정말 오랜만에 화낼 일이 있었다. 이사한지 얼마 안 된 한국 집에 또 문제가 생겼다. 이번 문제는 지난번 하수관 공사 중 포크레인이 전기선을 잘라버리는 실수로 일어난 문제라 상당히 황당하다. 아내 혼자 고군분투하며 해결한 모양인데, 원상태로 복구가 불가능하여 다른 전기선을 연결하느라 집에 조금 상처가 생겼다. 멀리 떨어져서 도와줄 방법이 없으니 속상하고 안타깝다.

나를 더 화나게 하는 것은 공사를 의뢰하여 비용을 지불하는 사람이 공사 맡는 사람의 '을'처럼 되어버리는 형국이다. 아주 많은 돈이 들어가는 큰 공사가 아닌 이상 법으로 모든 걸 해결할 수는 없다. 그러니 신뢰하며 맡길 수밖에 없는 건데, 사후에 이런 일이 생기면 오히려 아쉬운 입장이 되어버린다. 다행이 이번 공사를 맡은 분은 상당히 좋은 분이어서 이번 일도 양심껏 잘 처리해주리라 믿고 싶다.

화를 좀 누구러드리고 나니 세상의 많은 일에서 벗어나 자유롭고 단순하게 지내는 현 상황이 너무 고맙고, 혼자 고생하는 아내에게 정말 미안하다.

어제 오후에는 역사학과에서 나한테 강연을 의뢰해준 린즈펑林志鵬 교수와 한참 동안 얘기하며 즐거운 시간을 가졌다. 중국고대사 연구자인 그는 타이완 출신으로 대륙에서 박사학위를 받은 독특한 경력의 소유자다. 타이완대학에서 쩌우펑우周鳳五와 신진슝許進雄 교수의 지도로 석사학위까지 받았고, 우한대학에서 쉬샤오화徐少華 교수의 지도로 중국 고대사상사 연구로 박사학위를 받았다. 이후 베이징대학에서 리링李零 교수의 지도로 박사후과정을 거쳤다. 2011년부터 푸단대학 역사학과에서 가르치고 있다.

40대 후반의 린 교수는 타이완 출신으로 대륙으로 유학 온 1세대쯤 되지 않을까 한다. 예전에 누군가로부터 이런 분이 있다는 조금 안타까운 얘기를 들은 적이 있는데(후술), 만나보니 정말 그 사람이었다.

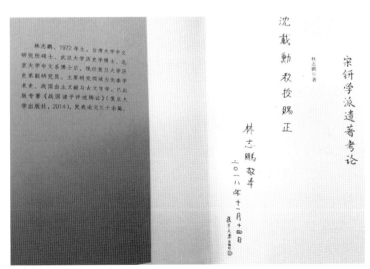

• 린즈펑 교수로부터 받은 그의 저서 『송개학파유저고론』

린 교수는 이미 중국 고대사상사 방면에 두 권의 저서를 낸 중견 학자다. 어제 나한테 준 책은 박사학위논문을 보완한 것으로 전국시대에 존재했던 것으로 알려진 송개宋鈃라는 인물이 이끈 송개학파宋鈃學派의 흔적을 다각도로 찾는 『송개학파유저고론宋鈃學派遺著考論』(復旦大學出版社, 2018)이다. 이 책을 받기 전까지 사실 송개학파에 대해 거의 모르고 있었다. 이 책은 선진 전래문헌이나 출토문헌에 나타나는 관련 자료를 망라하고 그 학파의 성격까지 분석한 흥미로운 연구이다. 기본적으로 그 사상은 도가 계열이지만 유가와 묵가 사상까지 융합했다고 보는 것 같다.

린즈펑 교수는 심성이 아주 고운 친절한 분이었는데 조금 의기소침해 보였다. 스스로 그 상황을 얘기해주는데 정말 답답하게 느껴졌다. 우한대학에서 박사학위를 받고 2008년쯤 가족이 있는 타이완으로 돌아갔는데, 당국에서 대륙의 학위를 인정해주지 않아 대학에 자리를 잡을 수가 없었다. 그래서 다시 대륙으로 돌아가 베이징대학의 박사후과정 2년을 마친 뒤 푸단대학 교수가 되었다고 한다. 이미 대륙의 학문 수준이 타이완을 훨씬 넘어선 지가 언젠데 하는 생각을 버리기 어려웠다.

지금도 자녀 둘과 부인이 타이베이에 살고 있다니 중국판 기러기 아빠이자 이산가족인 것 같아 더 안타까웠다. 문제는 여기서 그치지 않는다. 중국 사람처럼 중국어를 구사해도 그는 여기서 엄연히 외국인이다. 유형무형의 여러 불이익을 감수해야 할 것이다. 비싼 상하이의 물가 때문에 가족을 데려오기도 어렵단다. 이렇게 잠시 다녀가는 외국인 내가 받고 있는 대우는 과분할 정도여서 미안한 마음이 더 커졌다.

사실 타이완은 90년대까지만 해도 아시아의 선두주자였다. 한국보다 못할게 없었다. 그런데 지금은 오히려 퇴보하고 있는 느낌이다. 사실 푸단펠로우쉽에 지원하기 전에 타이완으로 갈까 생각한 적도 있었다. 그곳의 모 연구기관에서 매년 한국 학자를 두 명 정도 초빙하는 것으로 알고 있다. 그런데 문제는 거기서 주는 연구비가 20년 전과 거의 차이가 없다는 점이다. 그만큼 정체되어 있다는 얘기일 것이다.

출토문헌연구중심에 내 전임자로 와있었던 타이베이 고궁박물원의 요우궈칭 선생도 타이완은 정치인들의 무능과 부패 때문에 더 이상 희망이 없다는 얘기를 했다. 자신은 오히려 대륙에 좋은 기회가 있으면 오고 싶다는 얘기까지 할 정도였다. 그는 역동적인 우리 한국 정치를 아주 부러워하면서 타이완이 "유능한 독재가 무능한 민주주의보다 낫다"는 점을 보여주는 좋은 사례라고 꼬집었다.

나는 한국 정치인들이 뛰어나서가 아니라 살아 있는 국민이 많아서 그렇다고 정정해주었다. 지난 세기 후반 한국인들의 투쟁을 통한 민주주의 쟁취 경험은 전 세계적으로 자랑한 만한 큰 자산이다. 젊은 시절 그 운동에 헌신한 이들이 맡고 있는 현 정부는 당연히 부패 문제에서는 자유로워졌다. 아직도 어려움이 많지만 한국은 계속 발전의 길을 지속하리라 믿는다.

외국에 나오면 나 같은 사람도 애국자가 된다.

11월 16일
난창과 장시성박물관

　　가끔씩 진을 빼지만 그다지 큰 소득이 없는 날이 있다. 오늘이 좀 그런 날로 지금 장시성江西省의 성도인 난창南昌에 왔다 상하이로 돌아가는 중이다. 상당히 기대를 하고 개략적인 동선을 미리 정해놓고 갔는데 제대로 되지 않았다.

　　새벽부터 부산하게 움직여 난창서역에 도착하니 11시가 조금 넘었다. 상하이에서 고속철로 4시간 정도 걸린다. 난창은 오늘 하필 종일 비가 상당히 많이 내렸다. 지하철을 타고 장시성박물관이 가까운 등왕각滕王閣역으로 가는데 중국에서 가장 젊은 도시라는 명성답게 정말 나이든 사람은 거의 눈에 띄지 않았다.

　　상당히 허기져서 지하철역 근처에서 간단한 식사를 하고 박물관에 가려고 계획했다. 그런데 근처에 식당이 전혀 안 보인다. 비도 오고해서 혹시 박물관에 식당이 있을까 하고 급히 발걸음을 옮겼다. 신분증 검사하는 여성이 한국 사람이라고 아주 반가워한다. 요즘 한국 사람들이 꽤 온다.

• 장시성박물관

　박물관의 외양은 상당히 괜찮아 보였다. 더욱이 저 안에 2015년 전 세계를 깜짝 놀라게 한 한나라 때 난창 지역의 주인이었던 해혼후 海昏侯묘 출토 유물들이 있지 않은가. 거기다 신간新金 다양저우大洋洲 에서 발굴된 상商 시대 청동기도 제2관을 채우고 있을 깃까지 생각하 니, 약간 흥분된 마음으로 배고픔도 잠시 잊고 박물관으로 뛰어 올라 갔다.

　일단 해혼후묘 출토 유물이 전시된 제1전람관을 살펴보니 상당한 시간이 소요될 것 같았다. 박물관에도 식당이 없다니 일단 허기부터 해결하고 본격적으로 관람하자는 생각에 박물관 앞의 강을 건너서 난창의 구도심 쪽으로 갔다. 간단하게 면으로 때우고 오려고 했는데, 그런 식당은 안 보이고 손님들이 가득해서 혼자 들어가기 어려운 나름 고급 식당들만 있었다.

　한참을 헤매다 역시 손님이 가득한 한 식당에서 혼자라도 괜찮다 고 해서 바로 문 앞에 자리를 잡았다. 옆 자리 손님들 먹는 것을 보니 내가 중국 요리 중 가장 좋아하는 가지요리 체쯔茄子가 눈에 들어와 그것과 밥을 시켰다. 중국 여러 지역을 여행할 때 각 지역마다 특색 있는 가지요리를 먹어보는 게 상당한 즐거움인데 이번에는 아직 기회가 없었다. 난창의 가지요리는 상당히 독특했다. 잘게 간 고기와 함께 고추가 들어가 약간 매운맛을 내는 가지요리는 내 입맛에 딱 맞았다. 그래서 상당히 많은 양을 역시 많은 밥과 함께 거의 다 먹은 게 화근이었던 것 같다.

이미 상당히 멀어져버린 박물관으로 다시 돌아갈 때는 비가 세차게 내리고 있었다. 힘들게 박물관에 도달해서 전람관으로 들어가니 졸음이 몰려왔다. 그래도 얼마나 기대하고 왔던 유물들인가. 꾹 참고 사진을 찍으며 최대한 빨리 돌았다. 그런데 사실 기대가 크면 실망도 큰 법. 장시성박물관에 전시된 해혼후 유물들은 그 동안의 여러 보고를 통해 좀 익숙해져서 그런지, 아니면 다른 한나라의 묘에서 나온 유물들과 크게 다르지 않는 것들 위주로 전시해서 그런지, 그다지 인상적으로 느껴지지 않았다. 아마 피곤한 탓도 있었을 것이다.

그래도 제2전람관에 내가 정말 보고 싶었던 청동기가 남아 있으니 힘을 냈다. 신간 다양저우 청동기는 쓰촨성四川省 싼싱두이三星堆박물관의 인두상을 비롯한 독특한 청동기보다는 못해도 상의 중심지인 중원지역에서 멀리 떨어진 지역성이 나타나는 중요한 유물이다. 제2전람관에는 신간 청동기를 비롯한 장시성의 고대문명 이외에도 장시성의 객가客家 관련 전시관도 있는 것으로 알고 있었다.

제2전람관으로 한걸음에 달려가니 주변이 썰렁해서 예감이 좋지 않았다. 아니나 다를까 "설비 검수 때문에 잠시 개방을 중지하니 양해 부탁드립니다"라는 안내문이 떡하니 붙어 있었다. 맥이 풀렸다. 제2전람관을 돌고 난창의 자랑인 등왕각에 올라 간강贛江 너머를 조망하다 1927년 국민당에 맞선 공산당 난창봉기의 상징인 8.1 광장까지 들러보고 역으로 갈 생각이었다.

갑자기 피로가 몰려왔다. 그칠 줄 모르는 비가 좋은 핑계가 되었다. 기차 시간이 많이 남았는데도 발걸음이 역으로 향하는 걸 제어할 수 없었다. 그런데 역으로 가니 웬걸 다시 힘이 난다. 등왕각이라도 가어야 하는데 이미 늦었다. 맑은 날이었으며 상당히 정감 있는 도시로 느껴졌을 난창이지만 칙칙한 인상만 입력되어 있다. 그래도 해혼 후모는 내일 일기 거리로 남겨둔다.

11월 17일
해혼후묘

      연초에 단국대 제자 및 후배들과 처음으로 중국 여행을 함께 했다. 11명이 난징南京-우한武漢-창사長沙-광저우廣州를 8박9일 동안 박물관 위주로 돌았는데 아주 좋았다. 주로 대중교통을 이용한 여행이라 비용이 예상보다 적게 들어 좀 남았다. 참석자들 동의하에 남은 금액을 내년 2차 여행을 위해 비축해놓기로 했다.

      이번에는 내가 상하이에 머물 예정이므로 내년 1월 중순쯤 상하이로 들어와서 항저우杭州-난창南昌-허페이合肥를 돌아보자고 제안했다. 작년과 마찬가지로 성도를 중심으로 한 박물관 여행이다. 상당수가 중국고대사나 고고학에 관심 있는 연구자들인 만큼 상하이박물관과 항저우의 저장성浙江省박물관 및 량주良渚박물원, 난창의 장시성江西省박물관, 허페이의 안후이安徽박물원만 제대로 구경해도 괜찮으리라 기대했다.

      그런데 내가 어제 반칙을 해버렸다. 1월에는 아내가 와있을 예정이므로 아무래도 8~9일 전체를 동행하기는 어려울 것 같았다. 우리 같은 사람이나 박물관 돌아다니는 게 재밌지 사실 큰 관심 없는 사람이 여러 박물관을 도는 건 고역이다. 그 핑계로 상하이에서 가장 먼 난창 먼저 다녀온 것이다. 사실 가장 가보고 싶었던 곳이기도 했다.

그런데 어제 일기에서 썼듯이 하루 여행이 그다지 만족스럽지 못했다. 그렇다고 해서 중국 고대사와 능묘 발굴사에서 아주 중요한 위치를 차지할 해혼후海昏侯묘의 발굴이 결코 폄하될 수는 없다. 해혼후묘는 2015년 그 모습을 드러냈지만 이미 2011년부터 장시성의 고고학자들이 그 묘역을 발굴해왔다. 가장 긴 면이 약 868m에 달하는 담이 쳐진 사다리꼴 모양의 묘역 정 중앙에서 해혼후 유하劉賀 (92~59 B.C.)의 묘가 발굴되었다. 인근에서 해혼후의 도성 유적도 발견되었다.

한 무제의 손자인 유하는 34년 동안 정말 극적인 삶을 영위했다. 부친에 이어 산둥성山東省 창읍昌邑의 제후왕으로 있다가 한나라 소제 昭帝 사후 엉겁결에 곽광霍光에 의해 황제로 추대되었다. 재위 27일 만에 우여곡절 끝에 곽광에 의해 폐위되어 목숨을 부지하고 평민으로 강등되어 산둥성의 봉지로 돌아갔다. 폐제廢帝라는 오명이 뒤따랐다. 이후 등극한 선제宣帝의 견제를 받다 당시에는 오지인 오늘날 난창 지역의 해혼후로 다시 봉해져 작위를 회복했다(난창이라는 지명이 남쪽의 창읍에서 유래했다는 설이 있다). 그렇지만 황제의 견제를 극복하지 못하고 결국 이른 나이에 죽음을 맞이한다. 최근 국내에도 해혼후의 일생을 상상을 가미해서 재밌게 쓴 책이 번역 출간되었다(리룽우 지음, 진화 옮김, 『해혼후, 지워진 황제의 부활』, 나무발전소, 2018).

해혼후묘는 현재까지 발굴된 한대의 묘들 중 가장 신분이 높았던 사람의 묘로 그 부장품의 규모나 내용이 어마어마하다. 허베이성河北

省에 있는 한 무제의 서형庶兄인 중산왕中山王 유승劉勝의 만청한묘滿城漢墓가 이에 버금가는 유일한 묘일 것 같다(유물들은 스자좡石家莊에 있는 허베이성박물관 소장). 발굴과 전시 규모로만 친다면 이들보다 신분은 낮지만 창사의 후난성湖南省박물관에 전시 중인 마왕두이馬王堆한묘 유물도 이들 못지않다.

전국시대 후기 이래의 대형 묘들처럼 마치 생시의 공간을 축소해 놓은 듯한 해혼후묘에서 출토된 유물은 1만 여건에 달한다. 한 변이 18m 이상인 묘실은 정 중앙의 관이 안치된 방 두 개를 동서남북의 회랑이 에워싼 구조다. 남쪽 회랑에 말과 마차가 비치된 거마고가, 동쪽에 각종 식기들이 비치된 주구고廚具庫가, 서쪽에 오락용기고와 문서고, 무기고가, 북쪽에 주기고酒器庫와 악기고, 양식고糧食庫, 동전고銅錢庫, 의상고衣裳庫가 있었다. 다양한 청동기와 편종, 금으로 만든 기물, 죽간, 목독木牘, 어마어마한 분량의 오수전 이외에도 여러 유물

• 해혼후묘 출토 물고기를 문 기러기 청동 등과 박산로

들이 이들 곳곳에서 나와 큰 관심을 끌었다.

청동기는 대체로 다른 한나라 묘에서 출토된 청동기들과 유사했는데, 물고기를 입에 문 기러기 모양 등과 박산로 등이 눈길을 끌었다. 드물게 금이 상감된 편종 14점과 한대에는 이미 골동품이었을 서주와 동주시대 청동기 한 점씩 부장되어 있는 것도 흥미롭다.

해혼후묘에 발견된 금기金器는 모두 474점으로 지금까지 발굴된 어느 묘보다 그 수량이 압도적으로 많다. 주로 금병金餠이 285매로 가장 많았고, 말과 기린의 발굽모양 금기 각각 48매와 25매, 금판 20덩어리 등이 최초로 발견되었다. 총 중량이 80kg에 달한다.

죽간은 5천여 매로『논어論語』,『역경易經』,『예기禮記』,『의술醫術』,『도망부悼亡賦』,『오색식승五色食勝』등이 포함되어 있고, 특히『논어』는 이미 1800년 전 유실된『제론齊論(語)』일 가능성이 커서 학계의 관심을 끌고 있다. 현재 베이징대학 출토문헌연구소에서 정리 중이다. 10여톤 200만개에 달하는 오수전도 세상을 놀라게 했다. 당시 유통된 오수전의 1/10 정도에 달할 것으로 보는 견해가 있다.

• 해혼후묘 출토 오수전

또 다른 중요한 발견은 현재까지 발견된 가장 오래된(기원전 59년 제작) 공자상이다. 해혼후묘에서는 최초로 칠기와 동기가 결합된 거울(옷에 지니고 다니는 의경衣鏡?)이 출토되었는데 여러 조각으로 발견되어 완전한 상태는 아니었다. 전문가들이 "공자의경"이라 부르는 그 거울에 공자와 그 제자들의 초상이 그려져 있었을 것으로 추정된다. 그러나 공자로 추정되는 인물의 안면 부분은 훼손되었다. 관 내부에서 발견된 병풍에도 공자의 내력에 관한 내용이 기록되어 있었다고 한다.

마지막으로 거마갱에서 발견된 최초로 음악용 수레인 악차樂車 두 대가 발견된 점도 눈길을 끌었다. 실용악기인 순우錞于와 뇨鐃가 실린 금차金車, 다른 한 대는 북이 실린 고차鼓車로 이들은 아마 한대 고위 귀족의 출행에 사용되었을 것이다.

• 해혼후묘 출토 공자상

대체로 이 정도가 해혼후묘에서 발견된 새로운 유물들이다. 사실 난창의 장시성박물관에 가면서 이런 유물들이 다 전시되어 있을 것으로 기대했지만, 그렇지 않아 조금 실망한 면도 있다. 아마 아직 정리 중인 유물들을 다 전시할 수 없는 상황일 것이다.

박물관을 둘러보다 해혼후묘가 발견된 그 지점에 2019년까지 대형 박물관을 세우려고 계획 중인 걸 알게 되었다. 실제로 그 때까지 완공될지 모르겠지만, 아마 그때가 되서야 대부분의 주요 유물들이 제대로 정리되어 전시되지 않을까 한다.

11월 18일
제자 방문

새벽부터 종일 비가 내려 쓸쓸함이 진하게 밀려온다. 한국에 있을 때는 느끼기 어려운 감정이니 고마워해야 할지도 모르겠다. 바깥 온도가 떨어지니 숙소도 썰렁하다. 에어컨을 켜보지만 금방 건조해져버려 오래 틀어놓을 수가 없다. 더 추워지면 어떻게 보낼지 조금 걱정된다.

오늘은 늦잠을 잔 덕택에 숙소 인근 제과점에서 막 구운 따뜻한 빵을 사다 맛있게 먹었다. 85℃라는 타이완의 프랜차이즈 제과점인데 상당히 괜찮다. 이런 면에서는 중국도 한국이나 일본과 거의 차이를 느끼기 어렵다. 빵과 커피를 사려는 손님들이 줄을 설 정도였다.

오전에 일 좀 하다 오후에 연구실로 나왔다. 어제 거의 숙소에만 있었기 때문이다. 번역하고 있는 책이 상당히 어렵지만 그래서 오히려 도전 정신과 함께 재미도 느끼게 해준다. 매일 일정 시간을 거기에 몰두하면서 오늘은 문득 이 일이 무료함에 빠질 수도 있는 상하이에서의 내 생활을 잡아주고 있다는 생각이 들었다. 아무쪼록 즐겁게 일해서 좋은 결과를 만들어내면 좋겠다.

어제는 반가운 손님이 찾아와서 저녁 시간 내내 재밌게 보냈다. 단국대학 사학과를 졸업한 제자로 현재 지난濟南에 있는 산둥山東대학의 손성욱 교수다. 내가 2003년 단국대학에 부임했을 때 그는 스페인에 교환학생으로 다녀와서 바로 졸업했기 때문에 사실상 나한테 배운 적은 없다. 그래도 나를 스승처럼 따르며 이렇게 멀리까지 찾아주기까지 하니 고마울 따름이다.

손 교수의 베이징대학 유학 과정은 참 드라마틱하다. 앞에서 언급했듯이 그는 단국대학 재학 중에 스페인의 살라망카대학에서 공부할 기회를 얻었다. 가장 우수한 학생들에게 돌아가는 혜택이다. 당시 중남미사에 관심이 있었지만 스페인 체류 중 그 관심을 포기한 대신 더 큰 걸 얻었다. 중국에서 교환학생으로 온 지금의 아내를 만난 것이다.

그 덕분에 중국근현대사를 공부할 생각으로 2005년 중국어를 기의 모른 채 베이징 셔우두首都사범대학에서 진수과정을 시작했다. 그 때 지금의 아내로부터 정말 많은 도움을 받고 정식으로 사귀게 되었다. 2006년부터 베이징대학 역사학과에서 중국근현대사 전공으로 석사과정을 시작했다. 오우양저성歐陽哲生 교수의 지도로 석사과정에서 3년, 박사과정에서 6년을 보냈다. 중국 국가장학금을 받아 공부했다.

박사과정에 입학 후 여자 친구와 결혼해서 중국 처가살이가 시작되었다. 장인장모 모두 공무원 출신으로 비교적 유복한 집안이었지만 보통 한국 사람들은 상상할 수 없는 많은 어려움을 이겨내야 했을 것이다. 물론 본인은 별 어려움이 없었고 오히려 처가 식구들이 자신 때문에 불편했을 거라고 한다. 그런 와중에 중국 문화나 언어에 더 익숙해질 수 있었을 테니, 아마 손 교수가 지닌 가장 큰 장점이 바로 거기에 있지 않을까 한다.

석사학위 논문은 민국시기 베이핑北平(베이징)의 아동문제를 다루었고, 박사과정에서는 조금 진로를 바꾸어 청대 중한관계사에 치중했다. 박사논문으로 19세기 조선 사신의 베이징 황도皇都 경험이라는 흥미 있는 주제를 다루었다.

박사학위 수여 후 시안西安의 시베이西北대학과 산둥대학에서 오퍼를 받고 산둥대학을 택해 현재 역사문화학원 강사(한국의 조교수)로 있다. 주로 청대의 중국 측 자료에 나타나는 조선 관련 기록을 검토하며 한중관계사를 조선의 관점 못지않게 중국의 관점에서도 바라보는 새로운 길을 열어가고 있다.

제자지만 손 교수의 신중하고 차분한 성격이 참 부럽다. 이제 갓 40이 되었으니 지금까지 이룬 많은 업적 이상으로 앞으로 할 일이 더 창창하다. 이미 두 자녀를 지닌 한 가정의 가장으로 이국에서 자리 잡고 잘 살아가는 그가 정말 대단하다고 생각되었다.

어제 저녁과 오늘 오후 늦게까지 상당 시간 동안 그와 허심탄회한 대화를 나누며 예전에 몰랐던 많은 새로운 사실들을 알 수 있었다. 제자들의 성장과정을 지켜보면서 이제 점점 저물어갈 내 세상을 그려본다. 손성욱 교수의 앞날에 행운이 함께 하길 기원한다.

11월 19일
히로세 쿠니오 교수

　　오늘은 푸단대학에 온 이후로 가장 많은 시간을 학교에서 보냈다. 늦은 오후에 수업을 하나 청강해서 좀 늦게 귀가했다. 오후에 출토문헌연구중심 부연구원(부교수)으로 있는 일본 학자 히로세 쿠니오廣瀨薰雄 교수와 즐겁게 환담했고, 고고학과文物與博物館學系 뤼징呂靜 교수의 중국청동기 수업을 청강했다. 두 분이 모두 도쿄대학에서 박사학위를 받아 공교롭다.

　　히로세 교수는 도쿄대학 법학부 출신으로 중국 출토문헌에 빠져서 도쿄대학에서 출토문헌을 활용한 법제사 연구로 박사학위를 받은 수재다. 우리로 말하면 서울법대 출신이 정말 돈 안 되는 분야로 진로를 완전히 바꾼 특이한 경우다. 그것도 일본이 아닌 중국의 출토문헌연구 최고 기관에서 교수가 되었으니 더욱 놀랄만한 일이다.

　　한국 출신으로 도쿄대학에서 중국 출토문헌 연구로 박사학위를 받은 절친한 후배 산둥대학 이승율 교수가 이케다 도모히사池田知久 교수 밑에서 함께 공부한 그의 사형師兄이다. 그러다 보니 처음 만났는데도 아무 거리낌 없이 한 시간 이상 즐겁게 대화를 나눌 수 있었다. 연구실이 같은 층에 있는 그와는 앞으로 편하게 자주 만날 것 같다.

히로세 교수는 도쿄대학 박사과정 재학 시 우한대학에서 2년 동안 공부하며 중국과 처음 인연을 맺었다. 그 때 역시 우한대학에 유학와 있던 일본인 부인을 만났다고 한다. 2008년 도쿄대학에 박사논문을 제출하고 중국을 방문하여 푸단대학 관계자에게 출토문헌연구중심에 박사후과정으로 올 수 있는지 여부를 타진했다. 그런데 이미 법제사 방면에서 그의 뛰어난 업적을 알아보았는지 바로 조리연구원(조교수급)으로 채용되었다고 한다.

사실 이 이야기는 한국이나 일본의 교수채용 시 사적인 관계나

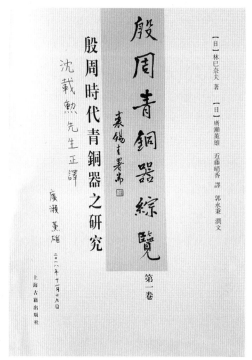

• 히로세 교수로부터 받은 역서
  『은주청동기종람』

성격 등 학문 외적인 요인이 중시된다는 애기를 나누다 공감대가 형성되어 나온 것이다. 아는 사람 한명도 없는 자신의 경우 정말 그런 요인과 무관하게 채용이 되었으니 아마 중국은 그런 악습에서 조금 더 자유롭지 않을까 한다는 판단을 덧붙였다.

그는 현재 중국에 뿌리를 내리고 초등학교 2학년이 된 딸과 일본계 회사에 다니는 부인과 함께 살고 있다. 외국인으로서 어려움이 많을 텐데 그래도 상당한 자부심을 가지고 열심히 연구하고 있는 듯했다. 연구중심에 일찍 자리를 잡다보니 일본으로 돌아갈 기회를 놓쳐버렸다고 한다.

연구중심이 2년에 한 강좌만 담당할 정도로 강의 부담이 없이 연구만 할 수 있으니 아주 좋은데 상하이의 물가가 너무 비싸서 생활이 좀 힘들다고 한다. 부인 수입이 자기보다 나아서 다행이지만 10년 전 상하이에 처음 왔을 때보다 물가가 최소한 두 배는 올랐단다. 급여 인상은 당연히 그에 훨씬 못 미치고, 더욱이 외국인은 연금이 안 돼서 노후도 걱정이 되는 모양이다.

그래도 자식들 이야기로 화제가 바뀌자 딸 얘기에 열을 올린다. 아마 딸 바보인 것 같았다. 일본어와 중국어 두 언어를 동시에 하는 딸이 처한 어려움을 얘기하기에 나도 미국에서 애들 키우며 비슷하게 경험한 일들을 함께 나누었다. 두 언어를 완벽하게 구사하기란 특별한 경우가 아니라면 정말 어렵다. 중국도 선행학습이 기승을 부려 초등학교 2학년 영어 수준이 상당히 높아 부담이 더 늘어나고 있다는 얘기도 했다. 그런데 당연히 그 아비에 그 딸일 것이다. 아버지의 총명함이 어디로 가겠는가.

히로세 교수는 작년에 큰 업적을 냈다. 일본에서 중국 청동기 연구의 최고 권위자인 하야시 미나오林巳奈夫(1925~2006) 교수의 『은주시대의 청동기연구殷周時代の靑銅器研究』(吉川弘文館, 1984)를 『은주청동기종람殷周靑銅器綜覽』(上海古籍出版社, 2017)이라는 제목으로 중국어로 번역 출간했다. 전 세계 중국 청동기 연구 저작 중 최고의 대작으로 청동기의 기형을 토대로 나름대로의 분류 체계를 완성한 책이다. 하야시 교수는 이 책으로 1985년 일본학술원상을 받았다. 책이 번역되어 나오기까지 5년이 소요되었는데, 앞으로 하야시 교수의 나머지 저작이 2권과 3권으로 출간될 예정이라고 한다.

일본의 청동기와 고문자를 비롯한 고대중국 연구는 1980년대까지 세계 최고 수준이었고, 그 전성기를 이끈 연구자들 중 한 명이 바로 하야시 교수다. 1994년 8월 산시성山西省 허우마侯馬에서 열린 학회에서 한번 뵌 적이 있다. 중국어를 상당히 잘 했던 것으로 기억한다. 같이 사진도 한 장 찍었는데 어디 있는지 모르겠다. 고맙게도 히로세 교수로부터 상당히 비싼 책 한질을 선물로 받았다.

한국에서의 중국학 연구도 이제는 변방의 마이너리그에서 벗어나 이 정도까지는 아니더라도 국제학계에서 인정받을 만한 저작들을 낼 때가 되지 않았나 생각해본다.

11월 20일
중국 청동기 수업

푸단대학에서 나처럼 고대 중국을 연구하는 사람들은 대체로 세 군데로 나뉘어져 있다. 그 첫 번째가 바로 내가 소속되어 있는 출토문헌연구중심으로 갑골문이나 금문, 초간 등 그야말로 문자 그 자체에 치중하는 연구자들이 모여 있다.

두 번째가 역사학과인데 전에 한번 소개했던 대만 출신 린즈펑 교수 이외에 선진사를 제대로 연구하는 분은 없는 것 같다. 사실 푸단대학은 『중국역사지도집中國歷史地圖集』 편찬을 주도한 탄치샹譚其驤(1911~1992) 교수가 이끈 역사지리연구가 가장 유명하다. 지금도 역사지리연구중심이 있지만 아직 관계자를 못 만나고 있다.

그 세 번째가 고고학과에 해당하는 문물과 박물관학과로 어제 오후 늦게 그 학과의 중국청동기 관련 석사과정 수업을 청강했다. 요즘 상당히 호황을 이루고 있는 여느 대학 고고학과와는 달리 직접 발굴에 치중하기보다는 오히려 박물관학에 강점을 지니고 있는 학과로 보인다.

담당자는 뤼징 교수로 어제 잠깐 언급했듯이 도쿄대학에서 박사학위를 수여했다. 『춘추시대맹서盟書연구』(上海古籍出版社, 2007)라는 저서가 아마 박사논문을 토대로 한 것이 아닌가 한다. 중국고대사를 공부한 배경은 나랑 비슷한 것 같다. 그런데 어제 나한테 준 명함을 보니 중국고대사 이외에도 상당히 폭넓게 활동하고 있다. 일본연구중심과도 관계하며 일본통으로 활약하면서 상하이화교사학회에서도 부회장 직함을 가지고 있다.

어제 수업은 모두 10명 정도의 대학원생과 함께 하는 세미나 형식이었다. 먼저 뤼징 교수가 30분 정도 강의를 했는데, 그 주제가 일본 정창원의 소개와 함께 그곳에 소장 중인 당나라 때 청동 거울 한 점을 조금 심도 있게 분석하는 것이었다.

오히려 수업의 하이라이트는 한 학생의 발표였는데 아마도 모든 학생들이 돌아가면서 자신이 선정한 중국 청동기에 대해서 상세한

• 중국청동기 세미나, 뤼징 교수의 강의

강연을 하도록 예정되어 있는 모양이다. 어제 발표를 맡은 학생은 현재 베이징의 국가박물관에 소장 중인 초대형 청동기인 괵계자백반虢季子伯盤을 아주 상세하게 다루었다.

그 기물이 19세기에 발견되어 여러 사람 손을 거쳐 현재 국가박물관에 소장된 내력에서 시작해서 대야 양식이 반盤이라는 기물 자체뿐만 아니라 그 기물에 장식된 문양 등 외적인 요인들까지 구체적으로 설명했다. 나아가 명문에 대한 분석까지 더해서 그 기물의 연대에 대한 여러 학자들의 견해를 소개하고, 학생 나름대로의 연대까지 제시했다. 마지막으로 명문에 나오는 주인공인 괵계자라는 인물의 나라인 괵의 역사를 정리하고, 명문에서 괵계자의 공격을 받은 것으로 언급된 험윤玁狁이라는 족속에 대해서까지도 상세히 언급했다.

무려 한 시간 넘게 발표를 이어가 상당히 지루한 감이 있었지만 상당히 열심히 준비해서 괵계자백반이라는 청동기 하나를 철저히 분석한 점이 돋보였다. 그 학생의 발표를 보면서 내가 지도하고 있는 대학원생들을 거기에 대입시켜 보았다. 학생들의 기본적인 소양이나 수준에 상관없이 우리 학생들이 과연 저 정도 내용의 발표를 할 수 있을까 하는 생각에 위기감이 느껴졌다. 내가 학생들 지도를 제대로 못 하고 있지 않나 하는 자책도 들었다.

일단 우리에게 상당히 이질적일 수밖에 없는 중국청동기나 출토문헌을 활용하여 중국 고대사라는 학문에 접근하는 것 자체가 확실히 많이 불리한 여건인 것은 인정해야 한다. 중국어를 잘 읽는다고 해도 외국인으로 그 정도의 광범위한 자료를 다 섭렵하기에도 한계가 있을 것이다. 양적인 면에서 확실히 약점이 있으니 할 수 있는 주제를 잘 정해서 질적으로 좋은 논문을 쓰게 하는 게 관건인 것 같다.

그래도 어쨌든 그 어려운 학문이 좋아서 나를 찾아오는 학생들이 있으니 신기하고 고마울 따름이다. 얼마 전 박사과정생 한 명과 카톡을 하는데 현재 진행 중인 연구가 너무 더뎌서 나한테 죄송하다며 "한줄 쓰기 위해서 여러 자료를 봐야 하니 좀 힘이 듭니다"라고 한다.

그래서 "공부가 그런 거야. 그렇게 힘들어야지 더 가치가 있는 거고. 죄송할 건 없고 잘 할 수 있을 테니 즐겁게 해라"라고 격려했다. 힘들어야 더 가치가 있다는 책임질 수도 없는 말을 너무 쉽게 한 게 아닌가 하고 잠시 뜨끔했다.

새로운 공부를 하는 게 재미있어서 별 빛도 보지 못할 뿐더러 많이 어렵기까지 한 연구에 시간을 쓰고 있는 제자들이 안쓰럽기까지 하지만, 그래도 요즘 대한민국에 이런 젊은이들이 있다는 사실만으로도 대견하고 자랑스럽다. 한국에 돌아가면 더 철저히 준비해서 잘 지도해야겠다.

11월 21일
연행록

  오늘도 종일 비가 내릴 모양이다. 부슬부슬 내리는 이슬비지만 발이 묶여버렸다. 아무래도 지난번 난창 여행 때 지하철에 우산을 두고 내린 것 같다. 함께 공부하는 지인이 지난 6월말 허베이성 여행을 마무리하며 아직 다른 일정이 남아 있는 나한테 준 타이완산 우산인데, 그동안 상당히 정이 들었나 보다. 아침 내내 숙소를 뒤져보았으나 못 찾았다.

  점심 약속을 내일로 미루고 비가 그칠 때까지 숙소에 머물기로 했다. 이제 거의 비슷한 일상이 반복되고 있다. 뭔가 재밌는 걸 찾아야 일기가 채워지는데 좀 걱정이다.

  어제와 오늘은 산둥대학 손성욱 교수가 수년 전 중국 교민들을 위한 잡지에 연재한 청대~민국시대까지 조선 사신을 비롯한 한국인들의 중국에서의 경험을 다룬 이야기들을 정말 재밌게 읽었다. 모두 25회에 걸친 연재인데 웹상에서 이미 그 흔적을 찾을 수 없다니 아쉽다. 그의 학위논문인 19세기 조선 사신의 황도皇都 경험이 궁금해서 가볍게 읽을 만한 한글로 쓴 글이 있냐고 물었더니 그 연재를 워드파일로 보내주었다. 잘 정리해서 책으로 낼 것을 권했다.

내 전문분야와 거리가 멀어서 잘 모르지만 한국에서 연행록을 다룬 연구와 글들이 이미 엄청나게 나온 것으로 듣고 있다. 아마 이 연재에는 지금까지 별로 알려지지 않은 내용도 꽤 있으리라 보이는데, 내가 인상적으로 읽은 두 가지 에피소드를 소개하고 싶다. 혹시 이미 알려진 얘기일 수도 있을 것이다.

우선 최소한 두 달은 걸려서 황제가 살고 있는 베이징에 도달한 사신들이나 그 종자들에게 베이징의 모든 것이 새롭고 화려하게 느껴졌을 것이다. 오늘날 우리들이 외국 여행을 할 때 국내에서 출간된 여행기나 관련 블로그를 참고하여 갈 데를 정하는 것처럼, 당시 방문객들도 다르지 않았다고 한다. 조선 사람들이 선호하며 다니는 데가 어느 정도는 정해져 있었다는 얘기다.

그 중에서 가장 흥미롭게 다가온 장소가 바로 베이징에 있던 법장사法藏寺라는 절이었다. 금나라 때 창건된 숭원문崇文門 바깥의 법장사는 19세기에 이미 황폐화되어 사람들의 발걸음이 끊어졌지만, 조선 사람들이 유독 이 곳을 군이 찾은 이유가 있었다. 7층 백탑에 오르면 베이징 시내를 조망할 수 있었기 때문이다.

그러나 더 크고 재미있는 이유가 생겨났으니 그것은 그 탑에 내가 여기 다녀갔노라 하는 증거를 남긴 일종의 낙서, 좋게 말하면 제명을 쓰기 위한 것이었다. 18, 19세기 베이징 방문 조선인의 필수코스였던 법장사 백탑에는 결국 조선 사람들의 이름이 빽빽이 들어차게 되었다고 한다.

박지원도 열하일기에서 제 일층에 있는 김창업金昌業의 제명과 함께 이미 사망한 자신의 친구 홍대용의 제명을 보고 가슴이 뭉클해졌다고 쓴 바 있다. 아마 그도 거기에 이름을 새겼을 것이다. 김경선이라는 인물은 1833년과 1851년 두 차례 백탑에 올라 좌우편 벽에 가득한 조선 사람들의 제명을 확인했는데 대부분 베이징에 사신으로 간 사람들의 이름이었다. 두 번째 갔을 때는 첫 번째 갔을 때 남긴 자신의 이름 그대로 있음을 확인하기까지 한다.

이 절이 아마도 당시에는 별로 인기 없는 절이라서 이런 조선 사람들의 독차지가 가능했을지도 모르겠다. 조선에서 글깨나 썼던 사람들이 거길 갔을 테니 앞 다투어 멋진 필체로 자신이나 친구들의 이름을 쓰지 않았을까 싶다. 지금 보기에 촌스럽게 느껴지지만 그때는 그게 마치 큰 특권이자 자부심처럼 여겨졌을 지도 모르겠다.

또 다른 하나는 『사랑방 손님과 어머니』로 유명한 소설가 주요섭의 이야기다. 그는 중국에서 대학까지 마치고 미국의 명문 스탠포드 Stanford 대학에 유학한 후 1930년대 중반 베이징의 푸런輔仁대학 영문학 교수로 재직했다고 한다. 한 가지 놀라운 사실은 그가 1920년대 초 대학생일 때 상하이에서 열린 육상대회에서 장거리 중국 신기록을 세울 정도로 뛰어난 운동능력을 지니고 있었다는 사실이다. 1925년에는 아시안게임의 원조 격으로 보이는 원동遠東운동회에 중국대표로 참여해서 1만 미터 3위를 기록할 정도였다. 문학과 운동능력을 겸비한 주요섭이라는 인물이 더욱 궁금해진다.

조선 후기부터 식민지시대까지 우리 선조들에게 중국은 세계를 배우는 창으로 경외의 대상이자 비교적 안전한 도피처로 우호의 대상이기도 했다. 당시의 연행 사신들이나 유학생 혹은 독립운동가들이 품었을 중국에 대한 생각과 지금 내가 상당히 여유롭게 관조하는 중국은 정말 격세지감을 느끼게 한다.

문득 내가 지금 쓰고 있는 이 일기가 21세기 판 연행록이 될 수 있다는 생각이 들었다.

11월 22일
한국 걱정과 숙소의 아쉬움

　　서울 기온이 영하 3도까지 떨어졌다니 아마 용인의 우리 집은 영하 5~6도 정도는 될 것 같다. 여긴 아침 기온이 11도다. 오늘 낮 최고기온이 14도라니 꽤 쌀쌀한 날이다. 그런데 내일부터 다시 기온이 올라가 다음 주 내내 20도를 오르내린다고 한다. 한국의 추위가 상상이 안 되고, 확실히 다른 세상에 와있는 걸 실감한다. 아마 12월 말에 이곳에 올 아내는 그곳 추위에 단련이 되어 여기는 그다지 춥게 느껴지지 않을 것 같다.

　한국의 겨울이 시작되니 내 사소한 걱정 병이 또 도진다. 지난 여름 이사한 우리 집은 세찬 겨울 추위를 잘 견뎌낼 정도로 난방이 잘 될지, 아내가 난방비 아끼려고 너무 춥게 지내지는 않을지, 오래된 차들 시동은 문제없이 잘 걸릴지, 혹시 눈이 많이 오면 어찌될지…. 12월 말까지 제발 눈은 많이 안 왔으면 좋겠다.

　15년 이상 계속 전세로 살다가 내 집에서 살게 되면서 한 가지 변한 게 있다. 모든 게 내 것이라는 생각에 나름 열심히 갈고 닦게 된다. 이전 아파트에 살 때는 청소가 고역이어서 억지로 대충 시늉내고 끝낸 적이 많았다. 그런데 내 집으로 이사하고부터는 바닥의 작은 티끌도 눈에 들어온다. 1~2층 청소는 당연히 내 몫으로 구석구석을 기꺼이 즐겁게 청소했다.

내가 지금 상하이에서 머물고 있는 숙소인 푸단대학 외국인 교원 아파트는 캠퍼스 남쪽에 위치해서 그런지 난위안주안자러우南苑專家樓라고도 부른다. 캠퍼스 서북쪽인 베이취北區에 있는 학생들 기숙사와는 대각선으로 정반대쪽이다 보니 한국 유학생들을 마주칠 기회가 거의 없다.

좀 오래된 5층 건물로 한 층에 아파트 식으로 꾸며진 방이 6개씩이다. 나같이 외국에서 온 연구자들이나 교원 약 30명 정도가 살고 있는 셈이다. 관리하는 직원이 10명 정도는 되는 것 같고, 방 크기는 조금씩 다른데 나는 운 좋게도 상당히 큰 방을 배정받았다. 2층이라 햇볕이 덜 드는 게 좀 아쉽지만 큰 방 하나와 역시 비슷한 크기의 거실, 주방과 화장실이 딸린 우리식으로 얘기하면 약 25평 정도는 되어 보이는 아파트이다.

• 푸단대학 외국인 교원 아파트 숙소의 침실과 거실

혼자 살기에는 좀 과할 정도로 큰데, 단열 문제만 없다면 상당히 만족스러운 숙소다. 주변이 주택가라 아주 조용하고 5분만 걸어가면 번화가가 있어서 생활도 꽤 편하다. 중국 친구들을 두 번 데리고 왔는데 그 때마다 사실 너무 미안했다. 그들의 주거환경은 정말 열악하기 때문이다. 아마 이 숙소를 방문한 소장학자들은 이 공간의 1/10 정도를 전용 공간으로 사용하지 않을까 한다. 학부생이나 대학원생들의 기숙사는 물론 더욱 안 좋을 것이다. 중국의 외국인 손님들에 대한 접대는 정말 지나칠 정도이다. 이전의 조공 사신들은 과분한 대접을 받고 그저 황송했겠지만 지금 내가 느끼는 기분은 다르다. 사실 나한테는 이 공간의 절반 정도도 크다. 중국 친구들 얘기로는 여기 월세가 1만 위안(대략 175만원) 정도 될 거라고 한다.

이 좋은 숙소에도 두 가지 아쉬운 점이 있다. 숙소 규정에 따르면 일주일에 두 번 청소를 해주게 되어 있다. 한번은 큰 청소로 침대 시트나 수건 등까지 다 새로 갈아준다. 다른 한번은 작은 청소로 그냥 청소만 하는 것이다. 서비스가 대체로 괜찮은데 청소가 너무 부실한 게 눈에 들어온다. 청소기를 돌려서 구석구석 하는 것이 아니고 그냥 눈에 보이는 것만 집어 담는 수준이다. 구석에 먼지가 가득해서 도저히 참기 어려운 정도였다.

그래서 관리자 중 좀 높아 보이는 영어가 가능한 분께 사정을 설명했더니 조금 나아지긴 했지만 여전히 불만족스럽다. 아예 나한테 청소기를 주면 깨끗하게 할 것 같은데, 아마 아직 빗자루로 쓰는 방식일수도 있겠다 싶다. 물론 사람의 버릇은 자신이 처한 환경에 따라 생겨나는 것이니 굳이 여기 방식을 탓하려는 것은 아니다.

또 다른 아쉬움은 이곳에 모여 사는 외국인 연구자들과의 소통 기회가 전혀 없다는 사실이다. 다들 상당히 외롭게 보내고 있을 텐데 어쩌다 마주치는 몇 명을 제외하고 만날 기회가 전혀 없다. 얼마 전에 고등학생쯤 되어 보이는 한 젊은이와 마주쳐서 대화할 기회가 있었는데 러시아에서 왔다고 한다. 중국어를 아주 잘 해서 어떻게 이렇게 잘 하냐고 했더니 중국에서 학교를 다닌 적이 있단다. 더 흥미로운 사실은 나더러 한국사람 아니냐고 해서 그렇다고 했더니 지금 자신과 함께 여기 와있는 어머니가 한국계란다.

러시아에 사는 한국 교포 2세 혹은 3세 중에 중국학을 연구하는 분이 있을 수 있다니 아주 흥미로워졌다. 어머니께 꼭 한번 만나고 싶다고 전해달라고 했는데 아직 소식이 없다. 오늘은 사무실에 가서 내가 먼저 수소문해볼 작정이다. 혹은 내방으로 사람들을 초대하여 작은 파티를 열어도 좋겠다는 생각인데, 조금 귀찮을 것 같아서 실행할 수 있을지는 모르겠다.

요즘 아침 시간은 주로 일하는 데 쓰느라 꽤 오랜만에 일기를 아침에 써본다. 역시 나 같은 아침형인간한테는 아침에 쓰는 글이 제 맛이다. 쉽게 금방 써진다.

11월 23일
과음

    정말 오랜만의 과음에 심신의 컨디션이 최악이다.
바이주와 피주(맥주)의 짬뽕 탓인지 머리가 오후까지도 찌근거린다.
술을 전혀 안 마시니 사실 이런 기분 느낄 일이 없어 참 좋았는데,
어제는 스스로의 유혹을 견뎌내지 못한 것 같다. 이곳 생활의 외로움
이 그만큼 쌓여있었던 모양이다.

    손님 두 분이 푸단대학으로 찾아왔다. 내가 좋아하는 중국 오지
여행전문가 왕초 윤태옥 선생과 중국에서 오랫동안 사업하면서 고
대사에 큰 관심을 갖게 된 배일룡 선생이다. 두 분 모두 사실 페이스
북이 이어준 친구들이다.

    연구실에 잠깐 들렀다 숙소 근처의 쓰촨식 식당으로 갔다. 숙소
가까이 있는 식당 중 거의 유일하게 버젓해 보이는 곳이라 한번 가보
고 싶었다. 조그만 식당인줄 알았는데 들어 가보니 2층까지 있는 꽤
큰 식당이다. 가격이 저렴해서 그런지 손님들로 들어차 있었다.

    두 분 모두 이렇게 사적으로 만나보기는 거의 처음이었다. 그러니

그동안 궁금했던 얘기들로 시간가는 줄 모르고 즐겁게 대화했다. 이전부터 궁금했던 윤태옥 선생의 인생 전환 스토리가 정말 흥미로웠다. 일 년 중 상당 기간을 중국 다양한 지역의 여행과 그에 대한 글쓰기로 보낸다니 나처럼 책상 앞에 앉아 주로 머리로만 일하는 사람들은 도저히 상상할 수 없는 부러운 일이다.

배일룡 선생은 고대 중국 연구에 대해 궁금한 게 참 많았다. 어떻게 체계적으로 공부할 수 있는지, 중국 학계의 동향은 어떤지, 고대사 연구에서 왜 어느 나라나 그렇게 국뽕이 기승을 부리는지, 대학원에 진학하면 어떻게 될지 등등에 대해서 진지하게 물었고, 나도 내 생각을 알려주었다.

즐거움이 과하면 그건 독이 될 수도 있다는 사실을 오랜만에 실감한다. 그 식당에서 적당하게 끝내고 맥주를 안 마셨어야 되는데, 두 분을 숙소까지 모셔 와서 계속 달린 게 지금까지 고통을 안겨주는 것 같다.

일상의 리듬이 깨지고 심신이 모두 피폐해졌다. 살다 보면 이런 날도 있기 마련인 건데, 그래도 어제의 과음이 내 생의 마지막 과음이 되길 바란다.

11월 24일
전문가 되기의 어려움

어제는 샤오싱紹興으로 하루 여행을 다녀왔다. 오전 6시쯤 나갔다 오후 9시 넘어서 들어왔으니 조금 힘든 여정이었다. 그래도 다녀오고 나면 항상 아쉬움이 많은 게 여행이다.

페이스북에 열심히 글을 쓰기 시작한 지가 벌써 3년 반이 되어간다. 그로 인해 아주 조금 유명세도 타고 좋은 분들을 참 많이 만나고 있으니 실보다 득이 훨씬 많은 것 같다. 사실 내가 페이스북을 열심히 하는 이유는 대중과 소통하기 위한 것도 있지만 그것 못지않게 역사연구자들을 비롯한 나름 전문가라고 자처하는 분들에게 내 생각을 전하고 싶은 욕구가 크기 때문이기도 하다. 어떤 분들은 그걸 건방지거나 부질없는 일로 보기도 하고 또 다른 어떤 분들을 좋게 봐주기도 하는 것 같다.

개중에는 혹시 그런 일을 해서 당신이 거두어들이는 게 뭐냐고 실용적 차원의 의문을 제기하는 사람이 있을지도 모르겠다. 그런 게 없지는 않다. 페이스북을 통해 만난 분들 중에는 중국고대사 혹은 고대사 전반에 관심을 가지고 전문적으로 공부해보려는 다른 분야의 전문가들이 드물지 않게 있다. 그런 분들 중에 정말 용단을 내려서 단국대학 대학원에 진학한 분들도 있는데, 어제는 그런 변호사 한 분이 부인과 함께 나를 찾아 상하이에 왔다. 그래서 함께 샤오싱으로 즐겁게 여행을 다녀왔고, 오늘 오후에도 푸단대학 쪽으로 와서 저녁을 함께 하기로 했다.

사실 그분은 페이스북은 안 한다. 그렇지만 페이스북 연재를 토대로 한 내 책 『고대 중국에 빠져 한국사를 바라보다』(푸른역사, 2016)를 읽고 상당히 공감했다고 한다. 그 이후 나를 직접 찾아와 지금은 내 학생이 되어 있다. 그분한테 이런 글을 쓴다고 얘기하지 않았기 때문에 그냥 익명으로 처리하려고 한다. 좋은 논문을 써서 학위를 받게 되면 그 땐 실명을 공개해도 되겠지.

학력고사 성적이 생각보다 너무 잘 나와서 법대에 들어갔다는 그는 사법고시도 일찍 합격해서 지금은 중견 변호사로 활동하고 있다. 그 때 학력고사 성적이 조금 낮았으면 당연히 국사학과나 동양사학과에 진학했을 거라고 한다. 그랬다면 지금쯤 무슨 대학 사학과 교수가 되어 있지 않을까. 정치적인 성향도 나랑 비슷하고 성격도 서로 잘 통해서 이제는 친한 친구가 되었다.

중국에 대해 관심이 많은 그는 나를 만나기 전에 일부 학술 모임에도 참석하며 여러 군데 오지 여행도 다녀왔던 것 같다. 아마 그런 활동을 하면서 공부에 대한 갈증이 더 커졌을 것이고 제대로 해보고 싶다는 욕구에 충만하여 나 같은 사람까지 찾아왔을 것이다.

지난 세 학기 동안 나와 함께 상당히 열심히 공부했다. 사실 우리 대학원은 학생 수가 많지 않아 내 수업 같은 경우 강좌 개설이 가능한 인원을 채우기가 어렵다. 그러다 보니 여러 전공을 아우르는 학생 개별 맞춤형 수업을 하는 게 보통이다. 그런데 지난 몇 학기 동안에는 학생들이 좀 들어와서 제대로 된 고대사 수업을 할 수 있었다. 그는 아마 처음으로 전문 자료와 연구를 접하며 많은 생각을 할 수 있었을 것이다.

그 과정을 통해 논문 주제도 어느 정도 확정하고 연구자로서의 길을 병행하려 하지만 문제가 없는 것은 아니다. 인간이 자신의 일을 위해 쓸 수 있는 역량에는 한계가 있기 때문이다. 대한민국 최고의 수재 반열에 들어가는 사람이니 지식 습득 능력은 상당히 빠르다. 어려운 논문에 대한 이해도나 발제 능력도 아주 좋다.

그런데 그를 지도해보면서 역사 연구는 머리로만 하는 게 아니라는 사실을 절감한다. 사실 세상 모든 분야가 다 그렇고, 아마 본인 스스로 더 잘 느끼고 있을 것이다. 그가 사법고시에 합격하기 위해 머리를 싸매고 몰두했던 것과 같은 일종의 장인정신을 가지고 해야 할 부분이 역사 연구에도 분명히 존재한다는 얘기다. 역사에 대해 너무나 비상식적인 얘기를 쉽게 하는 다른 분야의 전문가들은 이런 과정을 거의 거치지 않은 분들이다.

그가 물론 지금하고 있는 일을 접고 공부에만 몰두할 수 있다면 충분히 좋은 연구자가 될 수 있을 것이다. 그러나 세상 일이 어찌 마음먹은 대로 다 되겠는가. 그런 딜레마 역시 누구나 안고 살아가는 것이다. 그래도 마음 한편으로 그가 자신이 처한 상황에서 최선을 다해서 좋은 연구를 완수하리라는 믿음을 가지고 있다. 쉽지 않은 상황에서도 석사논문을 잘 쓸 수 있다면 전문 연구자로서의 길이 조금씩 열릴 것이다.

나로서는 그런 저런 사정을 떠나 좋은 친구를 얻은 것만으로도 감사드린다. 샤오싱 여행에 대해서 쓰려다 옆으로 빠져버렸지만 무의미한 얘기는 아니라고 본다.

11월 25일
샤오싱 : 우禹의 흔적을 찾아서

　　샤오싱은 꼭 가고 싶었던 곳이었다. 샤오싱하면 루쉰이 제일 먼저 떠오르지만 나는 사실 루쉰에 대해서는 별로 아는 것이 없다. 그보다 요즘 관심 가지고 있는 요순우와 관련된 주요 유적지 즉 회계산會稽山과 대우릉大禹陵에 꼭 가보고 싶었다.

　　그래서 이번 샤오싱 여행에서 대우릉 이외에는 딱히 가고 싶은 곳을 정하지 않았다. 보통 여행 전에 그 지역에 대해 어느 정도 숙지하는 것과 달리 별로 알아보지도 않았다. 한국에서 온 학생이자 친구 내외가 가자는 대로 따라갈 참이었다.

　　8시쯤 고속철을 탔는데 상하이 홍차오역에서 샤오싱 북역까지는 한 시간이 조금 더 걸렸다. 북역이 시내에서 상당히 떨어져 있었기 때문에 길도 막히고 해서 고성 내의 첫 번째 행선지인 루쉰구리魯迅故里 근처에 도착하니 10시가 훨씬 넘었다. 중국 유명 관광지 어디나 그렇듯이 토요일이라 단체 여행객들까지 포함해서 그야말로 인산인해였다.

루쉰의 상당히 넓은 고거를 둘러보는데 여기저기서 시끄러운 설명 소리가 마치 난장판 같았고, 그들이 길을 막고 있으니 쉽게 지나가기도 어려웠다. 그래도 한 때 그 지역 최고 유지였다는 조부로부터 이어져 내려온 그 고거의 구석구석과 정원은 상당히 인상적이었다. 특히 루쉰이 어릴 적 공부했다는 싼웨이三味서원 터가 루쉰이 공부한 책상과 함께 잘 보존되어 있어 눈길을 끌었다. 루쉰 유적지에서 맞은편 있는 남송 때 그 지역 부상富商인 심씨沈氏가 지었다는 정원인 심원도 한번 가볼 만했다. 궈모뤄郭沫若가 쓴 심씨원沈氏園이라는 제자題字가 특히 눈에 들어왔다.

　　심원 건너편의 샤오싱 특색 면 집에서 쫄깃한 면이 일품인 삼선三鮮면과 샤오롱바오로 허기진 배를 채운 후 바로 대우릉으로 향했다. 중국의 만들어진 유적지들이 다 그렇듯이 유원지처럼 규모가 엄청나게 컸다. 한참을 걸어 들어가니 대우릉이라는 표식과 명나라 때 지어졌다는 주 건물인 향전享殿과 우사禹祠, 우묘禹廟 등이 있었다.

• 샤오싱 대우릉 표식

과연 대우릉을 어떻게 만들어놓았을까 궁금했는데 정작 표식 이
외에 대우릉은 거기 없어서 조금 허탈했다. 그 대신 산꼭대기에 대우
동상을 세워놓았다는데 시간도 없고 일행들이 힘들어할까봐 올라가
볼 엄두를 내지 못했다. 우묘에는 1933년 중건했다는 대전大殿에 우
의 입상이 세워져 있었다. 대전 옆에 우의 귀장지歸葬地라는 회계산의
우혈禹穴과 출생지라는 쓰촨성 베이촨北川현의 스뉴石紐촌을 형상화
한 비석 같은 것을 세워놓았다.

사실 우가 회계산에서 죽었다는 얘기는 『상서尚書』에 나오는데
후대의 위작으로 여겨지는 「대우모大禹謨」편에서 나오는 얘기라 그
진위 여부에 의심의 여지가 크다. 그렇지만 진시황과 한무제 등이
우의 사적을 전해 듣고 회계산에서 제사를 지내고, 우가 사망한 장소
인 우혈을 찾았다는 내용이 각종 사서에 전한다. 우의 사실성 여부와
무관하게 이 지역이 우와 관련된 지역으로 역사화 되어가는 과정은
상당히 흥미로운 연구 주제인 것 같다.

대우릉에서 나올 때는 걷는 게 힘들어서 작은 보트를 타고 나왔는
데 상당히 운치가 있었다. 대우릉 근처에서 택시를 타고 마지막 행선
지인 동진시대 서성書聖이라 불리는 왕희지의 원림인 난정蘭亭으로
갔다. 어제 간 관광지 중 그나마 가장 마음에 드는 곳이었다. 353년
친구와 지인들 40여명과 포석정의 원조 격인 류상정流觴亭에서 술잔
을 띄우고 일종의 시 경연대회를 벌인 후 왕희지가 약간 취한 상태에
서 그 유명한 「난정집서蘭亭集序」 324자를 남겼다고 한다. 역대 제왕들
과 명필들이 「난정집서」에 반해서 앞 다투어 그걸 모사했다. 난정은
그 흔적이 잘 보존된 경치까지 수려한 인상적인 공간이었다.

특히 왕희지와 그의 아들이 한 자씩 나누어 쓴 것이라는 "아지鵝
池"라는 두 자가 적힌 비정碑亭이 인상적이었다. 강희제와 건륭제가

직접 앞뒷면을 채운 이름이 기억 안 나는 비석도 눈길을 끌었다. 서예에 문외한인 나에게도 건륭제의 필체가 호방하게 느껴졌다. 난정의 마지막 코스인 서법박물관은 왕희지의 모든 것이 담겨 있어 서예에 관심 있는 분들에게는 아주 흥미로운 장소임에 틀림없을 것이다. 기차 시간 때문에 한 시간 밖에 여유가 없어서 난정에서 천천히 즐기지 못한 게 조금 아쉽다.

이번 여행은 유적지 중심으로 다녀서 샤오싱의 풍취를 제대로 느끼기는 어려웠다. 다음에 갈 기회가 있으면 아직도 옛 모습이 많이 남아 있을 샤오싱 고성을 느리게 거닐어보고 싶다.

• 비정의 "아지"

11월 26일
고대 한어 사전 학술대회

숙소 창밖의 녹음이 오늘따라 편안하게 다가선다. 이미 스산해져 버린 한국의 풍경마저 그리운 이 나그네의 처량함을 푸르른 기운으로 북돋아 주는 듯하다. 세상 일이 잘 풀리지 않은 사람들에게는 모든 것을 등지고 잠시 자유로움을 만끽하는 내가 느끼는 이 처량함마저 사치로 다가설지도 모르겠다.

24일과 25일 이틀 동안 출토문헌연구중심에서 주관하는 상당히 큰 학술대회가 있었다. 나는 이번에 이런저런 이유로 아쉽지만 적극적으로 참석할 수는 없었다. 주제가 "고대 한어漢語 대형 사전辭書 편찬 문제"로 많은 학자들이 다양한 방면의 논문들을 발표했다.

특히 2005년쯤 연구중심을 세운 원로학자 추시구이 교수까지 발표에 동참했는데, 사실 그걸 잘 모르고 있다가 만나 뵐 기회를 놓쳤다. 추 교수는 내가 중국학자들 중 구제강顧頡剛 다음으로 존경하는 고문자 연구 방면의 최고 석학이다. 94년과 96년에 중국에 있을 때 몇 번 뵈었는데, 나를 기억할지 궁금하다. 아마 앞으로 인사드릴 기회가 있을 것이다.

중국의 학회에 참석해본 사람들은 잘 알겠지만 어디나 사람이 너무 많다. 이번에도 이틀 동안 모두 35명이나 발표했다. 이 정도 규모면 한국 같으면 여러 패널로 나누어서 할 텐데 여기는 그냥 한 군데서 다 함께 한다. 그러니 발표시간이 아주 짧을 수밖에 없다. 길어야 15분 정도인데, 이번 학회 발표는 1인당 12분이었다. 시간에 쫓기다 보니 제대로 된 토론이 이루어지기는 어렵다. 각 세션이 끝날 때마다 원로 교수나 그 분야 전문가가 간단한 논평을 하거나 아예 토론이 없는 경우도 많다.

그리고 학술대회의 구체적인 일정이 날짜가 거의 닥쳐야 확정되는 것도 좀 문제다. 여러 가지 사정 때문에 불가피한 점이 있겠지만, 임의성에서 벗어나지 못하는 관행은 20년 전이나 지금이나 별로 개선되지 않은 듯하다. 2002년 여름에 상하이박물관에서 주관한 진국晉國 관련 한 학회에서는 원래 논문 발표 계획이 없었는데 마지막 날 오후로 내 이름을 마음대로 집어놓아서, 오전 발표를 거르고 호텔 방에서 원고를 작성해서 읽은 적이 있을 정도다.

중국은 최초의 자전이라 할 수 있는 후한시대 허신許愼(58?-149)의 『설문說文』에서 현대의 한어대사전에 이르기까지 세계 어느 나라보다 유구하고 방대한 사전辭典 제작 전통을 지니고 있다. 사전 전문가뿐만 아니라 다양한 분야의 연구자들이 나름대로 자신의 견해를 제시할 수 있는 분야라고 할 수 있을 것이다.

그러다 보니 지난 이틀 동안 발표된 주제의 편차가 상당히 커 보인다. 사전의 체제 문제나 자료 활용 방법 같은 거시적 측면의 문제가 한 부분을 차지한다면 사실 나머지 대부분의 발표는 글자 하나 자구 하나에 치중하는 연구들이었다. 그 동안 고문자 연구가 쌓여서 특정 글자에 대한 새로운 인식이 생겨났으니 특정 사전의 그 부분은 수정이 필요하다는 아주 세밀한 주장들이다. 글자 하나에 치중하는 이러한 아주 조그만 연구들이 축적되어 고문자나 한자학 연구가 발전하고 그것이 결국 사전 개정에 반영되는 선순환 구조로 보면 될 것 같다.

사실 내가 잘 모르는 분야라 참석을 망설이기도 했었는데 그래도 어제 오전에 시간을 내서 참석하길 잘 했다는 판단이다. 다만 많은 연구자들을 새롭게 만날 기회가 있었는데 내 전공과 무관하다는 선입견 때문에 소극적으로 대처해서 아쉬움이 남는다.

11월 27일
중국 청동기 수업(2)

한국의 음악방송에서 벌써 크리스마스 캐럴이 흘러나오는 걸 보면 한국은 세모의 분위기가 완연할 것 같다. 여기도 나름대로 그런 분위기가 있겠지만 이방인이 그걸 느끼기는 어렵다. 날씨까지 20도를 오르내리니 더 그런 것 같다.

다음 주에 첫 번째 강연이 확정되었다(교수와 학생들 사정으로 한 주 연기되었다). 강연이라기보다 간단한 발표로 보면 될 것 같다. 문물과 박물관학과에서 개설 중인 뤼징 교수의 '중국청동기연구' 세미나에서 시간을 내주었다. 지난주에 소개했듯이 이 수업을 수강하는 모든 학생들이 청동기를 하나씩 골라서 상세한 발표를 하는 게 주요 과제다.

여긴 대체로 크리스마스 주가 학기의 마지막 주인 모양이다. 그래서 모든 학생들의 발표를 안배하는 학생과 얘기를 해서 나 역시 청동기로 발표를 하기로 하고, 현재 편집 중인 중국어 논문 한 편을 보냈다. 그랬더니 바로 학생들이 미리 읽고 오라고 단체 위챗에 그 논문을 올렸다. 학생들의 반응이 어떨지 궁금하다.

어제 수업에서도 한 학생이 상대商代 후기에 유행했던 고觚라는 술그릇에 대해서 거의 1시간 동안 상세한 발표를 했다. 사실 상하이는 청동기에 관한 한 최고 컬렉션을 자랑하는 상하이박물관이 있어서 청동기 공부하기 가장 좋은 곳이다. 어제 발표를 맡은 학생은 오랫동안 상하이박물관 청동기 연구를 이끈 마청위안馬承源(1928~2004) 선생의 견해에 계속 문제를 제기했다(상세한 내용은 알아들을 수 없었다). 또한 그 발표를 위해 안양女陽에 있는 은허박물관을 직접 방문했고, 안양에서 고라는 청동기의 잔편까지 사와서 실물을 직접 보여주며 발표를 하니 더 생동감이 있었다.

뤼징 교수가 사정이 있어서 발표 직후 일찍 나가면서 발표 안배하는 리더 격인 학생에게 토론을 이끌 것을 요청했다. 수업 시간이

• 중국청동기연구 세미나
  학생발표 장면

123

한 30분 정도 남았는데 나름대로 진지하게 열띤 토론에 임하는 학생들이 보기 좋았다.

내 중국어 실력이 약해서 사실 PPT와 함께 하는 발표는 조금 알아듣지만 토론은 정말 오리무중이다. 그런데도 굳이 나한테도 의견이 있냐고 물어봐서 솔직하게 있는 그대로 얘기했다. 제대로 알아들었는지 모르겠지만 청동기를 하나씩 골라서 기형 위주로 이렇게 심도 있게 공부하는 건 아주 좋은 방법이다. 두 차례 발표 모두 학생들의 준비가 상세히 잘 되어 있어서 좋은 인상을 받았고, 발표 내용의 수준 역시 상당히 높다.

학생들 대부분이 수줍어하면서도 좋아했다. 지난주에 발표한 학생에게도 아주 좋았다고 칭찬해주었다. 그래서인지 모르겠지만 그 리더 격인 학생이 단체 위챗에 "우리들 대부분의 발표가 양적이나 질적으로 비교적 수준이 높으니, (이미 발표한 학생들까지 포함해서) 모두 발표 후 PPT를 여기 단체방에 올려주면, 내가 모두 수합해서 기말 복습과 이후 참고를 위해 동학들 모두에게 제공하겠습니다. 동시에 우리들 청동기 수업 성과 전시와 총결에도 쓸 수 있을 것 같네요."라는 메시지를 올렸다.

교수 못지않게 학생들이 괜찮아서 이 수업은 그 마지막인 크리스마스이브의 늦은 오후까지도 참석할 것 같다. 이번 주에는 나도 상하이박물관에 다녀오려고 한다. 여러 번 가보았어도 나를 맞이하는 청동기들에 대한 느낌은 갈 때마다 다르다. 그건 아마 내 내공이 쌓여가는 것과도 조금은 관련 있을지도 모르겠다.

11월 28일
B급 학자의 고뇌

상하이 생활 31일째, 요즘 함께 하는 CBS 레인보우 FM에서 흘러나오는 "Eye of Tiger"라는 묵직하고 강한 음악이 아침을 일깨운다. 호랑이 눈매처럼 강하게 꿈을 향해 도전하라는 가사인 듯하다.

문득 이사 직후 지인이 손수 써준 캉유웨이康有爲(1858~1927)의 서재를 장식했다는 문구 중 "전미호치벽력설電眉虎齒霹靂舌"이라는 구절이 떠오른다. 우리집 서재에는 마땅한 장소가 없어서 아내와 내가 애용하는 공간인 거실 겸 식탁 위에 걸어두었다.

그 내용은 "번뜩이는 눈썹, 호랑이 이빨, 벽력같은 혀" 정도로 보면 될 것 같다. 소동파의 어떤 시 구절에서 따서 캉유웨이 스스로 쓴 것이라는데, 원래 소동파가 흠모했던 한 스님의 형상을 그렇게 묘사한 것이라고 한다. 아마 캉유웨이가 서재에 임하는 자신의 모습을 그렇게 표현해 본 게 아닌가라고 내 나름대로 해석하고 있다.

"호랑이 눈매와 이빨"에 감정이 이입되면서 과연 내가 어느 정도

• 우측이 "전미호치벽력설"이고 좌측은 "주렴옥안비취병珠簾玉案翡翠屏"으로 역시 소식의 유명한 시인 "부용성芙蓉城"의 한 구절이다.

열정을 가지고 삶에 임하고 있는지 되돌아보게 된다. 50대 후반이면 아직 연구자로는 한창 때여야 하는데도 사실 이제 이런 문구가 조금은 부담으로 다가선다. 자꾸 편한 길만 찾게 되는 것 같고. 나 역시 한국의 여느 인문학 연구자들과 마찬가지로 조로의 길을 걸을 것인가. 아니면 스스로 자조하듯 "B급 학자"의 길이라도 묵묵히 걸어갈 것인가.

사실 한국 인문학계의 조로 현상은 조금 이해되는 측면도 있다. 여러 이유가 있겠지만 나는 20세기 후반 동안 지나칠 정도로 크게 자리 잡아버린 한국학 위주의 학술계 분위기가 가장 큰 원인 중하나라고 본다. 그 시대적 불가피성은 인정한다 하더라도 다음의두 가지 측면은 짚고 넘어갈 필요가 있다.

첫째, 역사학계의 경우 이른바 식민사학에 대한 반작용으로 민족사학이 주류를 이루어 우리에게 유리한 것만 부각시키는 경향이 두드러졌다. 역으로 불리한 것은 금기시 하다 보니 우리 내부에서 건강한 비평이 설 자리가 너무 좁아져 버렸다. 그 큰 틈을 비집고 들어온 것이 바로 정치성이 아닐까 한다. 연구자마다 느끼는 강도에 차이가 있을 수 있고, 실상 그 틀 속에서 연구에 종사하는 사람들은 인지하기 어려울 수도 있다. 적어도 나같은 사람이 한국 학계의 전반적인 연구 풍토에서 느끼는 강한 정치성이 엷어지기까지는 상당한 시간이 필요할 것으로 보인다.

둘째, 인문학 특히 증거 위주의 역사학은 두터운 자료가 그 생명이다. 비빌 언덕이 엷어 연구 소재가 빈약할 수밖에 없는 분야에서 아무리 우수한 연구자도 깊은 학문적 열정을 오래 지속하기는 어렵다. 더욱이 학문적 수월성 역시 떨어질 수밖에 없어서 뛰어난 학자가 배출되기도 어렵다. 공식 두세 개만 알아도 풀 수 있는 문제를 다루는 분야와 열 개는 알아야 풀 수 있는 문제를 다루는 분야는 분명 다르기 때문이다. 그런데 지난 수십년 동안 한국사 위주의 역사학계 상황은 대체로 전자가 후자를 지배하는 형국이었다. 후자에 속할만한 강한 학문적 열정과 역량을 지닌 이들이 버틸만한 자리가 그만큼 협소하다는 얘기다. 세계 학계의 흐름에 부응하는 장기적 안목의 보편적 연구보다 당장 눈앞의 관심사에 주로 치중하는 듯한 현 상황은 인문학 수준 제고에 장애가 되고 있다. 인문학계의 조로 현상역시 이와 무관하지 않을 것이다.

이러한 측면에서 나는 내가 좀 알고 있는 한국고대사 분야에서 근대 학문 초창기의 이병도와 이기백 등 1세대와 그들을 뒤이은 2세대 학자들을 넘어서는 학자가 과연 앞으로 나올 수 있을지 상당히 회의적이다. 이들은 개척자의 입장에서 그만큼 연구할 거리가 많았을테니 나름대로 새로운 연구 성과를 제시하며 독보적 위치를 차지할 수 있었을 것이다. 물론 요즘 목간 등 새로운 자료들이 늘어나고 있는 상황이니 내 예측이 틀릴 수도 있고, 그렇게 되길 바라는 마음이 크다.

역시 내가 조금 알고 있는 중국 고대사 분야는 한국의 상황과 정반대라고 해도 과언이 아니다. 80대에도 나름대로 왕성하게 활동하는 연구자가 중국에 드물지 않은 이유는 그만큼 새로운 연구 거리가 많기 때문이다. 특히 방대한 신출 자료의 해석에 깊은 내공이 필요하므로 연륜이 쌓여야 더 잘할 수 있는 분야가 적지 않다는 얘기다. 1933년생인 칭화대학의 리쉐친李學勤교수는 몇 년 전까지만 해도 그 이름처럼 학문에 매진했고(올해 2월 24일 별세했다), 1935년생인 푸단대학의 추시구이 교수도 눈에 큰 문제가 있음에도 불구하고 아직까지 제자들에게 구술해서 글을 쓰고 있다. 전국 각지에서 연구에 매진하는 학자들 중 언제가 이들을 능가하는 이들이 나타날 것이다.

그럼 너도 그들처럼 열심히 연구해서 중국학 분야의 대가가 되면 되지 않느냐 반문할 수도 있겠다. 맞는 말이다. 그런데 일차적으로 개인적 역량이 거기에 못 미친다. 노력해도 한계가 있다는 얘기다. 변명으로 들릴지 모르겠지만 다른 문제도 있다. 세상의 많은 일이 그렇듯이 한 분야의 대가는 그가 처한 사회의 전통을 먹고 성장한다. 지난번에도 한 번 쓴 적이 있듯이 일본에서의 고대 중국 연구가 지난 세기 후반 세계 최고 수준을 자랑했던 이유는 국학이라는 일본 나름대로의 고증학 전통과 난학蘭學서 비롯된 서양 학문 수용, 제국의 경험 등이 어우러져서 나온 것이다. 서양의 중국학 대가들도 계몽 시대의 과학적 학문 전통에 마테오 리치(1522~1610) 이래의 중국에 대한 깊은 관심이 어우러진 산물이다. 물론 제국의 경험도 큰 몫을 차지할 것이다.

한국에서 근대적 의미의 중국학 연구는 해방 이후 1960년대부터
나 시작되었다고 보는 것이 맞다. 물론 전근대 특히 조선시대에도
인문학 연구의 주종은 크게 보아 중국학 범주에 들어간다고 해도
틀리지 않을 것이다. 다만 당시의 연구가 중국 전통 학문의 부분적
수용 이상 가는 무언가를 만들어내었는지는 의문이다. 다시 말해
조선이라는 좁은 울타리를 넘어서서도 학술적으로 높은 평가를 받
을만한 조선만의 독자적인 학문 체계를 과연 구축해내었을까라는
얘기다. 국내 일각에서 찬양하고 있는 조선시대의 중국학 연구들이
당시의 보편적 기준으로 어떻게 자리매김 될 수 있을지 궁금하다.
20세기 전반 이래 근대 학문의 수용 과정에서 일본으로부터 받은
지대한 영향까지 고려하면 한국의 중국학은 이제 소년기를 지나고
있는지도 모른다.

얼마 전에 『청동기와 중국고대사』(사회평론)와 『중국 고대 지역국
가의 발전: 진晉의 봉건에서 문공文公의 패업까지』(일조각)라는 두 권
의 책을 냈다. 아마 고대사에 관심을 가진 연구자라면 이 연구의 가치
를 어느 정도 인정해주리라 생각한다. 그런데 문제는 한국과 무관한
분야에는 대체로 무관심한 현재 국내 학계의 상황에서 이 연구들에
대한 비평을 기대할 정도의 여건조차 형성되어 있지 않다는 점이다.

고대 중국 연구의 심장부 중 하나라고 할 수 있는 상하이 푸단대학
에서 "B급"이라는 스스로의 낙인에 발버둥 치며 고뇌에 빠진다. 아마
도 "호랑이의 눈매, 이빨"처럼 강철 같은 의지까지는 아니라도 "B급"
의 길을 꾸역꾸역 계속 갈 것 같기는 하다. 우리보다 앞선 세대의
고대 중국 연구자들을 개척자라고 생각한 적이 있었는데, 그분들께
미안하게도 나도 아직 개척자라는 위안으로 버티면서 말이다.

11월 29일
상하이박물관(1)

어제부터 미세먼지가 "아주 나쁨" 수준이다. 상하이에 온 이후 처음으로 공기 때문에 불편함을 느꼈다. 무엇보다 내가 좋아하는 걷기를 못 하니 몸이 개운하지 않다. 예보를 보니 당분간 계속 나쁠 것 같은데 걱정이다.

어제는 그래서 실내 활동이 그나마 좀 나을 것 같아서 상하이박물관에 다녀왔다. 박물관 왕국인 중국에서 내가 제일 좋아하는 박물관이다. 청동기뿐만 아니라 도기, 옥기, 화폐, 서법, 회화 등에 이르기까지 중국 고대 이래의 전통문화를 살펴볼 수 있는 전문 전람관을 갖추고 있다. 상시 전시뿐만 아니라 특별전도 수준이 높아 하루 내내 돌아도 다 보기 어려울 정도이다.

이번 방문에는 전시관 세 군데만 조금 주의 깊게 돌아보았다. 그 첫 번째가 2층의 특별전인 "주향현대주의走向現代主義"라는 제목의 1900년대를 전후한 미국 회화 전시다. 대부분 시카고 미술관(Art Institute of Chicago) 소장품으로 당시 전기, 전신, 사진, 영화, 마천루,

• 상하이박물관 전경. 윗 부분에 청동정鼎의 귀(耳) 즉 걸게 부분을 본뜬 모습이 보인다.

지하철 등의 도입으로 생겨난 현대 도시의 양상들을 화폭에 담은 것들이었다.

상당수의 그림들이 당시의 풍경과 가족생활, 도시 생활의 애환 등을 표현했는데 그 중 내 눈길을 가장 강하게 끈 것은 몇 점 안되는 도시의 변모를 묘사한 것이었다. 그 첫 번째가 나도 조금 익숙한 시카고 리버의 한 다리 위에서 바라본 당시 공업화 모습을 그린 "The Coffee House"라는 작품이다. 시카고 출신인 알손 클락Alson Clark(1876~1949)이라는 화가가 파리 체류 중 1905~6년 겨울에 고향에 잠시 방문했을 때 그린 것이다, 다리를 지나다 건너편 공장에서 나오는 연기를 보고 다리 관리인에게 부탁하여 난간의 조망탑으로 기어 올라가 본 광경이라고 한다. 다리 오른쪽 건물이 표제의 커피점이다.

내 눈길을 끈 또 다른 작품은 조지 럭스George Luks(1867~1933)라는 화가가 1901년에 그린 The Butcher Cart(도축마차)이다. 고층

131

빌딩이 즐비한 번화가에 구식의 도축마차가 지나가는 현대화 과정의 긴장과 갈등을 묘사한 인상적인 작품이다. 1883년 건설된 뉴욕의 브루클린브리지를 그린 1917~20년 어니스트 로슨Earnest Lawson (1873~1939)의 작품도 인상적이었다.

두 번째로 찾아간 전시관은 1층의 중국 칠기 특별전이다. 고대사를 공부한다고 하면서도 사실 칠기에 대해서는 별로 관심을 가진 적이 없었다. 이번 특별전을 보면서 숨 막힌다는 표현이 적절할 정도로 칠기의 매력에 빠져들었다. 사실 칠기는 신석기시대 이래 청대까지 지속적으로 중국인들의 사랑을 받아온 대표적인 기물이다. 청동기가 고대에 주로 활용된 유물로 명문까지 담고 있어서 강렬한 인상을 남긴다면, 칠기는 중국 역사 전 시기를 통틀어 변용을 거듭한 팔색조 같은 유물이라는 생각이 들었다.

• 시카고 리버의 "커피하우스"

금속이 아니어서 보존이 어려운 재질의 특성상 전시품 중 가장 오래된 기물은 기원전 5세기 경 전국시대 후베이성에서 출토된 묘 지킴이 즉 진묘수鎭墓獸였다. 그 세련된 양식으로 보아 전국시대에 이미 칠기가 상당히 높은 수준으로 보편화되어 있었을 것이다. 진한시대의 묘에서 출토된 칠기는 헤아리기 어려울 정도로 많다. 주로 그릇과 잔, 제기, 화장품함, 바느질용품함 등으로 주로 사용되었다. 후대에는 악기나 붓, 사리함 같은 다양한 용도의 케이스 등으로 계속 활용 범위가 넓어진다.

어제 본 칠기들 중 무엇보다 내 눈길을 끈 것은 당나라 때의 은박 거울이었다. 불사조 문양이 두드러진 것과 수렵과 선인仙人계의 모습을 표현한 거울 두 점은 미적 감각이 떨어지는 나 같은 사람도 탄성을 자아내게 했다. 상당히 많은 사람들이 그 앞에서 사진을 찍고 있어서 아무도 없을 때까지 기다렸다 사진을 찍을 수 있었다.

그리고 나서 1층에 있는 상하이박물관의 자랑 청동기관에서 즐거운 시간을 보냈다. 청동기에 대해서까지 쓰면 너무 길어질 것 같아서 오늘은 여기까지만 쓰기로 한다.

• 전국시대 칠기 진묘수

• 당대 수렵과 선인계의 모습이 표현된 은박 거울

11월 30일
내 중국어 실력의 한계

　　12월 19일 푸단대학 역사학과 강연을 위한 포스터가
나왔다. 짜릿한 기분과 함께 묘한 긴장감이 몰려온다. 월요일 뤼징
교수의 '중국청동기연구' 수업에서 미리 연습을 한번 할 수 있으니
정말 다행이다. 아직 확정되지는 않았지만 12월 13일에 다른 지역에
서도 발표를 한번 할 것 같다.

　　중국어가 너무 어렵다. 말하기와 듣기가 자유로우면 훨훨 날아다
닐 것 같다. 1990년 시카고대학에서 초급 중국어를 수강한 게 내
중국어 공부의 시작이다. 물론 그 이전에도 읽는 건 큰 문제가 없었
지만 제대로 된 발음으로 말을 배우기 시작한 게 그렇다는 얘기다.
2년 동안 수업을 듣고 2년을 쉬다가 1994년에 처음으로 베이징에서
중국어를 배우며 3개월을 보냈다. 그 때 상당히 늘어서 소통에 큰
지장 없을 정도가 되었지만 외국어는 안 쓰면 잊어버리는 게 자연의
이치인 것 같다. 아마 94~96년 정도가 내 중국어 실력의 절정기였던
것 같다.

그나마 중국어 논문이나 책을 계속 읽어서 그런지 엉터리 문장이라도 만들어낼 수 있으니 다행이다. 그래도 중국어로 글을 써서 발표까지 하는 것은 조금 과장하면 일종의 고문처럼 힘들다. 사실 이번에 푸단대학에서 발표할 연구들은 이미 중국의 학회에서 한 번씩 발표한 것들이다. 일부러 그런 것들을 골랐지만 이번의 상황은 이전과 좀 다르다. 학회에서 10~15분 정도 발표한 분량을 50~60분 정도까

• 역사학과 강연 포스터, 발표 제목은 "『좌전』의 '악'과 『계년』의 '소악': 주 왕실 동천과 관련된 새로운 해석"이다. 내 이름과 함께 강연 주관자인 린즈펑 교수의 이름이 함께 명시되어 있다. 푸단대학 광화러우 1층에는 다양한 강의를 알리는 배너들이 가득하다.

지 불려야 하기 때문이다.

며칠 전부터 월요일 발표를 준비하면서 강한 허탈감을 느끼고 있다. 문제의 시작은 이전에 발표했던 원고를 파일로만 가져온 탓에서 기인한다. 원래 원고에 불확실한 글자의 발음과 성조가 다 표시되어 있는데 그걸 안 가져왔으니 어제 상당 시간을 발음과 특히 성조 찾는 데 다시 써야 했다. 원고에 추가된 부분까지 있으니 더욱 힘들었다.

성조에 신경 덜 쓰고 원고를 대충 읽어도 맥락이 있으니 알아듣는 데 큰 문제는 없을 수도 있다. 외국 학자들이 그렇게 발표하는 걸 자주 봤지만 그래도 그건 아닌 것 같아서 내가 할 수 있는 최대한 정확한 발음으로 정리하다 보니 진이 빠진다. 나를 더욱 허탈하게 만드는 것은 몇 년 전 정리한 게 까마득히 기억나지 않고, 지금의 이 노력도 결국 내 중국어가 느는 데는 별 도움이 안 될 거라는 예측 때문이다.

나이 들어가면서 누구나 대체로 체력 저하를 실감한다. 외국어 능력 역시 체력이 예전의 한창 때로 돌아가기 어려운 이치와 마찬가지라는 생각을 해보았다. 중국어보다 훨씬 오래한 영어는 근육이 아직 좀 남아 있어서인지 상대적으로 나은 것 같다.

그래도 그동안 한국에서 별 빛도 못 본 내 연구를 본토에서 이렇게나마 알릴 수 있으니 그것을 위안으로 삼는다. 19일 강연은 이미 영문으로 출간된 논문의 일부이다. 중국 고대사를 연구하는 중국학자들 중 영어 논문을 읽을 수 있는 사람은 많지 않다. 내 나름대로 중국 고대사의 핵심 문제를 새롭게 제기했다고 자부하는 연구인만큼 영어를 중국어로 옮겨야 하는 삼중고가 헛되지 않으리라 믿고 싶다.

그 연구는 제목처럼 기원전 770년으로 알려진 주 왕실 동천에 대한 새로운 해석이다. 사마천에서 비롯된 전통적 통설은 기원전 771년 서주 왕실이 궤멸되어 770년 평왕平王이 그 중심지를 시안西安 일대에서 오늘날 뤄양洛陽 일대로 옮겼다는 것이다. 이미 전근대 이 래로 여러 학자들이 이 단순한 모식에 대해 의문을 품어왔는데 최근 발견된『계년繫年』이라는 초간楚簡 문헌이 이에 대한 새로운 실마리를 제공한다. 그럼에도 불구하고 위의 전통적 도식에서 벗어나길 주저하는 현재의 중국학자들과 달리 나는『계년』에 등장하는 소악少鄂이라는 지명의 새로운 위치 비정을 통해 평왕이 뤄양으로 바로 옮긴 것이 아니라 뤄양 남쪽의 난양南陽 일대에서 장기간 체류한 후 뤄양으로 옮겼을 것으로 주장한다. 이러한 새로운 해석이 기존 학자들이 제기했던 이른바 동천의 모순을 바로잡는데 일조하리라 믿고 있다.

푸단대학의 고대중국 연구자들로부터 호평받을 만한 멋진 강연을 그리며 고통스러운 준비 과정을 감내해야 할 것 같다. 규정상 영어로 강연을 해도 무방하고, 사실 그것 때문에 푸단펠로우쉽에 부담 없이 지원한 측면도 있지만, 그건 이곳 학자들에 대한 예의가 아닌 것 같다.

12월 1일
한국 유학생들과 만남

　　12월로 접어드니 또 한해가 저물어 가는 게 실감난다. 올해는 개인적으로 어느 해보다 다사다난했다. 이렇게 한 해의 마지막을 조용히 그렇지만 바쁘게 외국에서 마무리할 수 있게 되었으니 정말 감사드릴 일이다.

　어제는 숙소 앞을 지나다 사람들이 모여 있는 걸 보고 잠시 멈춰 서서 바라보니 사진을 찍고 있었다. 항상 무심코 다니던 그 길이 은행나무 길이어서 나름 단풍을 구경하려고 사람들이 몰려든 것이었다. 한국의 아름다운 가을 단풍에 익숙한 나한테는 별 감흥을 느끼기 어려운 모습이 여기 사람들에게는 상당히 감동을 안겨주는 모양이다. 그리고 보니 캠퍼스의 낙엽이 쌓인 곳곳에서 사진 찍는 사람들이 눈에 들어온다. 역시 인간을 비롯한 세상의 모든 사물은 환경의 영향에서 자유로울 수 없다는 사실과 함께 새삼 우리 한국 사람들이 얼마나 좋은 환경에서 살고 있는지 절감한다.

　어제는 푸단대학 박사과정에 있는 한국 유학생들을 초대해서 즐거운 시간을 보냈다. 이미 한두 번 만난 적이 있는 역사학과와 고고학과 학생이 주선해서 모임이 성사되었다. 저녁 식사 간단히 하고 내 숙소로 초대하려고 다과와 맥주를 조금 준비해놓았다.

오후에 일단 연구실에서 먼저 만나 1시간 정도 대화를 나누었다. 모두 6명이 찾아 왔는데, 사학과 2명, 역사지리연구중심 1명, 고고학과 1명, 어학 1명, 관광학 1명이었다. 요즘 푸단대학 정도 되는 중국의 명문대학에 유학하는 상당수의 박사과정생들은 다양한 형식의 중국 국가장학금을 받는다. 이들 대부분이 그런 장학금을 받는 학생들로 아주 충족하지는 않아도 조금은 여유로운 생활을 하고 있는 듯했다. 실상 내면의 많은 고충이 있겠지만 최소한 외관상으로는 모두 밝아서 참 좋았다.

내 숙소 근처의 창바이산長白山이라는 한국 식당에서 불낙전골을 시켜서 맛있게 먹고 내가 자주 가는 제과점 85℃에서 에그 타르트와 치즈케익, 티라미슈 등 디저트를 사서 숙소로 왔다. 정성껏 커피를 내려서 주고 맥주를 비롯한 주류도 내놓았는데 학생들 중 술을 마신 사람은 한 명 밖에 없었다. 5시 반쯤 숙소로 와서 9시 조금 넘어서까지 다양한 대화로 시간가는 줄 몰랐다. 초저녁에 잠자리에 드는 나를 배려해준 학생들에게는 조금 아쉬운 모임이었을 수도 있겠다 싶다.

내가 공부하는 이런 젊은 동업자들에게 해주는 얘기는 간단하다. 한국 사회에 여러 문제가 있고 우리들 모두 그걸 비판적으로 바라봐야 하지만 그래도 그나마 제일 나은 데가 우리가 몸담고 있는 학계다. 그 이유는 실력을 드러낼 수 있는 방법이 비교적 단순하기 때문이다. 인맥이나 학맥 등 정치적인 요소가 아직 작용하는 측면이 있어도, 결국 자신이 한 연구, 즉 글이라는 그 판단기준을 넘어설 수는 없다. 물론 그 연구나 글로 인정받는 데는 시간이 좀 걸릴 수 있다.

그러니 너무 당연한 얘기지만 일단 인정받을만한 박사논문을 쓰는 게 최우선이다. 당장 편한 것보다 어려운 일을 마다 않고 정면 돌파하다 보면 반드시 좋은 날이 올 것이다.

아주 원론적인 얘기고 학생들도 충분히 이해하리라 생각하지만, 각자 처한 상황에서 겪는 다양한 어려움이 있을 터이니, 이를 실천하긴 쉽지 않을 것이다. 어제 학생들이 나누는 얘기를 들어보니 사실 나도 20~30년 전에 이미 경험한 고충과 크게 다르지 않은 내용이었다. 다만 현재 이들이 중국에서 겪고 있는 문제 중 이들을 힘들게 하는 다른 점은 우리가 중국보다 더 선진국이라는 데서 야기되는 일인 것 같았다. 이미 민주화된 나름 체계적인 한국에 익숙해진 이들이 아직 전근대적 형태가 상당히 잔존하는 이곳에서 겪어야만 하는 불편함이다.

중국이라는 거대한 역사적 실체를 더 생생하게 공부하기 위해 용단을 내려 젊음을 기꺼이 바치고 있는 이들이 종종 마주쳐야 하는 그 불편함을 잘 감내하고 좋은 결과를 거두길 바란다. 앞으로 중국의 무한한 자원을 더욱 효율적으로 활용해야 하는 한국 입장에서 이런 인재들의 성장이 절실할 수밖에 없다.

여러 명이 함께 만나서 사실 깊은 얘기를 나누긴 어렵다. 혹시 개인적인 대화가 필요한 학생들은 내 시간이 허락하는 한 언제나 환영한다고 전했다. 함께 사진을 찍었어야 했는데 깜박했다.

12월 2일
중국 사회 단상

1990년 9월부터 2003년 1월까지 미국에서 거의 12년 반을 살았다. 그런데 내가 미국에 대해서 이러쿵저러쿵 내 느낌을 얘기한 건 아마도 초창기 1~2년이었을 것이다. 처음에 많은 것들이 새롭고 신기해서 나름대로의 해석을 덧붙여 재밌는 얘기를 만들어보지만 점차 적응하고 동화되면서 역시 사람 사는 세상이 비슷하다는 생각을 갖게 된다. 그러니 미국에 대해서 얘기할 때 신중해질 수밖에 없다.

중국도 마찬가지다. 1980년대 중반부터 중국을 연구하기 시작했고 94년 이후 자주 드나들며 나름 전문가를 자처하고 있다. 그런데도 내가 다른 사람들보다 조금 더 아는 중국 고대사의 특정 분야에 대해서도 단정적으로 말할 수 있는 부분이 아주 많지는 않다. 깊이 알수록 할 수 있는 얘기가 더욱 줄어드는 일종의 역설이라고 할 수 있겠다.

오랜만에 장기간 중국에서 보내며 일기라는 형식으로 이런 글을 쓰고 있어서 나도 내 나름대로 통찰력을 보여주는 멋진 얘기를 남기고 싶다. 참 어려운 일이다. 그래도 이제 한 달 넘게 상하이에서 살았으니 그동안의 감상을 정리해보는 것도 나쁘지 않을 것 같다.

무엇보다 상하이는 아직까지 따뜻해서 너무 좋다. 낮에 반팔 차림으로 운동하는 사람들이 눈에 띌 정도다. 장기예보를 보니 다음 주 금요일부터 온도가 뚝 떨어진다. 그래봤자 아직 영상이지만 상하이의 매섭다는 겨울이 그때부터야 시작될 모양이다.

상하이에서 기차를 타고 남쪽으로 여행하다 보면 비옥한 평원이 계속 펼쳐진다. 강남이 중국의 젖줄인 이유와 함께 그 핵심인 상하이가 세계 최고의 도시로 부상하는 까닭도 쉽게 짐작된다. 상하이의 공식적 인구는 3천만 정도지만 휴대폰 사용자에 따른 실제 인구가 6천만이라는 얘기까지 있을 정도라고 한다. 이 지역에만 우리 한국보다 많은 인구가 모여서 사는 셈이다.

상식적인 얘기지만 중국을 강대국으로 만들어주는 것도 아직도 가난한 나라라는 인식을 갖게 하는 것도 결국 인구 문제인 것 같다. 인구라는 그 블랙홀이 내 일상 속에서까지 "중국이니까"라는 자조와 "이제 중국은 중국이 아니다"라는 (약간은 마지못한) 탄사를 동시에 자아내게 한다.

시진핑 체제가 확고해진 작년 혹은 올해부터는 통제가 이전보다 더 강화된 느낌이다. 옛날 공산당하면 떠오르는 구호들이 다시 등장하는 것 같기도 하고, 내가 만나는 중국의 지식인들은(순전히 내 짐작이지만) 공산당원이 아닌 경우 대체로 정치 문제에 관한 한 열패감에 차 있거나 아니면 거기에 이미 익숙해져 있는 것 같다. 아마 바깥 세상에 관심이 많고 민주화된 세계의 경험이 많은 사람일수록 그 열패감은 더욱 클 것이다.

그런데 아무리 생각해도 그들 입장에서 할 수 있는 일이 별로 없는 것 같다. 목숨을 내놓지 않은 한 말이다. 그래서 누군가와 그런 얘기를 나누다 한국말에 "아는 것이 병"이라는 말이 있다는 얘기를 해주었다. 비리와 불합리를 보고도 쉽게 견뎌내는 중국인들에게 짜증이 나면서도 다른 한편으로 그게 충분히 이해되기도 한다.

중국은 지금 민주주의라는 근대 이후의 지배 질서를 적극 수용하지 않고서도 세계 최강 대국으로 재부상할 수 있는지 시험대에 놓여 있는 듯하다. 사회과학자들이 이런 저런 예측을 내놓고 있지만 정말 그 미래에 대해서는 예측하기 힘든 일이다. 우리도 일찍이 경험한 개발독재에 대한 평가를 둘러싼 논쟁이 그 축소판의 일종일지도 모르겠다. 세상일이 참 양면적이다.

그런데 문제는 우리보다 훨씬 통제된 사회에 살고 있는 중국인들이, 최소한 내가 상하이에서 만난 사람들로만 친다면, 우리보다 반드시 덜 행복해 보이지도 않는다는 사실이다. 약간 게을러 보일 정도로 여유롭게 일하며 자신이 할 수 있는 범위 내에서 삶을 즐기려는 그들의 모습이 일면 부러울 때도 있다.

내가 몸담고 있는 출토문헌연구중심 소속 연구자들이 열심히 공부하는 모습도 인상적이다. 소장 학자들의 경우 대체로 8시 전에 연구실로 나와서 10시 이후까지 연구에 매진하는 것 같다. 추시구이라는 걸출한 학자가 터를 잘 닦았는지 열심히 공부하지 않으면 버텨내기 어려운 내부의 경쟁 구조가 이미 탄탄하게 자리 잡은 것 같다. 물론 여기도 다른 학과의 경우 한국과 마찬가지로 공부와 거리가 먼 교수들도 많이 있는 것으로 듣고 있다.

개인 삶의 영역에서는 상당한 자유를 보장하지만 공적인 영역에서는 어떠한 큰 도전이나 비판도 허용되지 않는 나라, 엄청난 부자들이 많이 늘어나고 있어도 아직도 균분의 원칙이 고수되는 나라인 중국의 앞날이 어디로 향할지 참 궁금하다.

12월 3일
허우마행 결정

　　나의 고대중국 연구의 고향이라고도 할 수 있는 허우
마侯馬에 가기로 결정했다. 가는 길이 멀다. 산시성山西省의 성도인
타이위안太原행 비행기를 타고 2시간 반 정도 가서 그곳에서 고속철
로 갈아타고 약 2시간을 더 가야 한다. 이동하고 기다리는 시간까지
포함하면 상하이 숙소에서 출발해서 10시간 정도는 소요될 것 같다.
쉽지 않은 결정이었다.

　　허우마라는 도시는 지금은 산시성 서남부의 조그만 도시에 불과
하지만 춘추시대에는 진晉나라의 수도로 전국적으로 가장 번성한
지역이었다. 1994년 박사학위 논문을 준비하기 위해 처음 방문한
이래 지금까지 8회 정도 방문했다. 볼 것도 별로 없는 데를 아내까지
동행하고 갔을 정도니 중국에서 가장 애착이 가는 곳이다.

　　지난 9월에 출간한 『중국 고대 지역국가의 발전: 진의 봉건에서
문공의 패업까지』(일조각)는 여러 해에 걸친 그 여행의 산물이라고
해도 과언이 아니다. 허우마에는 산시성고고연구소 산하의 허우마

공작참이 있어서 아직도 중요한 발굴을 수행하고 있다. 대학원생 때부터 친분을 가져온 동년배의 지역 고고학자들이 이제 모두 나처럼 늙수그레한 모습으로 그곳을 지키고 있을 것이다.

이번 상하이에 오자마자 오랜만에 그들과 위챗으로 소통하기 시작했다. 주로 진나라 연구에 치중해온 친구들이라 내 책도 보내주었다. 말미에 들어간 중문 목차와 요약을 꼭 읽어보라고 했기에 무언가 반응이 있을 줄 알았는데 책을 받고도 고맙다는 얘기 말고 더 이상 연락이 없었다. 그 책의 가치를 가장 잘 알만한 친구들인데 그 무반응의 의미가 무엇인지 여러 추측만 가능할 뿐이다.

그런 와중에 허우마에서 12월 12일부터 학술대회가 있다는 사실을 알게 되었다. "허우마맹서고문자 및 서법예술侯馬盟書古文字暨書法藝術" 학술연토회이다. 허우마맹서란 1965~66년 허우마에서 발굴된 춘추시대 귀족들 사이의 맹약을 옥이나 석판에 적은 문서로 상당히 드문 춘추시대 출토문자 자료 중의 하나이다. 그런데 나는 사실 그 자료에 대해 깊이 연구해본 적이 없어서 선뜻 참석 결정을 내리기 어려웠다.

위에서 언급한 고고학자들에게 물어봐도 자신들도 잘 모르는 학

• 2008년 8월 허우마공작참 방문 시 마침 베이징대학 고고문박학원의 원로 리보첸李伯謙교수가 와 계셔서 환담했다. 재작년에 리 교수 팔순 기념 논문집이 나왔다.

회라고 얘기할 뿐이다. 지인이 전해준 초청장을 살펴보고 나서야 중국 공산당 허우마시선전부中共侯馬市委宣傳部와 중국고문자학회가 주관하는 학술대회로 산시성고고연구소와는 무관한 것을 알게 되었다. 그들의 무관심이 충분히 이해되면서도 조금 불편하게 다가왔다.

사실 내가 알기로 그들은 젊은 시절 산시성 최고의 고고학자들이었다. 두 명이 베이징대학 고고학과 출신이고 다른 한 명은 지린吉林대학에서 박사학위를 받았다. 모두 소시 적 산시성의 수재들이다. 그런데 중년 이후에 그들의 역량만큼 중요한 업적을 내지 못하고 있어서 조금 아쉽다. 여기에는 여러 이유가 있을 텐데, 나는 그 가장 큰 이유 중의 하나가 산시성 학술의 구심점이 되어야 할 타이위안에 있는 산시山西대학이 너무 약한 탓이라고 본다. 중국 고대사의 가장 중요한 지역 중 하나인 산시성이 훌륭한 자료를 지니고 있으면서도 산시성陝西省이나 산둥성 등과 달리 자체 내에서 좋은 학자를 배출하지 못하고 있어서 안타깝다.

어쨌든 내 책을 그 본향에 가서 소개라도 해야겠다는 생각을 버리기 어려워 또 다른 루트를 통해서 알아보았다. 그 학회의 주관자가 글로는 상당히 익숙한 지린대학의 소장학자 허징청何景成이다. 따라서 무작정 그 학술대회 대표 이메일로 간단한 내 중문 이력서와 그 책의 중문초록을 보내며 사정을 얘기했다. 허징청 교수는 출토문헌연구중심의 주임인 류자오 교수의 후배이기도 해서 류 교수께도 그 학회 참석 의향을 전했다. 그랬더니 바로 환영한다는 메시지가 왔다. 내 책의 중문초록을 읽은 허 교수는 호의적인 평을 해주었다.

이렇게 허우마 행이 결정되었다. 책 소개를 위한 짧은 발표 하나로 사흘이나 써야 해서 조금 망설였지만 의미 있는 결정이 되길 바란다. 여러 전문가들 앞에서 진나라가 춘추시대 패국으로 성장하기까지 발전 과정을 다룬 최초의 본격적인 연구서라 할 수 있는 내 책을 제대로 소개하고 싶다. 또한 젊은 연구자들의 새로운 연구에 대해 많이 배우고 왠지 데면데면하는 듯한 구친들과도 만나 회포를 풀 수 있었으면 좋겠다.

12월 4일
숙소의 일상

　이번 주는 내내 비가 예보되어 있어 좀 걱정이다. 얼마 전부터 생활패턴이 좀 바뀌어서 낮에 운동을 한다. 사람의 생활습관이라는 게 참 무섭다. 한국에 있을 때 10여 년 이상 대체로 해지기 전에 등산 같은 운동을 해왔다. 여기서 그걸 제대로 못하니 몸이 조금 불편해졌다.

　그래서 할 수 없이 내가 여기 사정에 맞추기로 했다. 숙소 바로 옆에 있는 트랙 개방시간 중 나한테 가장 맞는 시간이 11시반~1시 사이여서 그 때 45분~1시간 정도 걷다가 뛰다가 한다. 점심 약속이 있는 날을 제외하고 앞으로 계속 그렇게 할 것 같다. 한 일주일 그렇게 했더니 몸이 다시 가벼워진 느낌이다. 어제는 다행히 비가 그 시간에 멈춰서 즐겁게 운동할 수 있었다.

　숙소에서도 아는 사람들이 생겼다. 지난번 잠깐 얘기한 한국계 러시아인을 만나 의문을 풀었다. 얼마 전 갑자기 누가 노크를 해서 문을 열고 보니 내가 만났던 그 아들이 서 있었다, 자기가 지갑을

분실했는데 거기에 내 명함이 들어 있어서 혹시나 전화 온 거 없냐고 묻는 것이다. 상당히 다급하게 물어보는데 사실 그 명함에는 한국 전화번호가 적혀 있어서 아주 미안하게 사실 그대로 알려주었다. 그 때 다시 보니 아마 아버지는 러시아계일 것 같았다.

그 다음날 학교에 나가다 한국사람 냄새가 나는 상당히 세련되어 보이는 여성이 지나가 길래 당신이 그 청년의 어머니냐고 물었다, 아들한테 얘기를 들어서 자신도 나를 알고 있다고 했다. 한국말은 거의 못하고 중국어를 상당히 잘 한다. 어떻게 여기 와있냐고 물었더니 자신은 러시아어 담당 교수로 여기 와있다고 한다. 아마 중국에서 꽤 오랫동안 살아온 느낌이었다. 긴 시간 얘기를 나눌 상황이 아니어서 아쉬웠는데 약간 놀라운 사실은 그 여성이 숙소 주차장에서 두드러져 보이는 BMW의 주인이었다는 점이다. 아들이나 그 분의 행색을 볼 때 경제적으로 상당히 여유가 있어 보인다. 좀 더 길게 얘기할 기회가 생겨 호기심을 풀 수 있으면 좋겠다.

중국 할아버지도 한 분도 만나 반갑게 인사하곤 한다. 숙소에서 아이들 뛰어노는 소리가 가끔 들려서 의아하게 생각한 적이 있었다. 푸단펠로우로 온 분들은 대체로 나이가 좀 든 분들이 많아서 나같이 혼자거나 부부만 있는 경우가 많다. 그런데 그 할아버지를 만나서 의문이 풀렸다. 그 아이들이 그분의 손자였던 것이다.

기골이 장대하고 인물이 좋은 그 할아버지를 닮은 아들은 중국에서 대학을 졸업하고 캘리포니아대학(UC) 버클리에서 박사학위를 받은 후 현재 미국 미주리주 세인트루이스에 있는 명문 워싱턴대학 Washington University의 교수로 있다고 한다. 아들이 나처럼 푸단 펠로우로 와서 상하이에 머물고 있으니 당신도 부인과 함께 여기 머물고 있다고 한다. 주로 손자들과 함께 하는 모습이 자주 눈에 띄는데 3대가 오랜만에 함께 좋은 시간을 갖고 있다는 생각에 내심 부러웠다.

한국 사람도 만나서 정말 반가웠다. 어떤 부부와 스쳐지나가며 인사를 나누었는데 저분들은 한국 사람일 수 있겠다 싶었다. 그래서 숙소 사무실에 물었더니 한국 사람은 없다고 한다. 그러다 며칠 전 숙소에 있는데 복도에서 한국말이 들려왔다. 당장 뛰어가서 문을 열고 보니 바로 그분들이었다. 아마 사무실에서는 나같이 푸단펠로우로 온 사람들 중 한국 사람이 없다고 얘기한 모양이다.

여기서 한국 사람을 만나니 정말 반가웠다. 그분들은 더욱이 내 고향과 가까운 광주의 전남대학에서 온 분들이었다. 국문과 김동근 교수 내외로 지금 푸단대학에 교환교수로 와있다고 한다. 한국에서 교수들이 연구년을 얻어 외국 대학에 갈 때 요즘도 교환교수라는 말을 쓰는 경우가 있는데, 사실 엄밀히 말해서 교환에 해당되는 경우는 극히 드물다. 그냥 일방적으로 우리가 가는 것이지. 이런 대부분의 경우에는 방문학자 혹은 방문교수라는 표현이 더 적절하다. 나도 나를 소개할 때 방문학자라고 쓴다.

그런데 정말 김동근 교수는 교환교수로 왔다. 푸단대학 한국어과와 전남대학 국문과는 20여년 전부터 협정을 체결해서 매년 전남대학에서 1년 동안 한국어 담당 교수 1명씩을 파견해야 한단다. 마찬가지로 푸단대학 측에서도 전남대학으로 중국학자들을 보내고 있는데, 그 경우는 조건이 좀 안 맞아서인지 그다지 활발하지 않은 모양이다.

실제로 김동근 교수는 1주일에 10시간 두 강좌를 맡고 있다. 한국에서보다 더 강의시수가 많단다. 중국은 학부의 경우 강의가 아주 엄격해서 허투루 할 수도 없다고 한다. 그러니 내가 머물고 있는 숙소 제공과 함께 상하이 생활이 가능할 정도의 월급을 받고 있는 것이다. 제대로 된 교환교수다.

어제 저녁은 김 교수 내외의 초대로 오랜만에 한국음식을 맛있게 먹었다. 그분들이 배정받는 방은 이 아파트에서 가장 큰 방이다. 이미 오랫동안 전남대학 국문과 교환교수들의 고정 숙소로 자리 잡아서 그런지 많은 것이 갖추어진 한국의 일반 가정에 들어간 느낌이었다. 특히 손재주 많고 부지런한 듯한 김 교수께서 창문 틈까지 다 문풍지로 막아서 실내가 조금 덥게 느껴질 정도였다. 내가 아는 전남대학 교수들과도 다 교분이 있어서 즐겁게 대화할 수 있었다.

특히 상하이 생활 선배로부터 몇 가지 중요한 정보를 전수받아서 좋았다. 연말에 아내더러 가지고 들어오라고 한 문풍지가 월마트에 있다니 당장 그것부터 사러가야 될 것 같다. 상하이의 매섭다는 겨울이 오기 전에.

12월 5일
허페이(1) : 안후이대학

　　허페이合肥는 미국 있을 때 만난 아주 총명한 중국 유학생들로 먼저 기억되는 곳이다. 당시 처음 들어본 중국과학기술대학을 다녔다는 친구들로부터 안후이성安徽省 허페이에 그 대학이 있다고 들었기 때문이다. 한국으로 치면 카이스트쯤 되는 대학이다.

　　별 기대하지 않았던 일이 횡재로 돌아오는 경우가 가끔씩 있다. 어제 허페이 여행이 딱 그랬다. 상하이로 돌아올 때 옆자리에 보채는 애를 데리고 어쩔 줄 몰라 하는 어린 엄마가 앉은 것만 제외하면.

　　안후이성의 성도인 허페이는 아마 한국에는 별로 알려지지 않은 도시일 것이다. 안후이성은 서주시대 청동기 명문에 주나라의 지속적인 공격 대상으로 나타나는 회이淮夷의 지역이다. 춘추시대에 오월의 각축 지역이었고 급기야는 초나라가 차지했다. 허페이는 한대 이래로 이 지역의 중심으로 상당이 발전해가는 모습이 두드러지는 인구 약 700만 정도의 대도시이다.

　　상하이에서 허페이까지는 보통 고속철로 3시간 조금 넘게 걸리지만 난징南京만 정차하여 2시간 6분에 주파하는 쾌속선을 탔다. 그러다보니 허페이 도착 시간이 10시경, 상하이로 돌아오는 시간이 4시 50분경으로 사실상 머문 시간이 6시간 밖에 안 되었다.

허페이에 간 가장 큰 이유는 안후이대학에서 소장하고 있는 초나라 죽간, 이른바 안대간安大簡을 보고 싶어서였다. 안후이대학 출토문헌과 고대문명연구 협동창신創新중심은 메이저급은 아니지만 출토문헌 연구의 새로운 중심으로 떠오르는 곳이다. 2015년 1월 황더콴黃德寬 교수를 중심으로 한 안후이대학 연구팀은 외국에 반출된 초간 더미를 회수했다. 그 자세한 내막은 알려져 있지 않다. 기본적인 정리를 거쳐 1167번까지 편호를 붙이고 그해 이를 일부 공개했다.

지금까지 정리 작업이 진행 중인 이 죽간 문헌들 중 약 100여 매가 현존하는 가장 오래된 『시경詩經』이다. 시 60편 가량이 담겨 있다고 한다. 또한 400매 정도가 초나라 역사를 전해주는 문헌으로 계보와 초기 역사 등 그동안 오리무중이었던 초나라 역사를 새롭게 밝혀줄 수 있는 것들이라고 한다. 공자와 자공子貢의 대화를 전하는 문헌 등 이전에 전혀 몰랐던 유가 계통의 문헌들도 있어서 중국 고대 사상사 방면에도 귀중한 자료를 담고 있음에 틀림없다.

안후이대학에는 아는 사람이 전혀 없었다. 그래서 수소문을 해보니 안후이대학의 출토문헌 연구를 이끈 황더콴 교수는 은퇴 후에 칭화대학으로 자리를 옮겨서 현재 쉬자이궈徐在國 교수가 총괄하고 있다고 한다. 중국 사람들의 한 가지 가장 중요한 특징은 어떤 특정 사안에 대해 물어보면 그 내용 못지않게 누구를 통하면 거기에 쉽게 접근할 수 있다는 정보를 주는 점이다. 쉬자이궈 교수의 선배로 그분과 쉽게 통할 수 있다는 류자오 교수께 안후이대학 방문의사를 전했더니 바로 쉬 교수와 위챗으로 연결해주었다. 관시關係로 많은 게 해결되는 중국 문화를 불편해하면서도 나 역시 이를 이렇게 쉽게 활용하기도 한다.

쉬자이궈 교수뿐만 아니라 다른 소장 교수 한 분과도 연결이 되어 내가 이런 사람이라는 걸 보여주기 위해서 내 연구가 비교적 상세하게 정리된 중문 이력서를 보내주었다. 한국 학자는 자기들 연구중심에 처음이라고 하면서 내가 도착하기 전부터 소속 교수들 중 시간이 되는 분들이 다 모여 있었다. 그 연구중심의 유래에서부터 안대간의 내용, 자신들의 지금까지 주요 연구, 중국과 한국의 대학과 교수들 등 다양한 주제로 대화를 나누었다.

연구자들이 다 젊고 겸손해서 아주 좋은 인상을 받았다. 자료실 역시 내가 가본 출토문헌 관련 연구중심의 어느 자료실보다 훌륭했다. 고대 중국 연구의 주요 자료들이 상당히 큰 방에 잘 정리되어 있었다. 앞서 언급한 황더콴 교수가 안후이대학 출신으로 이 대학의

• 안후이대학 출토문헌과 고대문명연구 협동창신중심 연구자들과. 오른쪽 뒤에서 두 번째가 리더인 쉬자이궈 교수

총장을 역임할 정도로 실력자였다고 한다. 그래서 이렇게 좋은 환경이 만들어진 것이다. 40명 정도의 대학원생이 한자와 고문자, 출토 문헌을 공부하고 있다고 한다.

어제 방문의 하이라이트는 안대간 실견이다. 보존을 잘 해야 하니 도서관의 한 켠에 따로 방을 마련해두고 있었다. 쉬자이궈 교수와 둘이서 그 방으로 들어가서 특수 처리된 용액 속에 담겨 있는 죽간 하나하나를 감동적으로 살펴보았다. 다양한 크기의 죽간과 함께 편철의 흔적이 선명이 남겨져 있는 것들을 보여주었다. 일본 학자들에게는 내부 사진 찍는 걸 허락하지 않았는데 나한테는 찍어도 된다면서 호감을 표시했다. 안후이대학은 앞으로 한 20년은 이걸 가지고 충분히 잘 먹고 살 수 있을 것 같아 정말 부러웠다.

내년 상반기부터 『시경』을 시작으로 정리가 완료된 죽간 문헌들이 책으로 출간될 것이라고 하니 기대된다. 쉬 교수는 현재 칭화대학에서 소장 중인 칭화간보다 수량은 적지만 오히려 질적인 면에서는 우수하다고 강조했다. 그런데 문제는 황더콴 교수가 떠나고 나니

• 안대간 소장실, 특수 제작된 용기 안에 죽간들이 들어 있다.

스타급 연구자가 한 명도 없다는 점이다. 앞으로 소장 연구자들을 잘 키우고 실력 있는 분들을 모셔가는 게 관건일 것이다. 실제로 쉬 교수께 좋은 연구자 한분을 추천하여 상당히 구체적인 부분까지 공감대를 형성하기도 했다.

즐겁게 대화하고 맛있는 점심까지 대접받고 안후이대학 구 캠퍼스의 멋진 광경까지 사진에 담을 수 있었으니 상하이보다 훨씬 추운 날씨에도 행복했다. 안후이대학 캠퍼스 바로 남쪽 길 건너에 있는 중국과학기술대학까지 덤으로 들러서 옛날 친구들을 회상했다. 그리고 찾아간 안후이박물원安徽博物院도 안후이대학 못지않은 감동을 선사했다.

12월 6일
허페이(2) : 안후이박물원

중국의 각 성도에는 그 성을 대표하는 유물을 전시하는 거대한 박물관이 있다. 각 박물관마다 전시 방식이나 대표 유물들이 달라서 우열을 가리기 어려울 정도로 다양하다. 대체로 고대사 관련 전시에 관심이 큰 나는 어느 박물관을 가던 그 지역 특유의 고대문명 관람을 즐긴다. 지금까지 가본 박물관 중 고대사 관련 전시가 약한 박물관은 광저우에 있는 광둥성廣東省박물관 밖에 없었던 것 같다.

그제 간 안후이박물원은 훨씬 기대 이상으로 다른 박물관들에 전혀 뒤지지 않는 수준 높은 유물들을 전시하고 있었다. 5층 모두에 전시관이 있고, 특히 고대문명 전시관만 네 군데나 될 정도로 양적으로도 상당히 풍부한 박물관이다.

중국의 여느 박물관과 마찬가지로 고대문명관에 들어가자마자 신석기시대 도기와 옥기들이 눈길을 사로잡는다. 특히 기원전 3500년 정도로 추정되는 링자탄凌家灘 유적에서 발굴된 다양한 옥기들 중 사람 모양 장식玉人이 특이하다. 2007년 발굴된 링자탄의 대형묘 시신을 감싼 옥기 사진도 인상적이었다. 저장성浙工省의 량주良渚문화 와 장쑤성의 신석기 문화에서도 유사한 양상이 확인되었다.

도기 역시 독특한 것 몇 점이 눈에 띄었는데, 링자탄보다 조금 늦은 쉐자강薛家崗 유적에서 발견된 구멍 뚫린 자은 공 모양 두기는 그 기능을 둘러싸고 고고학자들 사이에서 장난감, 악기, 장식품, 계산기 등 이견이 분분하다고 한다. 문신이 있는 인두상과 제기로 쓰였을 가능성이 큰 도기 세 점도 독특했다. 특히 새 모양 도기와 뿔 모양으로 돌출한 다리 7개를 지닌 기물은 이 지역에서도 한 점씩만 출토된 것으로 많은 상상력을 자아내게 한다. 대체로 고고학자들은 그 기물의 용도가 불분명할 때 제사와 연관시키는 경향이 강한 것 같다.

제 2관에는 주로 하상주 시기 청동기가 전시되어 있다. 특히 안후이성 남부에서는 상주시대 동광 유적지가 발견되어 중원으로의

• 링자탄 신석기 옥인. 10cm 남짓 되어 보였다.

• 기원전 2800~2300년 쉐자강의 독특한 도기

청동원료 보급지로 추정되고 있다. 거기서 발견된 청동원료 중 납작한 다이아몬드형 구리 덩어리氷銅錠가 눈에 띄었다. 이는 구리와 철의 합금으로 순도 높은 동으로 녹여내기 전 단계라고 한다.

안후이성에서 발견된 최초의 청동기는 상의 영향을 받은 것으로 그 이후 서주시대까지 아직 지방색이 크게 두드러지지는 않았던 것 같다. 그렇지만 춘추시대에 들어서면 중원지역에서는 발견되지 않은 상당히 독특한 기물들이 출현한다. 그것들 중 동물 머리 장식이 두드러지는 정鼎과 용 모양이나 다른 모양의 구부러진 손잡이가 달린 화盉가 아주 독특하다. 손잡이 달린 화는 이 지역 신석기시대 도기에서도 나타나는 유형이라고 한다. 『좌전左傳』이라는 문헌에서 서주와 춘추시대에 이 지역에 살았던 족속들을 군서群舒라고 통칭하고 있기 때문에 이것들을 군서청동기라고 부르기도 한다.

허페이 서쪽의 셔우현壽縣에서는 서주의 제후국들 중 하나였던 채후蔡侯의 무덤이 발견되었다. 여기가 바로 하채下蔡라고 불리었던 채나라의 마지막 도읍으로 기원전 493년부터 초나라에 멸망당한 447년까지47년 동안 존속했다. 1955년 대형 묘가 발굴되어 춘추시

• 춘추시대 군서청동기를 대표하는 동물 머리 모양 청동 정

• 구부러진 손잡이 달린 청동 화

대 채나라의 화려한 청동기가 세상에 그 모습을 드러냈고, 이것들 역시 안후이박물원에 전시되어 있다. 또한 오나라 왕 광光의 청동 검뿐만 아니라 역시 오 혹은 월과 관련이 있을 가능성이 독특한 다른 기물들도 전시되어 있다.

　안후이성은 전국시대에는 초나라의 영역이었기 때문에 그 청동기의 마지막을 장식하는 건 바로 초나라 청동기이다. 그런데 초와 관련된 기물이 상당히 많아 일일이 사진을 찍기도 어려울 정도였다. 그것들 중 가장 인상적인 것은 뱀을 채가는 독수리 형상의 청동기이다. 사진을 여러 컷 찍었는데도 아래 그림자가 져서 뱀의 형상을 식별하기는 어렵다.

초나라 청동기들 중 역사 연구자들로 하여금 큰 논쟁거리를 제공한 악군계절鄂君啟節도 여기 소장되어 있다. 이 청동기는 기원전 323년 초나라 회왕懷王이 자신의 봉군인 악의 군주 계에게 하사한 각각 차절車節과 주절舟節이라고 부르는 무역 통행증 부절이다. 금으로 상감된 장문의 명문이 들어있다. 명문에는 다양한 지명과 함께 수륙 교통노선, 관세, 운송 금지 품목 등이 명시되어 있어 당시 경제사와 역사지리 방면의 소중한 사료이다.

가능하면 글을 짧게 쓰려고 노력하는데도 겨우 안후이박물원의 전시관 두 군데 소개에 내가 쓰려고 하는 하루 분량이 넘어버린다.

• 전국시대 초나라 독수리 형상 청동기

• 악군계절 육지 통행용 차절

한대에서 명청시대까지를 묶은 전시관과 안후이성에서 발견된 한대 천문 의기儀器를 중심으로 한 별자리 전문관, 후이저우徽州 상인으로 잘 알려진 명청시대 후이저우의 건축관, 서예관(문방사우), 향구香具 전시관 등에 대한 설명은 생략한다.

나는 중국의 박물관을 본격적으로 관람하기 전에 꼭 구내서점에 들러 어떤 도록이 있는지부터 살펴본다. 그 박물관 소장품에 대한 괜찮은 도록이 나와 있어 그것을 살 수 있다면 사진을 그렇게 많이 찍을 필요가 없기 때문이다. 우리가 아무리 찍어도 도록처럼 잘 찍을 수는 없다. 그런데 하필 안후이박물원의 서점이 그날 공사 중이어서 책이 전혀 전시되어 있지 않았다.

관람을 마친 후 그래도 혹시 몰라 난장판이 된 서점으로 들어가서 멀리서 왔는데 도록을 살 수 있냐고 물어보았다. 한참을 고민하더니 책 제목 목록을 보여주면서 일단 사고 싶은 것을 골라보라고 한다. 꼭 필요한 네 권을 고르니 다른 데서 가져다주었는데 알고 보니 80% 할인가였다. 그 직원이 여기처럼 싸게 살 데는 없을 거라고 해서 그런가보다 했는데, 귀가해서 인터넷 서점에 확인해보니 실제로 20% 이상 할인하는 데도 없다.

잘 풀리는 날은 이런 것까지 덤으로 딸려온다. 안후이박물원은 평일이어서 그런지 텅텅 비어있어서 좋았다. 그런데 바로 옆에서 반가운 한국말 소리가 들려 서로 깜짝 놀라며 어떤 가족과 인사를 나누었다. 젊은 부부가 초등학생 아이들을 데리고 상하이 여행 왔다가 지인의 권유로 허페이에 들러 박물관에 왔다고 한다. 그분들 역시 허페이에 대해서 나처럼 좋은 인상을 받은 것 같았다.

앞으로 안후이성 허페이를 찾는 한국 사람들이 더 많아지길 바란다.

12월 7일
내 저서 알리기

　　상하이에 온 이후로 가장 추운 날씨다. 지금 온도를 확인하니 6도인데 비까지 내려서 체감온도는 훨씬 낮을 것 같다. 그래도 어제와 그제 이틀 동안 문풍지를 사다가 붙인 효과가 꽤 있다. 창틀에 워낙 틈이 많아서인지, 아니면 내 솜씨가 부족해서인지, 그제 8m나 붙였는데도 부족해서, 어제 또 사다가 6m 정도 더 붙였다.

　아직 찬바람이 조금씩 들어오긴 하지만 실내온도가 이전보다 4~5도 정도는 더 높아진 것 같다. 월마트에서 어디 있는지 못 찾아서 직원들한테 안 되는 중국어로 설명을 했더니 전혀 못 알아듣는다. 아마 중국 사람들은 별로 사용하지 않는 제품인 모양이다. 그래서 먼저 그걸 사다 붙인 전남대학 김동근 교수께 다시 전화를 해서 겨우 찾았다. 제품명이 먼촹미펑탸오門窗密封條로 창문밀봉선 정도로 보면 될 것 같다. 외국어에서 이런 생활 용구들 이름이 가장 어려운 부분 중의 하나일 것이다.

　어쨌든 한국처럼 폭이 넓은 게 없는 게 좀 아쉬웠어도 이중 삼중으로 붙이니 그나마 좀 낫다. 문풍지 붙이기 전의 상황과는 정말 비교할 수 없을 정도이니 상하이에서 남은 50일 동안 조금은 따뜻하게 지낼 것 같다. 많은 중국 사람들이 이 제품의 효과를 잘 모르고 상하이의 뼛속까지 파고든다는 추위를 견뎌내는 것 같아 아쉽다.

오늘 새벽은 눈 뜨자마자 상당히 부끄러운 이메일을 하나 확인하며 시작했다. 베이징대학 역사학과의 한웨이韓巍 교수가 보낸 메일이다. 이제 40이 갓 넘은 한 교수는 나하고 연구가 겹치는 부분이 많은 중국학자다. 베이징대학에서 박사학위를 받고 베이징대학에 임용된 후 시카고대학에서 1년 동안 박사후과정을 밟아서, 나와 좀 통하는 면이 있다. 내 연구를 잘 이해하고 좀 쑥스러운 얘기지만 상당히 높이 평가해주기도 한다. 아주 열심히 하는 연구자로 앞으로 베이징대학의 고대중국 연구를 이끈 리링李零이나 주펑한朱鳳瀚 교수를 이어 최고의 학자가 되리라 의심치 않는다.

사실 내가 이번에 이렇게 상하이에 오기로 결심한 가장 큰 이유 중의 하나는 지난 9월에 나온 내 연구서 『중국 고대 지역국가의 발전: 진의 분봉에서 문공의 패업까지』를 중국 학계에 알리기 위한 것이다. 그래서 출판사에 부탁해서 책의 목차와 개요가 중문으로 번역된 부분을 따로 PDF파일로 가져왔다. 지금까지 약 7~8명의 중국학자들에게 그걸 보내주었다.

그 내용에 대해 처음으로 짧게나마 호의적인 반응을 보인 사람은 앞에서 언급한 지린대학의 허징청 교수였다. 아마 오늘 나한테 이메일을 보낸 한웨이 교수는 최초로 그 책의 목차와 중문초록을 꼼꼼히 다 읽어준 중국학자인 것 같다. 그런데 그 중문에 상당히 문제가 많다는 걸, 사실 전에도 짐작은 했지만, 더 확실히 알게 해준 것도 한 교수다.

연구서 한 권을 제대로 내는 데는 집필 과정 못지않게 편집과 교정 과정에도 큰 공이 들어가야 한다. 거의 6개월 정도를 교정 작업에 몰두하다 상당이 진이 빠졌을 때 중문초록 작업을 시작했다. 내가 한 게 아니고 중국어를 잘하는 분한테 부탁을 했고, 또 다른 분이 더 정확한 번역을 위해 수고해주었다. 그런데 문제는 내가 마지막 교정에 그다지 신경을 쓰지 않은 것이다.

한웨이 교수는 별로 길지도 않은 그 초록을 읽고 나서 정말 고맙게도 한 페이지 정도 수정해야할 내용을 꼼꼼하게 적어서 보내왔다. 내 중국어 실력으로도 잡아낼 수 있는 얼굴이 화끈 거리는 실수가 꽤 있다. 이미 그걸 적지 않은 분들께 보냈으니 쥐구멍에라도 들어가고 싶은 심정이다. 그래서 바로 교정을 해서 13일 허우마에서 있을 학회의 논문집에는 수정본을 넣어달라고 부탁부터 했다. 이미 인쇄에 들어간 상태라면 어쩔 수 없는 일이다. 한국의 출판사에 부탁해서 수정본 파일을 다시 만들 생각이다.

한웨이 교수가 내 책의 내용에 대해서는 좋은 평가를 해주어 그나마 다행이다. 자신이 한국어를 다 읽을 수 없으니 속히 중문 번역이 나왔으면 좋겠다고 하는데, 그게 내가 가장 바라는 일이다. 그 책이 한국에서 주목을 끄리라고는 거의 기대하지 않았지만, 중국학계에는 상당한 공헌이 될 수 있는 만큼 가능하면 중국에서 번역기금을 받으려고 알아보는 중이다. 물론 중국에서 외국 책을 중국어로 번역하는 데 주는 공식적인 연구비는 많지 않다고 한다.

어쨌든 13일 허우마에서의 학회가 그 시발점이 될 전망이고, 다른 데서도 그 책을 소개하는 강연 일정을 조율 중이다. 북쪽의 동토로 여행해야 하는데 상하이의 온화한 날씨만 생각해서 두터운 외투를 가져오지 않은 게 후회된다.

12월 8일
한국의 제자 생각

    오늘은 정말 겨울이 찾아온 것 같다. 아침 기온이 2도까지 떨어졌다. 체감온도가 영하라고 하던데 정말 눈까지 꽤 내렸다. 창밖의 푸릇푸릇한 나뭇잎 위로 눈이 오는 상하이의 풍경은 뭔가 균형이 맞지 않은 어색한 느낌이었다.

    운동장 개방 시간까지도 눈발이 내려 어쩔 수 없이 눈을 맞으며 운동을 했다. 날씨는 생각보다 견딜만해서 트랙을 도는데 별 어려움 없이 오히려 상쾌했다. 실내에서 따뜻하게 지내다 밖으로 나오면 큰 추위를 못 느낄 정도다. 추운 겨울날 따뜻한 국물로 속을 채우고 밖으로 나오면 덜 춥게 느껴지는 것과 같은 이치인 것 같다. 역시 문풍지의 효과가 크다.

    오늘 한국에서는 내가 유일하게 꾸준히 참석하는 학술모임인 동아시아출토문헌연구회(http://cafe.daum.net/gomoonza)의 송년모임이 있는 날이다. 단톡방에 반가운 동학들의 메시지가 이어진다. 사실 올해의 마지막 강독을 내 제자인 구본희 선생이 발제하게 되어 한국에 있었더라면 꼭 참석했어야 할 모임이다.

이렇게 학교를 떠나 외국에 나와 있으면 대학원생들 지도에 아무래도 소홀할 수밖에 없어서 제자들에게 참 미안하다. 특히 오늘 발표는 구본희 선생으로는 새로운 세계에 발을 담근 결과의 일부를 선보이는 날이라 상당히 의미가 크다. 지난 수개월 동안 이를 위해 얼마나 몰두해왔는지 잘 알기 때문에 멀리서나마 응원한다.

발제 장소로 가는 길에 나한테도 발제문 파일을 보내주었다. 제목이 "『전국종횡가서戰國縱橫家書』 제4장 자제헌서어연왕장自齊獻書於燕王章 역주譯註"다. 독자들에게 상당히 생경하게 다가설 텐데 나한테도 어렵긴 마찬가지다. 『전국종횡가서』란 1973년 후난성湖南省 창사시長沙市 마왕두이馬王堆 한묘漢墓 3호묘에서 출토된 이른바 마왕두이백서라는 비단에 써진 다종의 문헌 중 전국시대 이야기 모음집이다. 『전국책戰國策』과 비슷한 내용이 들어 있고 『전국책』에도 등장하는 소진蘇秦이라는 인물이 주인공으로 나타나는 경우가 많기 때문에 『전국책』의 원류로 보는 학자들도 있다. 그러나 『전국종횡가서』의 일부만 『전국책』과 중복되기 때문에 전국시대에 활동했던 종횡가들의 이야기를 모아놓은 책일 가능성이 크다.

종횡가는 일종의 외교 전문가이자 책사로 보면 될 텐데 『전국종횡가서』는 전국시대라는 혼란기에 첩보전이 얼마나 활발하게 이루어지고 있었는지 잘 보여준다. 오늘 구본희 선생이 발제한 제4장은 연나라의 간첩으로 제나라에 가 있던 소진이 연에서 자신을 모함하여 연왕이 자신을 경질하려 하자 이를 소명하는 서신이다. 그가 『전국종횡가서』 27장 중에서 가장 어려운 이 장을 첫 번째 역주 대상으로 삼은 이유는 일부 내용이 『전국책』과 중복되어 『전국책』이라는 문헌이 형성되는 과정의 일단을 살필 수 있으리라 보았기 때문이다.

기본적인 내용 파악도 어려운 문헌을 기존 중국과 일본 학자들의 연구를 토대로 제대로 역주한 것 같아 다행이고, 앞으로 충분히 더 큰 기대를 해도 될 것 같다.

사실 구본희 선생은 단국대학 석사과정에 한국고대사 전공으로 들어왔을 때 거대한 고조선 연구를 꿈꾸고 있었다. 대학원 수업을 듣는 과정에서도 처음 1년 정도는 그 환상을 버리기가 어려웠던 것 같다. 그러나 실제로 사료를 접해보고 하나하나 깨우쳐 나가며 스스로 그 환상에서 성공적으로 빠져나와 아주 좋은 논문을 완성했다. 지금은 고조선은 적절한 학술 연구대상이 되기 어렵다는 내 생각에 전적으로 동의하고 있다.

구 선생은 고조선 문제의 실상을 파악하기 위한 하나의 방법으로 고조선의 서변에 위치한 전국시대 연燕나라의 동방 확장, 즉 연5군 설치를 주요 주제로 다루었다. 전국시대 연나라에 대한 사료가 거의 없기 때문에 상대적으로 자료가 많은 진秦과 조趙의 변군邊郡 확장 과정을 통해 전국시대 연나라 역시 이들처럼 상당히 복잡한 과정을 통해 여러 족속들을 정복하며 5군을 설치했을 것으로 보았다. 관련 사료가 망실된 탓에 한대漢代에 사마천 같은 역사가들이 연나라의 5군 설치를 일거에 동호東胡와 조선만 몰아내며 이루어진 단순한 과정으로 재창출했을 것이고, 연의 요동군遼東郡은 한반도의 서북부에까지 진출하여 상당히 안정적으로 유지되었을 거라는 결론에 도달했다.

고조선 문제에 관심이 있는 사람들은 내용이 조금 복잡하고 어렵더라도, 혹은 조금 불편하더라도, 꼭 읽어봐야 할 논문이다. 구본희 선생의 석사논문 제목은 「전국~진한대 요동군과 고조선 서계西界의 변화」이고, 석사논문에서 고조선 부분을 뺀 논문이 「망각과 재창출:

『사기』「흉노열전匈奴列傳」에 기술된 전국 연의 영토 확장과 동호」라는 제목으로 『동양사학연구』 140집(2017년)에 실려 있다.

이 논문을 쓰면서 구본희 선생은 중국 고대문헌이 한대에 재창출되는 과정 구명의 중요성을 인식하게 되었다. 내가 구 선생 석사학위 논문에서 가장 칭찬한 부분이 바로『전국책』에 한 차례 등장하는 조선朝鮮 관련 구절이 후대(한대)의 창작 혹은 짜집기라고 구명한 것이다. 그런데 알고 보니 그건『전국책』연구자들 사이에는 일종의 상식이었다. 다만 구 선생은 자신 나름대로의 방식으로 그걸 찾아낸 것이다.

석사논문을 제출하고 난 뒤 어느 날 구 선생이 나를 찾아왔다. '아! 나하고 중국 고대사 공부하고 싶어서 왔구나' 하고 바로 직감이 왔다. 그 때부터 그에게 새로운 세계가 열리기 시작하여, 8월 말에는 대한민국 대학원생이 받을 수 있는 최고의 장학금인 글로벌박사 양성사업에 선정되었다. 오늘 그 사업의 혜택으로 시작한 연구의 작은 결실을 발표하게 된 것이다.

그가 나한테 한 말 중 "선생님, 저도 정말 궁금해요."라는 말이 뇌리에 남아있다. 『전국책』류의 문헌들이 어떤 과정을 거치며 지금의 형태로 만들어졌는지, 정말 사료로서의 가치는 별로 없는 건지, 아니면 그 반대인 건지, 그러한 궁금증이 정말 그를 무섭게 공부하도록 할 것 같다. 아니 정말 그렇게 되길 바란다.

이제 거의 발표가 끝나갈 시간이다. 발제 내용이 무난해서 큰 지적은 없었을 것 같은데 모를 일이다(이 발표는 2019년 8월 말『중국 고중세사연구』제53집에「소진의 서신과 편년 문제 :『전국종횡가 서』제4장 自齊獻書於燕王章 역주」라는 제목으로 출간되었다). 나만 빼고 즐거운 송년 모임을 함께 할 동학들이 부럽다.

12월 9일
상하이 생활 중간점검

그러고 보니 일기를 40회나 썼다. 외로움을 견뎌내고 내 근황도 전하려고 가볍게 시작했는데 벌써 꽤 많은 분량이 되었다. 앞으로 남은 약 50일 동안 몇 번을 더 쓸 수 있을지 모르겠지만 그래도 가능한 한 많이 쓰고 싶다.

오늘은 상하이 생활의 중간점검을 해보았다. 그럭저럭 잘 지내고 있지만 처음 상하이에 와서 호기 있게 시작했던 두 가지를 이미 중단하고 있다. 가능하면 많은 중국 친구들을 만나 매일 함께 식사하고 어울리고 싶었는데 요즘은 특별한 일이 없는 한 혼자 지내는 시간이 대부분이다. 언젠가 한번 썼지만 숙소 근처 운동장 사용 시간도 그렇게 되는데 한몫을 했다. 점심 때 운동을 하다 보니 학교 연구실에 나가는 시간이 좀 애매해져 버렸다. 그래도 그 운동시간이 큰 즐거움을 주니 아마도 이건 귀국 때까지 바뀌기 어려울 것 같다.

사실 원래 누구를 찾아가서 만나는 걸 즐기지 않은 편이니 처음에 내 필요에 의해 열심히 만나다 이제 제자리로 돌아온 셈이다. 혼자서 숙소에서 많은 시간을 보내며 이일 저일 하는 게 그다지 나쁘지 않다. 앞으로 이런 단순한 삶을 살아볼 기회가 언제 또 오겠는가.

다행이 혼자 보내는 시간 동안 앞으로 해야 할 강연 원고들을 거의 다 만들었다. 이제 PPT를 제대로 완성하고 원고를 자연스럽게 읽는 연습만 하면 준수한 발표를 할 수 있을 것 같다. 내일 문물과 박물관학과의 발표와 목요일 허우마 학회의 발표가 그 시작이 될 텐데 어떤 반응을 얻을지 기대된다. 내일부터는 계속 이벤트가 이어져서 많은 사람들을 만날 것 같다.

역시 호기를 부리며 시작했던 번역도 주춤한 상태다. 여기에는 여러 이유가 복합적으로 작용했다. 무엇보다 내가 할 수 있는 일의 분량이 이전보다 확실히 줄어든 게 큰 이유 중의 하나인 것 같다. 작업 중에 책의 내용이 아주 썩 와 닿지 않게 느낀 점도 스스로에게 부여한 좋은 핑계가 되었다. 사실 그렇게 할 수 있을지 모르겠지만 그 시간 동안 다른 일을 하면 훨씬 더 효율적일 거라는 이기적 계산도 있었다. 스스로를 거기서 해방시키고 나니 솔직히 너무 편하다. 그 대신 더 즐겁게 할 수 있을만한 일들이 기다리고 있다. 오랜만에 읽고 싶었던 책들도 구해서 차분하게 읽고 있다.

외로움은 나 같은 상황에 처해 있는 사람들에게 가장 큰 적인 것 같다. 그 이외에 다른 문제는 거의 없다. 이러저러한 이유 때문에 독신으로 사는 분들의 삶이 얼마나 힘들지 상상해보며 가정이 있다는 사실 하나만으로도 크게 감사드린다.

현재 내 경우 해야 할 일이 있을 때는 거기에 몰두할 수 있으니 외로움을 느낄 새가 없지만, 그 일이 한 고비를 넘어서서 조금 여유가 생기면 여지없이 외로움이 찾아오는 것 같다. 앞으로 아내가 오기까지 20여 일 동안 몇 가지 중요한 일들이 기다리고 있어서 그나마 다행이다.

상하이에서 40여 일 동안 별 탈 없이 잘 지낼 수 있어서 감사드린다. 더욱이 사람들의 조그마한 공감이라도 얻을 수 있는 이런 글을 쓸 수 있어서 아주 즐겁고, 별 대단치 않은 그런 역량이나마 부여받은 데에도 정말 감사드린다. 상하이 생활 90일을 잘 마무리하고 돌아갈 때 아마도 이 일기 쓰기가 가장 의미 있는 성과로 남을지도 모르겠다.

아 참, 오늘 아침 상하이에도 눈이 조금 쌓였다. 그래도 아직 그다지 춥게 느껴지지는 않는다.

12월 10일
문물과 박물관학과 강연

　　작은 고개 하나 넘었다. 늦은 오후에 문물과 박물관학과 뤼징 교수의 대학원 청동기 세미나에서 서주시대 청동기를 주제로 30분 정도 강연하고 몇 가지 얘기를 나누었다. 학기가 거의 끝나가는데 아직 그 수업에서 발제를 못한 학생이 세 명이나 있어서 내가 시간을 많이 쓰기가 좀 미안했다.

　　오늘 발표는 내 책 『중국 고대 지역국가의 발전: 진의 봉건에서 문공의 패업까지』의 제 3장에 들어간 내용이다. 먼저 내 책을 간단히 소개했다. 시간이 좀 여유가 있었더라면 책 소개를 제대로 했을 텐데 아쉬웠다. 그리고 준비해 간 원고를 읽었다.

　　내용이 사실 대학원 석사과정 생들한테는 좀 어려웠을 것이다. 서주의 제후국인 산시성 진晉나라 주변의 패覇라는 정치체 수장 묘에서 지금까지 발굴된 서주시대 묘에서 드물게 많은 청동 예기가 출토되었다. 진나라보다 훨씬 적은 나라에서 묘의 규모는 진의 통치자들 묘보다 훨씬 작지만 두 배 이상 많은 청동기가 부장되어 있었다.

중국학자들은 보통 상주시대 귀족 묘에서 출토되는 청동기의 수량이 그 묘주의 신분과 관계가 있을 것으로 본다. 일종의 상장喪葬의 례 규범이 존재했으리라 보는 것이다. 따라서 그 정치체의 성격을 둘러싸고 진에 예속되었을지 아니면 독자성을 유지했을지 논쟁이 벌어졌다. 여기서 그걸 다 설명하기는 어려운 일이지만 내 해석은 일종의 절충안이라고 할 수 있을 것이다.

상나라 이래로 산시성에 존재했던 한 정치체의 후예들이 주나라의 천하가 되었음에도 자신들 나름대로 예전의 영화를 표시해본 방식이 아닐까 생각해보았다. 겉으로 드러나는 묘의 외형에서는 주나라의 규범을 어느 정도 지키면서 묘의 내부에서는 파격적으로 많은 청동기를 부장하는 방식으로 말이다. 이 정치체는 서주 중기까지 정치적으로도 어느 정도 독자성을 유지하다가 결국은 진나라에 합병되었을 것이다.

학생들은 한국에서 온 학자가 자기들이 공부하는 청동기를 나름 깊이있게 다루는 걸 보고 조금 신기해하는 듯 했다. 뤼징 교수만 강연 내용을 제대로 이해한 듯 몇 가지 중요한 질문을 했다. 발표는 그냥 원고를 읽으면 되니 그럭저럭 할 만한데 질의응답이 문제다. 오늘은 그나마 질문 내용은 대체로 알아들었는데 내 답변이 만족스럽지는 않았다.

이렇게 강연을 하고 나면 상당히 찝찝하다. 그래서 오늘 강연에서 한 내 마지막 멘트가 "중국어 공부 열심히 안 한 게 너무도 후회된다"였다. 뤼징 교수는 영어도 잘하고 중국어도 이 정도 하는 게 대단하다고 위로해 준다. 수업 후 위챗으로 발표 중 찍은 사진들을 보내주면서도 자신의 세미나에서 이렇게 열정적으로 발표를 해주니 학생들에게 자극이 되었을 거라고 고맙다고 한다. 의례적인 인사일 수 있지만 정말 고맙다.

중국학이라는 학문을 영어로 공부하면서 중국에서 얻기 어려운 것을 얻었는지 모르지만, 내가 공부한 것에 대해 가장 관심 가질 중국에 와서 마음대로 재밌게 표현할 수 없으니 참으로 답답한 노릇이다. 나도 사실 한 발표 하는 사람인데 말이다, 강연 직후 아내한테 발표 모습을 담은 사진을 보내주었더니 그래도 "우리 남편 최고"라고 답장이 왔다.

• 강연 후 뤼징 교수의 청동기연구 세미나 참석자들과 함께

12월 11일
번역기와 요시모토 미치마사 교수

해야 할 일 하나를 마치면 허탈감과 함께 무기력이 찾아온다. 이게 지난 20여 년 동안 내 삶의 패턴으로 자리 잡은 것 같다. 물론 그 무기력을 새로운 도약을 위한 휴식쯤으로 치면 문제 없겠지만 그 시간이 길어질 때는 상당히 고통스럽다. 이번에는 그 시간이 길어질 틈이 별로 없으니 다행이다.

새벽부터 여러 가지 잡생각을 하다 인공지능이 속히 완벽한 번역기를 만들면 얼마나 좋을까 하는 생각에 이르렀다. 그렇게 되면 나 같은 사람이 이렇게까지 육체적, 심리적 고생을 안 해도 될 테니 말이다. 나이를 중요하게 생각해본 적은 없지만 어제는 발표 직전까지 반복적으로 원고를 소리 내어 읽다가 문득 내가 지금 이 나이에 뭘 하고 있나 하는 생각마저 들었다. 앞으로 해야 할 강연을 다 마칠 때까지는 이런 과정을 반복해야 한다. 누가 대단하게 알아주는 일도 아닌데 말이다.

중국고대사를 공부하면서 중국 학계에 신선한 내용을 전할 글을 꽤 썼고, 사실 이건 한국에서 중국사를 연구하는 상당수의 다른 연구자들도 비슷할 것이다. 그런데 한국이라는 좁은 시장에서 아웅다웅하다 제 풀에 지쳐서 연구에 흥미를 잃어버리는 경우가 꽤 있는 것 같다. 자신이 몸담고 있는 사회에서 공명을 얻지 못하는 일을 지속하기란 정말 어려운 일이다.

완벽한 번역기의 출현은 아마도 학문의 제국주의를 완화시키는 데 크게 기여할 것이다. 변방의 학자가 쓴 우수한 연구도 빛을 발할 수 있을 테니 말이다. 아마도 우리 다음 세대에는 충분히 그렇게 되지 않을까 생각해본다.

이런 잡생각 끝에 교토대학의 중국고대사 전문가 요시모토 미치마사吉本道雅 교수가 떠올랐다. 사실 직접적으로 오랫동안 교우하지는 않았지만 계속 글을 봐왔기 때문에 내가 형님처럼 생각하는 연구자 중의 한 분이다. 2014년 말에 이 분의 초청으로 일본학술진흥회JSPS의 연구비를 받아 교토대학에 머문 적이 있다.

대부분의 일본 학자들이 그렇듯이 세상일에 별 관심 없이 그냥 연구만 하는 분이다. 1998년 박사논문을 쓸 때 기원전 770년 주

• 2014년 12월 요시모토 교수 대학원 수업 참관 후 함께

왕실의 동천 문제에 대해서 요시모토 교수가 1990년에 쓴 기발해 보이는 논문을 인용한 적이 있다. 그 논문은 그 당시에는 거의 주목을 못 받았다. 그런데 2011년 출간된 『계년繫年』이라는 새로운 초나라 죽간 역사서의 내용은 그가 이전에 제기했던 주장을 상당히 뒷받침해준다. 그래서 그의 주장이 타당하다는 논문을 국내에 발표했고, 그걸 더 심화하는 연구를 거의 완성해놓고 마무리 단계에서 교토대학으로 갔다. 그 연구는 이후에 영문으로 출간되었고, 사실 19일 역사학과 강연은 그걸 토대로 한다.

그런데 흥미로운 사실은 교토에 가서 막상 요시모토 교수를 만나보니 2000년대 중반에 쓴 책에서 자신의 이전 주장을 상당히 수정했다고 얘기한다. 그러면서 내 논문을 읽고 다시 생각이 바뀌고 있다고 했다.

당시 요시모토 교수는 한글을 전혀 모르면서도 일본에서 나온 번역 프로그램(이름에 '서울'이 들어간 걸로 기억한다)을 이용해서 내가 한글과 영어로 쓴 논문 두 편을 일어로 번역을 해놓았다(물론 영어는 자신이 직접했다). 이분이 공부하는 방식이 아주 꼼꼼한데 외국어 논문을 읽을 때 보통 그렇게 번역을 한다고 한다. 그런 식으로 내가 쓴 다른 논문 두 편도 더 읽었다고 하니 정말 감탄하지 않을 수 없었다. 더욱이 그 번역 논문 중 한 편을 가지고 2주 동안 자신의 수업을 할 정도였는데, 그 번역이 아주 정확해서 전 세계 연구자들이 논문을 올리는 사이트인 academia.edu(Jae-hoon Shim)에도 올려놓았다.

나야 한때 제국의 언어였던 일어를 공부해서 요시모토 교수의 논문을 여러 편 읽었지만 그분도 나름대로의 방식으로 내 연구를 읽었으니 소통의 여지가 정말 커진 것이다. 당시 그 분 말로 번역기를 돌리면 약 80% 정도는 되어 있고 나머지는 자신이 대체로 아는 내용이므로 수정할 수 있다고 했다. 아마 일어와 한국어가 비슷해서 가능한 일이리라 생각한다.

요시모토 교수와 번역기를 통해 학문적으로 깊이 교우한 사례를 떠올리면서 전 세계 언어를 두루 통할 수 있는 번역기의 출현을 앙망한다. 오랜만에 그분께 내 책 출간 소식과 함께 중문요약을 첨부한 이메일을 보냈다. 이전 이메일은 모두 영어로 썼지만 이번에는 중국어다. 이메일을 확인하니 잘 받았고 고맙다는 답장이 바로 와있다. 요시모토 형님이 내 책을 어떻게 평가할지 기대된다.

12월 12일
소중한 만남

외국에 나와 있다 보면 뜻하지 않았던 만남이 이루어지는 경우가 있다. 어제가 바로 그런 날이다. 두 분의 선배 학자를 만날 수 있었다.

푸단대학의 메인 빌딩인 광화러우 1층에는 강연 광고 배너가 많이 세워져 있다. 우연이 거길 지나치다 낯이 익은 분 사진이 있어서 살펴보니 최근 연세대학 사학과에서 퇴직하신 백영서 교수다. 오래전에 신세를 진적도 있고 해서 한국에 있을 때도 꼭 뵙고 싶었는데 기회가 없었다. 아주 잘 됐다 싶었다.

백 교수는 한국에도 잘 알려진 푸단대학 문사文史연구원 거자오광 葛兆光 교수의 초청으로 어제 강연을 가졌다. 동아시아의 상호 혐오 문제와 함께 그에 대한 대안 제시로서 역사학의 역할을 다룬 강연이다. 내용이 워낙 민감하고 현실적이어서 강의실이 꽉 들어찰 정도로 열기에 넘쳤다.

백영서 교수는 "동아시아론"으로 한국뿐만 아니라 일본, 타이완,

중국에서도 저서가 출간될 정도로 유명한 분이다. 중국어를 제대로 배운 적이 없는 것 같은데도 여유롭게 실전 중국어를 잘 구사했다. 더 놀라운 건 알아듣는 데는 거의 문제가 없다는 사실이다. 토론 때는 통역하는 사람이 도움을 주었다. 요즘 중국어 때문에 스트레스를 받은 내 처지를 생각하며 참 대단하다고 생각했다.

한국과 일본, 타이완의 각각 다른 중국 혐오 현황을 설명하고 그 화해를 위해서 서로 공감할 수 있는 "역사하기"(doing history)를 방안으로 제시했다. 나 역시 21세기 동아시아 역사학이 추구해야 할 방향은 "역사화해"라고 보고 있으므로 충분히 동의했다.

개인적으로 식사 자리를 만들고 싶었는데, 강연 끝나고도 백 교수 책에 사인 받으려는 학생들이 대기하고 있었고, 나도 저녁 약속이

• 백영서 교수 강연 포스터

있어서, 일찍 나올 수밖에 없었다. 아침에 일어나 보니 오늘 만날 수 있냐고 문자를 보내왔다. 그런데 내가 오늘 아침에 허우마로 떠나서 금요일 밤 늦게 돌아오므로, 토요일 점심때가 어떤지 여쭈었다. 일주일을 머물 거라고 들었으니 꼭 만나 뵙고 많은 얘기를 나누고 싶다.

저녁때는 정말 반가운 사람과 식사를 함께 했다. 앞에서 언급한 UCLA의 독일계 고고학자 로타 본 팔켄하우젠 교수다. 그를 초청한 푸단대학 역사학과의 린즈펑 교수가 자리를 주선했다. 팔켄하우젠 교수 역시 오늘과 내일 두 차례 초청 강연으로 푸단대학에 왔다. 어제 쓴 글에서 요시모토 교수를 형님처럼 생각한다고 했는데 팔켄하우젠 교수도 같은 경우다. 두 분 모두 내 바로 위의 형님과 같은 59년생이다. 세 사람이 우연찮게도 책 한 권으로 인연을 맺기도 했다. 팔켄하우젠 교수의 책 『고고학 증거로 본 공자시대 중국사회』(세창출판사 2011)의 일본어와 한국어판을 각각 요시모토 교수와 내가 번역한 인연이다. 작년에 그 책의 중국어판이 10년 넘게 끌다가 드디어 나왔다(『宗子維城: 從考古材料的角度看公元前1000至前250年的中國社會』, 上海古籍出版社).

나는 2009~2010년에 UCLA에서 연구년을 보내며 그 책을 번역했고, 한국에서 출간 이후에 2012년 팔켄하우젠 교수를 초청해서 세 차례 강연을 갖기도 했다. 내가 생각하기에 그 책은 서양에서 출간된 고대중국 연구 중 최고의 명저 반열에 올라가야 하는 책이다.

6년 만에 만나니 할 얘기가 참 많았다. 서로 가족들 등 신상 변화에 대해서 얘기를 나누고 최근 출간된 내 책 『중국 고대 지역국가의 발전』을 드렸다. 팔켄하우젠 교수는 한국의 발굴에 참여하기도 하는 등 한국과도 인연이 있어서 한국어도 제법 구사한다. 그는 그 책의 토대가 된 내 박사학위 논문에 대해서도 상당히 호평을 했고, 자신

역시 산시성 진나라 관련 고고학 자료에 관심이 많아 글을 몇 편 쓰기도 했다. 그러니 내 책의 내용에 대해서 공감하는 부분이 많아서 깊은 대화를 나눌 수 있었다.

팔켄하우젠 교수는 누구보다 그 책의 가치를 인정한다고 축하하면서 중문판의 번역 필요성을 역설했다. 앞으로 어떻게 될지 속단하긴 어렵지만 자신 책의 중문판 번역 경험을 토대로 내 책의 번역 역시 주선해주겠다고 한다. 오늘과 내일 푸단대학에서 그의 강연 주제는 첫 번째가 자신의 하버드대학 스승인 "장광즈張光直와 그의 제자들"이고, 두 번째는 자신의 첫 번째 저서와 관련이 있는 "편종編 鐘"에 관한 내용이다. 흥미로운 주제인데 동참할 수 없어서 아쉽다.

사람의 인연이라는 게 참 묘하다. 내가 상하이에 머물 때 이런 만남이 이루어진 걸 감사드리지 않을 수 없다. 이제 곧 짐을 싸서 타이위안행 비행기를 타기 위해 푸동공항으로 출발해야 한다. 허우 마에서는 어떤 일이 기다리고 있을지 기대된다.

• 팔켄하우젠(중간), 린즈펑(우) 교수와 함께

12월 13일
허우마 도착

잔뜩 껴입고 왔는데 허우마는 상하이와 큰 차이가 느껴지지 않을 정도로 온화하다. 타이위안 날씨에 맞췄지만 여긴 겨울에 타이위안보다 3~4도는 높다고 한다. 그러고 보니 겨울에 산시성에 와보기는 처음이다. 타이위안에서 허우마까지 거리도 300km 이상이다. 서울서 내 고향 여수까지 거리라고 생각하니 이해가 되었다.

허우마서역에 도착하니 허우마시 관계자가 나와서 기다리고 있다가 학회가 열리는 호텔까지 데려다 주었다. 이 호텔은 처음 오는 곳이다. 시내를 거치지 않고 와서 위치 감각이 없었는데 지도 검색을 해보니 시내 북쪽의 온천 구역이다. 호텔이 낡아 물어보니 생긴 지 벌써 30년이 되었다고 한다. 중국에서는 온천을 가본 적이 없는데 오늘 밤이나 내일 아침에 온천욕을 할 생각이다.

이번 학회의 공식명칭은 "허우마맹서고문자와 서법예술"이다. 오늘 하루는 주로 고문자 관련 학술발표를 하고 내일은 서법 전시와 인근의 박물관 참관이 예정되어 있단다. 외국 학자는 나 혼자라고 반가워하며 대접도 융숭하다. 중국 학회의 특징은 거의 당일에 임박해서야 발표 일정이 확정되는 건데 여기도 어제 와서야 어떤 논문이 발표되고 내가 어떤 그룹에 들어있는지도 알 수 있었다.

모두 30명 정도가 발표하는데 일단 논문을 우선 다 수합하고 나서 연관성 있는 연구들을 묶어서 다섯 파트로 나누었다. 통상 미리 발표자를 미리 선정해서 하는 다른 나라의 방식과는 많이 다르다. 역시 사람이 많은 탓일 게다. 학회 주관자들의 치사나 단체사진 촬영, 식사 시간 등을 제외하고 온전히 학술발표에만 할애하는 시간이 6시간 정도이다. 그러니 각 그룹에 안배된 시간이 1시간 10분 정도로 발표자 1인당 10분 발표하고 나머지 10분 동안 토론하는 형식이다.

나는 예전부터 친한 친구들과 함께 마지막 조에 배치되어 있다. 좌장이 산시성고고연구소 허우마공작참에 있다가 최근 산시대학 역사문화학원 교수가 된 셰야오팅謝堯亭이다. 지난번 학회 참석 여부 때문에 상의할 때 자신은 논문이 없어서 그냥 참관만 할 거라고 했는데 와서 보니 발표도 하고 좌장까지 맡았다. 역시 오랜 인연을 유지해온 톈젠원田建文과 지쿤장吉琨璋 선생도 같은 그룹에서 발표한다. 어제 잠깐 얼굴만 봤는데 아마 오늘 제대로 만나 얘기를 나눌 것 같다. 사실 내 발표 시간이 부족해서 신경이 쓰였는데 조금 길게 해도 괜찮을 것 같아 다행이다.

어제 타이위안에서 허우마까지 고속철을 타고 오면서 본 산시성을 서남쪽으로 가르는 펀허汾河 유역 평원의 농촌 풍경은 미세먼지 가득한 열악한 모습이었다. 다른 곳과 달리 타이위안의 고속철역도 썰렁하게 느껴질 정도로 사람이 적었다. 그런데 타이위안 남쪽으로 끝없이 이어지는 그 평원은 농경 위주의 전근대에는 상당히 풍요로운 지역이었을 것이다. 산시성은 고대 이래로 중국문명의 핵심 중 하나였고, 한나라 이후에는 북방 세력이 중원을 차지하는 교두보 역할을 했다. 내가 좋아하는 이곳 농촌의 가난해 보이는 모습이 격세지감을 느끼게 한다.

마차가지로 허우마라는 지방 소도시에서 주관하는 학회도 여러 면에서 허술하다. 그래도 참석자들의 면면과 발표 내용을 보니 관심을 끄는 것들이 꽤 있다. 오늘 하루 즐겁게 공부하고 발표하며 좋은 시간을 가지면 좋겠다.

12월 14일
허우마의 감동

　　허우마 학회에 안 왔으면 큰일 날 뻔 했다. 어제는 이번에 중국에 와서 가장 감동적인 날이다.

　　중국의 지방 도시에서 하는 학회는 아침 일찍부터 시작한다. 논문 발표 전 행사가 꽤 길기 때문이다. 어제도 마찬가지였다. 8시 반부터 이번 학회를 지원한 중국 공산당 허우마시 선전부장의 긴 치사와 함께 여러 관계자들이 논문처럼 준비해온 원고를 읽는다. 이후 허잉 合影이라고 부르는 단체사진을 찍으니 거의 1시간이 지나버린다. 한국 같으면 많은 연구자들이 이 형식적인 행사는 빠지고 실제 발표부터 참석할 텐데, 관에 군기가 바짝 든 탓인지 중국학자들은 당연한 일로 여기는 것 같다.

　　이어서도 지루한 발표의 연속이다. 허우마맹서라는 고문자 위주의 학회이기 때문에 대부분의 참석자가 고문자 학자들이었고, 그들의 논문도 거의 글자 한두 자, 혹은 특정 구절을 다룬 것이다. 발표에 집중하기가 좀 어려워서 무료하게 오전 시간을 보냈다.

음식도 만족스럽지 않아서 대충 점심을 다 먹었는데 늘씬하고 예쁜 젊은 여성이 웃으며 내가 앉아 있는 테이블로 왔다. 다른 사람한테 오는 거겠지 생각하고 신경 쓰지 않았는데 내 옆에 앉는 게 아닌가. 자기는 허우마뎬스타이電視臺(방송국) 아나운서인데 차이팡采訪 할 수 있냐고 물어본다. 차이팡이 무슨 말인지 몰랐지만 대충 인터뷰 요청하는 걸로 이해했다.

이번 학회는 지방 중소도시인 허우마시로서는 큰 행사이고 내가 유일한 외국 참석자이기 때문에 관심을 가지나 보다 하고 가볍게 승낙했다. 한편으로 지역 방송에서라도 내 책을 알릴 수 있는 기회겠다고 생각하면서 대충 무슨 얘기를 할지 의논하고(실제 질문 내용은 즉흥적으로 답변해야 하는 게 많았다) 바로 방으로 올라가 내 책을 가져왔다.

꽤 긴 인터뷰를 했다. 그것도 중국어로만, 예쁜 아나운서가 영어까지 아주 잘 해서 영어로 해도 된다고 하는데 중국어가 그럭저럭 되었다. 버벅대는 부분은 알아서 편집하겠지. 질문은 산시성 허우마 일대에 관심을 가지고 연구하게 된 계기가 무엇인지? 이번에 낸 책은 어떤 내용인지? 허우마 일대가 왜 중요한 연구대상인지? 24년 전 처음 왔을 때와 지금의 허우마는 어떻게 다른지? 이번 허우마맹서 학회는 어떤 의의가 있고, 앞으로의 허우마맹서 연구을 어떻게 전망하는지? 등등이었다.

이들도 가벼운 인터뷰로 생각했다가 책을 보여주니 상당히 큰 관심을 보였다. 책의 커버부터 중문초록 부분까지 상세히 찍는 것 같았다. 내가 이들에게 가장 강조한 부분은 "이 지역은 고대 특히 상주시대에 중국에서 가장 중요한 핵심 지역 중의 하나였다. 다양한 고고학 자료가 그걸 충분히 입증한다. 그런데 문제는 어떤 이유에선지

• 허우마방송국 인터뷰 장면

그 훌륭한 자료를 가지고도 연구가 약하다. 그래서 나 같은 외국 사람이 오히려 중국학자들보다 먼저 이런 책을 내게 되었다.” 정도이다.

얼마나 중국어로 그걸 잘 표현했는지 모르고 많이 편집되겠지만 어쨌든 그들이 감동하니 나도 감동했다. 나 혼자 단독으로 한 인터뷰도 아니고, 허우마문화를 다루는 “기억, 허우마”라는 프로그램에 들어간다는데, 앞으로 편집이 완료되어 방송으로 나오기까지는 시간이 좀 걸릴 거라고 한다. 그 학회 실무를 총괄한 허우마시의 고위 관리로 보이는 여성 얘기로는 앞으로 허우마에 정식으로 초청할 기회가 있을 거라고 하는데 모를 일이다.

내 발표도 꽤 만족스러웠다. 사실 중국학회에서의 발표는 짧아서 좋다. 그래도 다른 사람보다 시간을 좀 더 달라고 해서 준비해간 원고를 비교적 정확하게 읽으며 당당하게 발표했다. 발표 후 나를 대하는 사람들의 태도가 달라졌다고 착각할 수 있을 만큼 반응이 괜찮았다. 직접 찾아와서 좋았다고 격려하는 사람들도 있었다.

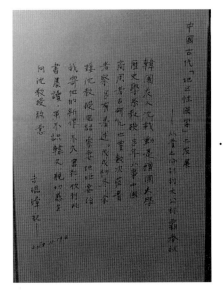

• 지쿤장 선생이 내 책을 받은 후 적어놓은 감상(중문 책 제목, 한국의 벗 심재훈은 단국대학 역사학과 교수다. 다년 동안 중국 상주시대 고고학 연구에 종사하며 수차에 걸쳐 연구차 산시성에 방문하여 많은 저술을 남겼다. 무술년 초겨울 나는 심 교수의 연락을 받았다. 자신의 새 책을 보내주려고 내 주소를 알려달라고 했다. 얼마 후 책이 도착하여 받자마자 책을 펼쳐 읽어보았다. 비록 한글을 모르지만 그의 친절함에 감동했다. 심 교수께 감사의 뜻을 표한다).

　　구친들과도 오랜만에 여러 얘기를 나누었다. 내가 책을 보내준 세 명 중 지쿤장 선생은 내 책에 대해서 찬사를 보냈다. 숭분번역이 확정되면 마지막 윤문은 기꺼이 자신이 맡아주겠다고 한다. 그는 내 책을 받은 11월 19일 그 책의 중문초록을 중심으로 내용을 살펴보고 감상을 적어 놓았던 모양이다. 어제 사진을 찍어 보내주었다. 역시 감동적이다.

　　24년 동안 이어진 산시성과 허우마에 대한 사랑이 작은 결실을 맺은 느낌이다. 그런데 산시성 지역 연구는 이게 끝이 아니다. 다른 흥미로운 주제로 논문을 한편 완성했는데 아마도 이곳 일반 사람들이 그걸 알면 싫어할 것이다. 산시성이 자랑스러워하는 요순우堯舜禹 관련 사적이 대부분 만들어진 역사이고, 어떻게 그렇게 되었는지를 구명하는 논문이니까(이 논문은 올해 3월 『역사학보』 240집에 「전설과 역사사이 : 산서성의 요순우」라는 제목으로 출간되었다).

연구는 새로움에 도달하는 과정이지 누구를 기쁘게 하려고 하는 것이 아니다. 어쨌든 산시성과 허우마에 대한 내 사랑은 지속될 것이다.

12월 15일
진국고도박물관과 린펀박물관

　　1시 반에 허우마 북쪽으로 차로 한 시간 거리인 린펀 臨汾에서 출발하여 숙소로 들어오니 9시가 조금 넘었다. 푸동공항에서 택시를 타니 40분밖에 안 걸린다. 지하철로는 2시간 정도 잡아야 되는데. 그런데 비용이 지하철로는 7위안 정도인데 반해서 170위안 정도 나온다. 상하이에서 택시를 타보기는 두 번째인데 참 편하게 왔다.

　어제 학회의 마지막 일정은 그 지역 주요 박물관 세 군데를 참관하는 것이었다. 그 전에 허우마서법예술 전람회 개막식에 동원되어 또 여러 명의 지루한 축사를 들어야 했다. 그래도 전국적으로 공모한 허우마맹서 출품작 중 약 100점을 선정한 전시회는 서예에 문외한인 나도 볼만 했다. 한국의 중국 고문자 서예가인 동학 박재복 교수의 2년 전쯤 전시회가 떠올랐다.

　전시회 참관 이후 바로 맞은편에 있는 진국고도晉國古都박물관을 관람했다. 사실 이 박물관은 90년대에 가본 적이 있는데 별로 볼

게 없어서 이후 허우마에 갈 때도 들르지 않았던 곳이다. 그런데 들어가 보니 그 때와는 상당히 다른 박물관으로 변모해 있었다. 2000년대 중반 개보수하고 새로운 유물들을 많이 들여놓았단다.

허우마시에서 이루어진 가장 중요한 고고학 성과는 1957~65년 사이에 발굴되어 1993년에 보고서가 나온 청동기 주조 공장의 발굴이다. 여기서 청동기를 제조하기 위한 진흙 모델과 거푸집이 무수하게 발견되어서 당시 춘추시대 진나라를 비롯한 주요국들의 청동기 제작 상황에 대해 귀중한 정보를 얻게 되었다. 진국고도박물관에서 내 눈길을 끈 인상적인 유물들은 그런 모델과 거푸집이었다. 책에서 사진으로 주로 보던 것들을 실물로 볼 수 있어서 좋았다.

이번 학회의 주제인 허우마맹서 진품도 전시되어 있었다. 중국에서 현재까지 알려진 붓으로 쓴 가장 오래된 문자이니 서예가들의 많은 관심을 끄는 게 당연할 것이다. 허우마에서는 5천 조각이 넘는 맹서가 발견되었다. 옥판과 석판에 붉은색으로 써진 글자는 맹약의 과정에서 나누어 마시던 소 피를 상징할 텐데 이미 색이 바래서

• 청동기 표면에 장식된 문양의 부분 거푸집

육안으로 확인하기 어려웠다. 맹약을 통해 집안 사이의 사적 주종관계를 맺고 이를 위반할 시에는 저주받을 것이라는 내용이 주종을 이룬다. 춘추시대 후반 진나라를 주도한 세력들 사이의 경쟁이 얼마나 치열했는지 보여주는 자료이다. 결국 진나라는 기원전 453년 이런 맹약을 통해 지역 근거지 구축에 성공한 한韓, 위魏, 조趙 세 나라로 분리되었고, 그게 바로 7웅이 각축한 전국시대의 시작이다.

그 다음 들른 곳이 어제 참관의 하이라이트인 린펀臨汾박물관이었다. 린펀은 중국 사람들이 자신들의 시조라고 생각하는 요堯 임금의 도읍지로 알려진 곳으로, 5세기 북위시대쯤 만들어졌을 걸로 추정되는 요묘堯廟가 자리하고 있다. 더욱이 린펀 인근에서 신석기 후기 룽산龍山문화 유적 중 가장 두드러지는 타오쓰陶寺 유적(기원전 2300~1900년)이 발굴되어 린펀이 요의 도읍이었을 것이라는 견해가 점점 힘을 얻고 있다.

나는 타오쓰 유적이 신석기시대 후기에 이미 상당히 강력한 정치 세력의 존재를 보여주는 것과는 별개로 이를 요의 나라로 등치시키는 데는 신중해야 한다고 믿고 있다. 한나라 초기인 사마천의 시대까지도 이런 인식이 나타나지 않았기 때문이다.

• 복원된 허우마맹서

• 개장 직전의 린펀박물관

린펀은 행정구역상 허우마까지 포함한 산시성 서남부의 2개 시와
14개 현을 포괄하는 이 지역의 중심이지만 중소도시에 불과하다.
그 일대에서 출토된 유물만으로 거대한 박물관을 지어서 12월 18일
개장을 앞두고 있다. 아마 이번 허우마 학회 일정이 이렇게 잡힌
것도 이 개장과 관련이 있는 것 같다. 개장 직전에 전문가들을 불러
서 미리 선을 보이는 것이다.

실제로 이번 학회 참석자 중 저명 서예가들이 직접 방명록을 쓰는
행사를 진행했다. 이럴 때 내가 서예를 했더라면 얼마나 좋을까 생각
하면서, 나는 그 행사 도중에 전람관을 거의 다 돌았다. 2시에 타이
위안행 고속철을 타야했기 때문이다. 그 덕분에 아마 린펀박물관
전시관들에 최초로 발을 들여놓은 외부인이 될지도 모르겠다.

1층의 두 전시관은 역시 예상대로 그 지역 구석기와 신석기시대
유물로 채워져 있었다. 신석기시대 초기에 해당되는 한 유적에서

나온 듯한 부뚜막 신을 형상화한 유물과 악기들이 눈길을 끌었다. 압권은 제2전시관의 타오쓰문화 유물들이었다. 예기로 사용된 듯한 다양한 채색 도기들과 종을 비롯한 악기들에 대해서는 익히 알고 있었지만 소형 청동개구리 한 점은 타오쓰에서 이미 금속이 사용되었음을 보여주는 처음 보는 흥미로운 유물이다. 농사 절기를 위한 세계 최초의 관상대(라고 주장하는) 유적 모습을 재현해놓았고, 타오스 유적 전체를 대형 건축물이 발굴된 지역을 중심으로 조망할 수 있는 조감모형과 함께 건축물 파편과 도관陶管도 전시해놓았다.

2층의 제3관은 춘추시대 패국이었던 진의 모습을 재현한 전시관이다. 진나라의 다양한 청동기가 주종을 이루었고, 허우마의 진국고도박물관 못지않은 청동기 주조 모델과 거푸집도 눈길을 끌었다. 3층에는 춘추시대 후반 이래 평양平陽으로 불린 린펀의 역사를 고대부터 청대까지 전체적으로 조망할 수 있는 다양한 유물들이 전시되어 있었다. 1층에 있는 근대 산시 상인 관련 전시관은 시간이 부족해서

• 출토 지점이 명시되지 않은 신석기 초기 부뚜막 신

• 타오쓰 출토 청동개구리. 6~7cm 정도의 소형이다

197

다음으로 미룰 수밖에 없었다.

타이위안 공항에서 비행기 출발 직전 후배들과 제자들의 단톡방에 린펀박물관 유물 사진 몇 장을 올렸다. 그랬더니 한 후배가 "유물이 징글징글하게 많이 나오네요. 저같이 게으른 사람은 고대사 공부 안 하기 잘 한 것 같아요"라고 멘트를 남긴다. 맞는 말이다. 사실 중국고대사 수업에서 학생들을 어떻게 가르쳐야 할지 고민될 정도이다.

우리 것도 아닌데 무슨 상관인가 라고 생각한다면 할 말이 없다. 그래도 시대적으로 한국보다 훨씬 앞서 이런 고도로 발전한 문명이 존재했다는 사실을 인정한다면, 제발 한국의 유물 전시에 "大"라든지, "세계적" 같은 호들갑스러운 국내용 수사는 더 이상 쓰지 않았으면 좋겠다. 우리만 우물 속에 빠져 있는 것 같아 보기 민망하다.

나를 제외한 다른 일행들은 린펀박물관 관람을 마친 후 린펀 동남쪽 취워현曲沃縣에 있는 진국晉國박물관으로 이동했다. 서주시대 진나라 제후 묘지를 발굴한 후 그 유적지 그대로 보존한 박물관이다. 나는 이미 세 번 다녀온 곳이다. 산시성 서남부 허우마 일대의 세 군데 박물관만 들러도 훌륭한 답사가 될 것 같다.

12월 16일
구친과의 만남

　　린펀박물관을 떠나 고속철을 타러 린펀 서역으로 가
는 도중에 산시성의 오랜 친구 톈젠원田建文 선생이 나를 배웅하려고
박물관 앞에 기다리고 있는데 어디 있냐고 위챗을 보내왔다. 나를
계속 찾았다고 하는데 박물관을 빨리 둘러봐야 하는 내 동선이 일행
과 거의 반대여서 마주칠 수 없었던 것이다. 나도 그 친구를 한번
안아주고 싶었는데 무척 아쉬웠다. 기차에 오르고 나서야 미안하고
고맙다는 답을 보냈다.

　　이번에 허우마에 가면서 톈젠원 선생이 어떤 모습일지 상당히
궁금했다. 1965년생인 그는 우리로 치면 나와 같은 80학번이니 15세
쯤 베이징대학 고고학과에 입학한 셈이다. 자신보다 두세 살 위의
형님들과 같이 공부한 것이다. 내가 1994년 처음 중국에 들렀을 때
그의 베이징대학 고고학과 동기였던 시카고대학 친구가 내가 허우
마에 가면 도와달라고 편지를 한 장 써준 적이 있다. 그 때 그 편지를
써준 친구로부터 그가 우리보다 몇 살 어리다는 얘기를 들었다.

1994년에 이미 톈 선생은 산시성고고연구소 허우마공작참의 대장이 되었다(중국에서는 잔장站長이라고 부른다). 실력 위주인 중국이 우리보다 이런 면에서 빠르기는 하지만 29세에 상당히 중요한 발굴대의 대장이 되는 일은 아주 드문 일이다. 자신감 넘치는 거침없는 성격에 실력까지 갖춘 산시성 고고학계의 최고 인재였다. 이미 당시까지 상당히 좋은 글을 많이 썼고, 나는 그걸 읽으며 공부했다.

1996년에는 술을 좋아하는 그를 위해서 허우마까지 양주를 한 병 사들고 가기도 했다. 내가 누구에게 이런 걸 사가는 건 예나 지금이나 상당히 어색한 일이다. 그 때 허우마공작참에서 이틀 동안 머물렀는데 산시성의 유명한 편주汾酒로 폭음을 하며 많은 대화를 나누었다. 건강상의 이유로 술을 자제해야 하는 내가 그 친구한테 맞추느라 할 수 없이 마신 것이다. 그는 94년과 96년 두 차례에 걸쳐서 당시 산시성에서 갓 나온 귀중한 발굴보고서와 논문들을 미국으로 보내주었고, 나는 그걸 정말 유용하게 활용해서 박사논문을 쓸 수 있었다.

당시 술을 마시며 내가 그 친구더러 너는 영어 공부를 해서 고고학 관련 영어논문을 읽을 수 있으면 정말 대학자가 될 거라고 얘기한 기억이 난다. 그 이후에 2002년 여름 상하이박물관에서 열린 진국晉國고고학 관련 학회에서 만났는데 큰 교통사고를 당해 다리가 조금 불편해보였다. 이전보다 위축된 모습이었다. 그래도 함께 박물관을 배경으로 사진을 찍고 즐겁게 대화를 나누었다.

그 이후에 타이위안이나 허우마에 갈 때는 또 다른 베이징대학 고고학과 출신 친구인 지쿤장吉琨璋 선생의 안내를 받았기 때문에 톈 선생을 더 이상 만날 일이 없었다. 그가 이전만큼 활발히 활동하지 않은 탓도 있을 터이다. 물론 몇 군데 중요한 발굴을 주도하기는 했다.

또 다른 친구인 지쿤장 선생은 나이는 톈젠원 선생보다 위지만 대학은 후배라서 그 밑에서 일을 해야 했을 것이다. 지금은 전혀 그렇지 않아 보였지만 90년대까지만 해도 독주하는 톈 선생 밑에서 지 선생이 그다지 편하지 않았던 것으로 기억한다. 지 선생의 연구와 도움이 내 책을 완성하는데 크게 기여했음은 물론이다.

이번 학회에서 같은 조에서 발표한 두 사람의 논문도 적어도 내가 느끼기에는 비교가 되었다. 톈 선생은 발표논문집에 실린 자신의 글은 세 시간 만에 쓴 것으로 별 내용이 없다면서 허우마 고고학 발굴 일반에 대한 얘기로 발표를 대신했다. 반면에 지 선생은 허우마 맹서 유적지의 선정이 어떤 맥락에서 이루어졌을 지에 대해 그 지역 고고학자가 아니면 하기 어려운 좋은 연구를 발표했다.

허우마의 진국고도박물관에서 톈 선생과 만나 제법 길게 얘기를

• 산시성의 구친 톈젠원(좌), 지쿤장(우) 선생과 함께

201

나누었다. 어떻게 그렇게 일찍 대학에 들어갔냐고 했더니 당시 중국에 월반 제도가 있어서 중학교와 고등학교 모두 월반을 했다고 한다. 30세가 된 아들은 베이징에서 결혼해서 잘 살고 있단다. 고고학 발굴 도판을 그리던 아내도 얼마 전 은퇴해서 잘 지내고 있고.

20세쯤 대학을 갓 졸업하고 고향으로 돌아와 거침없이 발굴을 주도하며 좋은 연구를 내놓았다. 자신이 당연히 최고라는 충만한 자신감으로. 여전히 자신이 여기서는 최고란다. 그 지역에서 몇 가지 직함도 맡고 있는 듯했다. 내가 그랬다. 너는 그 때 고향으로 바로 돌아오지 말고 베이징에서 공부를 더 했으면 좋았을 것 같다고. 아니란다. 지금 이 정도면 행복하다고. 여기서 경쟁이 있었냐고 물어보았다. 전혀 없었단다. 경쟁이 없었으니 발전도 없었던 거 아니냐고 하니, 그건 그렇단다.

그가 행복하다니 정말 다행이다. 그래도 그 총명하고 자신감 넘치던 톈 선생이 평범하게 나이 들어가는 모습에 왠지 모를 쓸쓸함이 밀려왔다. 내 중국어 실력이 부족해서 속 깊은 얘기를 더 이상 나눌 수 없으니 많이 아쉬웠다.

12월 17일
중국 민족주의 비판서

상당히 재밌는 책을 한 권 구했다. 어제 지난주 푸단
대학에서 강연한 백영서 교수와 점심을 함께 하며 현재 중국의 지식
계 동향에 대한 얘기를 나누었다. 이전보다 통제가 확실히 강화되고
있고, 정부나 사회에 대한 비판 역시 제도권 내에서 수용 가능한
정도로만 이루어지고 있다는데 공감했다. 한국에도 잘 알려진 중국
학계의 스타급 저명 학자들 중 상당수는 공산당 내에서도 일정한
지위를 함께 지니고 있는 경우가 많다는 사실이 이와 무관하지 않을
것이다.

이와 함께 한국에서 조금씩 엷어지고 있는 민족주의가 중국에서
는 여전히 맹위를 떨치고 있는 상황에 대해서도 우려를 함께 했다.
공감을 통한 역사 화해를 역설하는 백 교수께 혹시 중국 내에서
과도한 민족주의에 대한 반성을 제기하는 저작이 나온 게 있냐고
여쭈어 보았다. 그런 걸 아직 본 적이 없다고 한다.

나는 2010년 『역사학보』 208집에 발표한 「민족주의적 동아시아

고대사 서술과 그 자료 새롭게 보기」라는 비평논문에서 동아시아 삼국이 공유하는 고대사 서술의 경향성을 제시한 바 있다. 민족주의가 도입되어 발전하다 정점에 달한 뒤에는 반성을 거치며 새로운 모색 혹은 재편의 시기로 접어든다고 보았다. 일본의 경우 이미 마지막 단계를 이르렀고, 한국은 현재 반성의 단계를 거치고 있다고 했다. 중국의 경우 20세기 말부터 자신감을 회복하며 현재 이전에 경험하지 못했던 민족주의의 정점을 향해 치닫고 있는 듯하지만, 결국 한국이나 일본과 마찬가지로 자성의 움직임이 나타날 것으로 보았다.

그러면서 그 근거로 중국 인터넷을 뒤지다 어렵사리 찾은 책 한 권을 인용했다. 러산樂山 주편主編, 『잠류潛流: 대협애민족주의적비판여반사對狹隘民族主義的批判與反思』(華東師範大學出版社, 2004)로 제목을 번역하면 "저변의 흐름: 협애한 민족주의에 대한 비판과 반성"쯤 되겠다. 사실 그 때 무슨 책인지 보지도 못 하고 인터넷상의 간단한 내용 소개를 토대로 인용했으니 큰 반칙을 한 셈이다. 그런데 이제야 그 책을 구했다.

내용을 살펴보니 책을 보지도 않고 인용한 것은 큰 잘못이지만 논문의 맥락상 틀린 것은 아니었다. 상당히 좋은 책이다. 거의 20여명 정도의 저자들이 참여한 공동저작으로 2000년대 초까지 강력해지는 민족주의적 흐름에 대한 비판적 성찰을 담은 글 28편이 실려 있다.

러산樂山이라는 가명을 쓴 듯한 편자는 1996년 출간되어 중국 민족주의 열풍을 불러온 『중국은 아니라고 말할 수 있다中國可以說不』(宋强, 張藏藏 저, 中華工商聯合出版社) 이래로 쏟아져 나오는 유사한 책들에 우려를 표명한다. 협애한 민족주의가 위험수위에 도달할 지경인데도 이를 비판하는 저작이 극히 드문 것을 심각하게 생각하며 그 문제점들을 철저히 해부할 필요성을 제시한다.

이 책은 네 부분으로 나뉘어 있다. 외교적 측면에서 이러한 민족주의가 어떤 문제를 야기하는지를 다루는 "외교"편과 전쟁이나 내전, 반민주로 흐를 위험성을 경고하는 "충돌"편, 전지구화의 세계에서 중국이 가야 할 방향 및 자유와 인권, 평등이라는 가치를 강조하는 "전구全球"편, 마지막으로 민족주의와 자유주의의 비교 등 민족주의를 이론적으로 고찰한 "이론"편으로 구성되어 있다.

내가 잘 모르는 분야의 필자들이 누구인지 다 확인하기 어렵지만 일부를 검색해본 결과 상당히 명망 있는 학자들임을 알 수 있었다. 편자는 지난 10년간 흥기한 민족주의가 중국에서 결코 새로운 현상이 아니듯 상당히 장기적으로 지속될 것으로 본다. 그 책이 그러한 흐름을 비판하는 첫 시작이라고 가름한다.

한국에서도 1990년대 초 지나친 민족주의에 대한 반작용이 강하게 제시되었듯, 이 책 역시 그보다 15년쯤 후에 중국에서 나타나는 유사한 현상에 대한 비판을 제기하고 있어서 흥미롭다. 그런데 사실 이 책은 임지현과 김기봉 등 서양사학자들이 주도한 한국에서의 탈민족주의 흐름이 학술계에 어느 정도 영향을 미친 것과는 달리, 아직 중국 학술계에 큰 영향을 미치고 있는 것 같지는 않다. 내 검색 능력이 부족해서 인지 모르겠지만, 이 책 이후에 딱히 그런 흐름을 발견하기는 어렵다.

이러한 현상은 앞에서 얘기한대로 학문적인 자유뿐만 아니라 다양한 비판이 온전히 보장되지 않는 중국과 그 반대인 한국의 차이에서 기인하는 것일 수 있겠다 싶다. 다른 한편으로 아직도 그 열기가 식지 않고 있는 한국의 민족주의와 마찬가지로 지금 최고조에 달해 있는 중국 민족주의의 상황을 잘 대변하는 지도 모르겠다.

중국의 민족주의가 앞으로 어떤 방향으로 흘러갈지 속단하기 어렵다. 한 가지 분명한 사실은 그 심화가 중국인들의 단기적 결속에 도움을 줄 수 있겠지만 장기적으로는 결국 손해가 될 수 있다는 점이다. 200년 전까지만 해도 세계를 선도한 중화주의는 사실 배타적 민족주의와는 거리가 있었다. 최소한 조선을 비롯한 주변의 나라들로 하여금 자발적인 흠모를 불러일으킬 정도로 포용적이었다는 얘기다.

어느 정도의 경제적 성공을 바탕으로 그 옛 위상을 되찾아보려고 노력하는 중국이지만 갈 길이 너무나 멀어 보인다. 이 글을 읽고 산둥대학 역사문화학원의 손성욱 교수가 아주 유용한 댓글을 남겨서 손 교수의 수정을 거쳐 인용한다:

『잠류』는 꽤 많이 읽혔고, 많은 공감을 일으켰던 책이었습니다. 하지만 중국 학술계에 큰 영향을 끼치지 못했습니다. 그것은 역사적 고찰이나 반성이 결여된 체, 저자들의 논의가 대중의 과도한 민족주의 비판에만 집중되었기 때문이라고 생각합니다. 본질적인 고민보다는 표면적인 문제에만 관심을 가진 것이지요. 그때도 그렇고, 지금도 그렇고 근본적인 고민은 힘들 거 같습니다. 저자의 상당수가 역사학자인데, 당시 근대사 연구에서 근대화가 화두였고, 근대화의 동력으로 민족주의를 긍정하는 연구가 많았습니다. 그래야 무조건 비판받던 민국시기 국민당에 대한 재평가도 가능해지니까요.

지금은 대중에게서 보이던 과도한 민족주의 경향이 예전보다 많이 줄었다고 생각합니다. 그 정도를 어떻게 체감하느냐의 문제겠지만, 2010년 상하이 세계 엑스포 이후 변화가 체감됩니다. 그렇다고 『잠류』가 출판될 때 존재했던 근본적인 문제들이 해결된 건 아닌데, 민족주의에 대한 비판이나 탈민족주의 방향이 학술계에 영향을 끼치지 못하는 것은 중국적 길을 모색하고 탐색하고 있기 때문일 거예요. 이 책에서도 이미 그런 경향이 포착됩니다. 성홍盛共

의 「민족주의에서 천하주의로」라는 문장이 좋은 예라 생각해요. 이젠 국가의 존망과 발전을 위해 민족주의를 환기시키는 것이 아니라, '천하주의', '중화주의'를 환기시키는 것이죠.

그래서 전통을 자꾸 호명하고 있습니다. 문제는 배타적 민족주의에 대한 반성 없이 과거의 '중화주의'를 가져 오려다 보니 왜곡이 생긴다는 것입니다. 여러 가지 문제가 있겠지만, 여전히 피해자 의식을 가지고 억압된 심리에서 해방되지 못한 것이 가장 큰 문제라고 생각합니다. 그래서 자유주의 연구에 천착하면서 결국 중국적 한계를 받아들이고, '우리는 아직이야'라고 자기 한계를 설정해 버리는 것 같습니다. 2000년내 초 중국에서 성행했던 사상사 연구가 이제는 시들해진 것도 이러한 맥락일 것 같습니다.

12월 18일
이용섭 광주시장 강연

　　며칠 전 푸단펠로우 담당자가 오늘 오후 광주시장 강연이 예정되어 있다고 위챗을 보냈다. 요즘 가끔 인터넷상에 이름이 오르내리는 윤장현이라는 분이 오는 걸로 생각했다. 할일도 없고 해서 강연장에 가보았다. 이용섭 시장이 새롭게 당선된 게 강연장 포스터를 보고야 생각이 났다. 내가 좋아했던 실력 있는 공무원이자 정치인인 이용섭 시장이라서 조금은 기대를 가지고 강연장으로 들어갔다.

　　이렇게 외국에 와서 하는 유명 정치인들의 강연에 감동을 받을 정도의 내실이 있는 경우는 드물다. 그런데 오늘 이용섭 시장의 강연은 내용이 상당히 충실했을 뿐만 아니라 울림도 컸다. 그가 정말 성실한 정치인이자 행정가라는 걸 바로 알 수 있었다.

　　강연 제목은 "한중 청년들의 꿈과 미래"였다. 우선 광주시에 대해서 상세히 소개했다. 광주시청 건물이 앞부분은 5층, 뒷부분은 18층이 된 민주화운동 성지로서의 내력에서부터 광주비엔날레가 세계

5위의 비엔날레로 평가받았다는 얘기까지 상당히 구체적이었다. 내년 광주에서 열릴 세계수영대회에 대한 설명도 중국인들의 관심을 끌만 했다.

이어서 본론으로 들어가며 자신의 어린 시절 힘들었던 성장과정을 먼저 얘기했다. 중고등학교까지 농사일을 병행하느라 쉴 새가 없었고, 전남대학 2학년 때부터 절에 들어가 공부해서 4학년 때 행정고시에 합격했다고 한다. 일찍 고위 공무원이 되었지만 지방대 출신의 한계로 인해 계속 어려움을 겪다, 김대중·노무현·문재인 대통령과의 만남이 주요 직책으로 연결되며 꽃을 피우게 되었다고 한다. 특히 사교성이 떨어지는 성격상 정치가 잘 맞지 않아 주저했지만, 큰일을 하기 위해 정치를 피해서는 안 된다는 노무현 대통령의 조언으로 정치인이 되었다고 한다.

청년들을 위해서는 습관과 상상력의 힘을 강조했다. 열정과 상상력이 있다면 60이 넘어서도 청춘이요, 그 반대의 경우는 청춘도 늙은이라는 얘기다. 뻔한 얘기지만 자신의 체험과 함께 하니 설득력이 있었다. 좋은 습관의 중요성에 대해서는 누구보다 공감한다.

보통의 형식적인 강연이 아니었기에 학생들의 반응도 진지했다. 네 명 정도 적절한 질문을 했고 이 시장도 성심껏 답했다. 이 강연을 위해 이 시장 자신이 상당한 시간을 쓰며 준비했음이 여실히 드러나는 내용이었다.

광주는 좋은 시장을 뽑았고, 이 시장도 그에 부응해서 광주를 더 좋은 도시로 만들 것 같다는 믿음이 들었다. 강연 후에 이 시장과 악수하며 좋은 강연에 대해 찬사를 보내드렸다.

12월 19일
역사학과 강연

김이 조금 빠졌다. 기대가 컸던 탓일까. 역사학과 강연을 잘 마치고 참석자들과 저녁을 함께 하고 막 귀가했다.

나름대로 열심히 준비했고, 내가 가장 자랑할 만한 연구 중 하나를 발표했다. 중국 학계에서 이건 내 얘기를 좀 들어줬으면 하는 내용인데 일단 청중이 생각보다 적었다. 내가 지명도가 떨어지고 주제가 너무 세부적이어서 당연한 일로 받아들이면서도 섭섭하지 않다면 거짓말일 게다. 특히 이 주제가 고대의 역사지리의 이해에 새로운 관점을 제시하는 연구임에도 푸단대학 역시지리연구중심의 연구자들이 참석할 거라는 예상과 달리 한 명도 안 와서 좀 아쉬웠다.

기원전 771년 서주가 붕괴되고 그 이듬해인 770년 주 왕실이 오늘날의 시안西安에서 뤄양洛陽으로 이동했다는 이른바 동천 문제는 그 단순한 과정 때문에 예전부터 의문이 제기되어 왔다. 2011년 공개된 『계년繫年』이라는 죽간 문헌은 동천의 과정이 상당히 복잡했음을 보여주어 이전에 학자들이 제기했던 의문들을 해소할 여건이 만들

• 푸단대학 역사학과 강연 모습

어졌다. 그 문헌에는 포사라는 여인으로 인해 부친 유왕幽王으로부터 폐위된 평왕平王이 먼저 외가인 서북쪽의 서신西申이라는 나라로 도피했다가, 부친 유왕이 살해되고 왕실이 붕괴되는 혼란스런 상황에서 다시 소악少鄂이라는 곳으로 옮겨갔음을 전한다. 정확한 연대는 알기 어렵지만, 소악에서 상당히 오랫동안 머물다 진晉나라 문후文侯의 도움으로 왕으로 옹립되어 뤄양으로 동천했다고 한다.

이 연구는 소악의 위치 하나만 추적한 것이다. 기존 중국학자들이 전통시대의 해석을 따라 산시성山西省 샹닝鄉寧 일대로 비정한 것과 달리 허난성河南省 남쪽의 난양南陽 일대에 있었을 가능성을 제시한 것이다. 이 새로운 위치 확인은 동천에 얽힌 몇 가지 중요한 문제를 해소해줄 뿐만 아니라 중국학자들이 쉽게 받아들이는 당대唐代의 주석서들에 나오는 지리 인식이 상당히 문제가 많음을 보여준다.

발표도 나쁘지 않았고 청중들의 반응도 괜찮아서 그나마 다행이다. 딱히 어려운 질문도 없었고, 대체로 내 주장에 수긍하는 분위기였다. 이 강연을 주관한 린즈펑 교수는 논문을 다 읽고 호평을 해주었고, 특히 출토문헌연구중심의 소장학자인 청샤오쉬안程少軒 부연구원은 내 견해를 적극 지지해주었다. 이들과 저녁 식사를 함께 하면서 그 논문을 중문으로 번역하는 문제도 상의했다. 내가 하든 다른 사람에게 부탁하든 꼭 번역을 해서 중국 학술지에 다시 게재해야겠다는 욕심과 투지가 생겨난다.

오늘 발표 후에 멋진 일기를 쓸 수 있으리라 기대했다. 그러나 세상 일이 다 마음대로 되면 그건 오히려 재미가 없을 것이다. 한국 유학생들이 꽤 와서 자리를 좀 채워주어 고마웠다.

출토문헌연구중심에서의 강연이 24일로 확정되었다. 좀 급한 감이 있지만 빨리 끝내고 싶어서 그렇게 정했다. 이 강연은 내 책『중국 고대 지역국가의 발전: 진의 봉건에서 문공의 패업까지』를 본격적으로 소개하는 것이다. 지난번 허우마 학회에서의 발표가 10분 남짓한 짧은 시간이었다면, 이 강연은 1시간 가까이 쓸 수 있어서 충실한 내용을 전하려고 한다.

청중이 적은 것은 한국에서부터 아주 익숙한 일이다. 주말까지 PPT와 강연 준비로 바쁠 것 같다.

• 역사학과 강연 후 식사, 청샤오쉬안(좌), 히로세 쿠니오(중) 교수와 함께

12월 20일
한국 제자의 선물

　　오늘은 딱히 특별한 일이 없는 날이다. 그냥 월요일로 예정된 강연 준비하며 운동하고, 월마트에서 장 보고, 밥 사먹고, 한국 FM 음악방송 듣는 일상의 반복이었다. 그래서 일기를 건너뛰려고 생각하고 있었는데 한국에서 제자의 반가운 카톡이 와서 일기 쓸 거리를 만들어준다.

　　매년 2학기에 담당하는 "자료로 본 동아시아사"라는 수업은 마지막 3~4주 정도 『사기』 「조선열전」을 강독하고 관련 내용으로 기말 페이퍼 써서 제출하게 한다. 거의 매시간 한문이나 영어 퀴즈를 보는 수업인데 기말에 글까지 쓰게 하니 학생들한테는 정말 힘든 수업일 게다. 필수과목이니 피해갈 수도 없다.

　　힘든 만큼 좋은 성과를 내는 학생들이 꽤 있다. 재작년 그 수업을 들었던 한 학생이 기말에 낸 페이퍼로 작년 한국상고사학회 논문 경진대회에서 장려상을 받았는데, 작년에 들었던 한 학생도 며칠 전에 똑 같이 장려상을 수상했다고 한다.

그 학생은 내가 지금 한국에 있는 줄 알고 내일 연구실로 손수 적은 감사의 편지를 전하러 오겠다고 한다. 지금 상하이에 있으니 편지를 사진 찍어 보내라고 했더니 사진 찍기는 조금 아쉽다고 내 연구실 문 앞 파일함에 넣어두겠다고 한다. 내용이 궁금하지만, 귀국할 때까지 참는 수밖에 없다.

거의 모든 퀴즈에서 좋은 성적을 거둔 그 학생은 짧지만 기성학자들도 생각하기 어려운 상당히 기발한 글을 써서 제출했다. 그 학기말을 정리하며 페이스북에도 간단히 그 글을 소개한 적이 있다.

「조선열전」은 한 무제의 위만조선 정복 기록이다. 그것을 꼼꼼히 읽어본 사람들은 대체로 승리한 전쟁임에도 불구하고 무제가 조선과의 전쟁에 장수나 사신으로 파견한 사람들을 거의 참형에 처한 것을 의아하게 생각했을 수 있을 것이다. 무제는 위산衛山과 제남태수濟南太守 공손수公孫遂라는 사신뿐만 아니라 조선과의 전쟁에서 강력한 대응을 주도했던 좌장군 순체荀彘까지도 참형에 처했다, 대 조선 유화전략으로 순체로부터 모반의 의심까지 받았던 누선장군 양복楊僕만이 유일하게 돈을 내고 서인으로 강등되었다.

그 학생은 폭군 혹은 즉흥적인 무제의 이미지를 떠올릴 수도 있는 그 형벌의 이유를 나름대로 분석했다. 『사기』에 나타나는 한 무제 시기 모든 전쟁의 전후 처리를 비교 검토해서 대 조선 전쟁의 전후 처리 역시 무제의 확고한 기준으로 참형이 내려졌다는 결론에 도달했다.

특히 무제의 입장에서 본 누선장군의 처벌에 대한 해석이 재밌다. 누선장군이 좌장군과 화합하지 않고 조선과의 협상에 급급했던 것은 조선 정복을 지연시킨 것이 아니다. 오히려 더 이상의 군사적 출혈과 시간의 허비를 줄이는 평화적인 해결책으로 무제가 의도하고 바랐던 바가 이것일 수도 있다. 무제는 조선을 정복하는데 있어서 가장 큰 공은 조선인들의 투항과 항복이라고 생각했는데, 이들이 이렇게 투항하고 항복하는 데에는 조선인들과 끊임없이 협상하던 누선장군의 몫도 있었다고 생각했을 지도 모른다. 그래서 그 역시 주살 당함이 마땅했으나 서인으로 살 기회를 준 것으로 본다.

학부생이 한 학기 동안의 짧은 시간에 많은 것을 얻어내기는 어렵다. 그래도 순전히 혼자 힘으로 나름대로의 결론을 도출하고, 그렇게 되기까지 다양한 생각을 하는 그 과정이 참 중요하다고 본다. 내가 학생들에게 가장 강조하는 부분이다. 이 학생에게 그 경진대회에 응모하라고 권하면서 내가 도와준 것도 별로 없다. 일단 논문의 분량이 좀 적어서 살을 붙일 수 있도록 참고문헌을 알려주고 한글 첨삭을 조금 해준 정도이다.

그런데 오늘 제출한 논문을 보내줘서 살펴보니 미숙하지만 어느 정도 논문의 구색을 갖추었다. 아마 그 학생은 이번의 경진대회에서 작은 성과를 거두며 지금까지 맛보지 못하던 새로운 세계를 경험했을 것이다. 실제로 나한테 보낸 카톡에도 그렇게 썼다. 그리고 앞으로 더욱 성장해갈 것이다.

선생이 받을 수 있는 최고의 선물을 준 그 학생이 정말 고맙다.

12월 21일
고무적인 인정

　　눈 뜨자마자 지난 수요일 강연에 참석한 출토문헌연구중심의 소장학자 장원蔣文 교수가 보낸 위챗을 확인했다. 다음과 같다:

　　심 선생님, 어제 선생님의 강연을 듣고 수확이 아주 큽니다. 이전에도 일부 학자들이 악鄂이 진국晉國(산시성)에 있지 않았다는 견해를 내기는 했지만 모두 별로 설득력이 없었습니다. 그래서 저희들은 이전에 악의 위치에 대해 별 의문 없이 (산시성) 샹닝鄕寧 설을 따랐습니다. 선생님 강연을 듣고서야 악이 (허난성) 난양南陽에 있었다는 견해가 아주 합리적이고, 이전의 설보다 확실히 뛰어남을 알게 되었습니다. 선생님의 논증사고와 연구방법이 저희들에게 아주 많은 계발을 불러일으켰습니다. 이후에도 선생님이 쓴 새로운 논문이 있다면 중문이든 영문이든 상관마시고 모두 저희들이 읽고 공부할 수 있도록 보내주시길 희망합니다. 선생님의 24일 강연도 똑같이 성공적이길 기원합니다.

나는 정말 변덕쟁이다. 이 짧은 메시지를 읽고 지난 수요일 저녁의 아쉬움이 눈 녹듯이 사라져 버린다.

장원 선생은 앞에서 한번 언급했듯이 전국시대 초간 중에서도 주로 『시경』과 관련된 문헌들을 연구하는 소장학자다. 이전에 출토문헌연구중심에는 정기적인 독서회 모임이 있었다. 내가 지난 수요일에 발표한 『계년繫年』의 관련 부분도 공동으로 읽고 자신들의 견해를 담은 독해를 내놓은 바 있다. 그 때 별 의심 없이 샹닝 설을 따랐지만, 내 발표를 듣고 난양 설이 더 적절함을 인정하게 되었다는 얘기다. 내 연구 방법론에서 상당한 계발이 있었다니 그게 정말 내가 바라는 바이다.

바쁜 시간 중에 시간을 내서 내 강연을 듣고 친절한 메시지까지 보내준 장원 선생께 감사드린다. 월요일 3시로 예정된 강의를 준비하는 발걸음이 많이 가벼워졌다. 아마 더 좋은 강의를 준비할 수 있을 것이다.

그 강연에는 중국 내에서 최대의 전자도서관을 운영하는 차오싱超星공사 사람들이 와서 내 강연을 녹화해서 서비스하기로 했다. 사실 지난 강연을 그렇게 하기로 해서 조금 기대를 했는데 그쪽의 착오로 불발되었다. 이번에는 이미 출토문헌연구중심에 의뢰까지 했다니 확실히 올 모양이다. 강연 한 건당 1천 위안씩 준다고 한다. 돈보다 내 강연을 좀 더 많은 사람들이 볼 수 있을 것 같아 기꺼이 허락했다.

한국에서도 해본 적이 없는 일이다. 주말 내내 열심히 준비해야겠다.

12월 22일
영문 논문의 모순, 중문 논문의 비애

오랜만에 대지를 촉촉하게 적시는 빗소리가 정겹다. 어제 오후부터 우리 대학 홈페이지에 중국에서의 내 활동이 소개되어 있다. 작성해준 분께 감사드린다.

그런데 외국에서의 활동은 중국에서의 활동까지 이렇게 홍보하면서도 외국 출간 논문은 주로 영문 학술지인 SCI급(인문학의 경우 A&HCI등재 학술지)에 실린 논문만 높이 평가하는 한국 학계의 풍토는 상당한 이중적이다. 영문 논문을 제법 쓴 내 개인적으로야 이 시스템이 나쁠 건 없다. 그래도 다양한 학문의 특성을 전혀 고려하지 않은 이 제도는 학문 발전에 큰 제약이 아닐 수 없다.

특히 이번에 중국에 와서 중국학을 연구하는 내가 영문으로 쓴 논문이 얼마나 큰 의미가 있을지에 대해 회의감이 몰려오고 있다. 중국에서 영어를 편하게 읽을 수 있는 고대사 연구자는 아주 드물기 때문이다. 그래서 지난 수요일 강연의 서두에서 그 안타까운 심정을 이렇게 표현했다:

내가 한국에서 쓰는 영문 논문에는 어쩔 수 없는 모순이 담겨 있다. 내가 중국 고대사를 연구하는 가장 크고 중요한 대상은 의심의 여지없이 중국이다. 그렇지만 현재 거의 모든 한국 대학들은 이른바 SCI급 학술지에 게재하는 논문들을 아주 중시한다. 예를 들어 내가 몸담고 있는 대학의 교수 평가 시스템에서 SCI급 논문은 한국 학술지 게재 논문의 4배 점수를 받는다. 다른 한편으로 중문이나 일본어로 된 학술지에 게재된 논문은 한국 학술지 논문의 절반밖에 점수를 못 받는다. 그래서 중국어로 논문을 많이 쓸 방법이 없다.

실제로 지금까지 중국어 논문은 세 편 밖에 못 썼다. 그것도 한국에서 썼던 논문을 번역한 것이어서 평가 점수와 무관하게 순전히 연구자로서 내 명예를 위해서 시간과 돈(번역을 맡긴 경우)을 쓴 것이다. 이런 상황일진데 중국에서 내 지명도가 떨어지는 건 당연한 일이다.

한국의 어딘들 안 그러랴마는 대학들의 낙후된 교수 평가 방식은 기본적으로 불신에서 비롯된 것이다. 꼼수에 강한 분들이 도처에 자리하고 있기 때문에 획일적으로 점수를 정해서 누구에게나 같은 기준을 적용할 수밖에 없는 상황이다. 그러다 보니 무조건 많이 쓰는 게 대세가 되어버린 우스꽝스런 현실이 대학 사회를 지배하고 있다. 긴 호흡으로 하는 깊은 연구는 평가 시스템과는 별개로 진행해야 한다.

우리 스스로 공정한 평가가 이루어지지 않는 사회라는 걸 인정하며 결과적으로 저질을 양산하도록 하는 길을 택해버린 게 아닌가 한다. 이 제도가 대학 사회에서 전혀 연구를 안 하고는 버티기 어려운 상황을 만들어 냈으니 물론 얻은 게 없는 것은 아니다. 하지만 이미 그 골이 너무나 깊어져 버려 거기서 빠져나오기 힘든 상황이 되어버린 듯하다. 어쩌면 신뢰 사회로 가기 위해서 한번쯤 반드시 거쳐야 할 과정일지도 모르겠다. 이 문제의 수습을 위해서는 너무나 대형 수술이 필요하기 때문에, 시간에 맡기는 게 최선일 지도 모르겠다는 생각까지 든다.

그렇지만 아무리 생각해도 중국어나 일본어로 쓴 논문의 평점이 한글 논문의 절반, SCI급 논문의 8분의 1 밖에 안 되는 현실은 이해하기 어렵다. 일본의 학문 수준이야 다들 인정하니 웃긴다는 말 이상의 할 말이 없지만, 요즘 중국의 학술지 논문 게재도 이전과는 많이 달라졌음을 알아야 한다. 한국의 KCI에 해당하는 핵심기간목록核心期刊目錄에 포함된 학술지에 논문을 게재하는 건 오히려 한국보다도 훨씬 어려워져버린 상황이다. 한국은 널려 있는 게 한국연구재단 등재지(KCI) 아닌가.

국제화를 강하게 외치는 상황에서 최소한 특정 외국이나 지역을 연구하는 학자들에게는 해당 지역의 언어로 논문 발표하기를 적극 권장해도 모자랄 판이다. 물론 모든 대학들이 교육부나 언론 등 외부의 평가에 목을 매고 있으니 전혀 이해 못 하는 바는 아니다. 그래도 어떤 제도라도 최소한도의 양식에 우선 할 수는 없다고 본다.

다른 대학의 평가 기준이 어떤지 잘 모르겠지만, 내가 몸담고 있는 대학만이라도 중국어나 일본어 논문을 최소한 한국어 논문과 동등하게 인정받도록 평가 시스템을 고쳤으면 좋겠다. 한국에 돌아가면 별 영향력 없는 목소리나마 적극적으로 낼 생각이다.

12월 23일
동지팥죽

어릴 적부터 일찍 자고 일찍 일어나는 습관이 몸에 배인 나에게 동짓날 아침은 밤이 가장 긴 날이라는 학교 자연 수업을 실감하는 그런 시간이었다. 외풍 심한 한옥에서 이불 밖으로 얼굴 내밀기도 어렵고, 다른 사람 잠을 방해할까봐 불도 켤 수도 없으니, 마냥 날이 밝기를 지루하게 기다려야 했다.

그래도 두 가지 희망에 약간 들뜬 시간이기도 했다. 며칠만 참으면 겨울방학이다. 학교를 안 가도 될 걸 생각하면 그저 좋았다. 더 좋은 건 집안을 진동할 팥 삶는 냄새를 기다리는 일이었다. 엄마가 방앗간에서 쌀을 찧어 오면 낮부터 온 식구가 새알 비비기에 동원된다. 추석 송편 빚기에 끼어들기 어려웠던 애들도 누구나 쉽게 비빌 수 있어서 좋았다.

큰 기대감으로 가마솥 가득한 팥 내음을 즐기다 펄펄 끓는 앙금 가득한 팥죽에 함께 비빈 새알을 집어넣는 게 하이라이트였다. 우리 집은 저녁에 팥죽을 먹었다. 엄마는 여러 나물을 준비했는데 특히 해초인 청각과 함께 무친 콩나물은 빠지지 않았다.

형님과 나는 누가 더 달게 먹는지 시합하듯 설탕을 가득 넣어 팥 맛을 음미했다. 설탕이 아직 귀할 땐데도 그날만큼은 아끼지 않았다. 그렇게 팥죽을 맛있게 먹고 나서 죽은 금방 배가 꺼진다고 남은 나물에 참기름과 고추장을 넣고 비빔밥으로 마무리했다.

당시 겨울에는 고구마가 흔했던 것 같다. 집안 찬기가 도는 방에는 항상 고구마 말랭이라고 할 수 있는 빼깽이가 자루에 들어 있었다. 지금 생각하면 건강식 간식인데 그 때는 그걸 그냥 먹기는 좀 지겨웠다. 엄마가 가끔씩 빼깽이를 집어넣고 팥죽을 끓일 때는 친구들이 밖에서 놀자고 불러도 나가지 않았다. 팥 사랑이 지극했다.

고등학교 때 서울로 전학 와서 이모 집에서 살았는데 잔뜩 기대한 동짓날 팥죽이 올라왔다. 웬걸 쌀이 가득해서 이게 쌀죽이지 어떻게 팥죽이냐고 했다. 더욱이 설탕을 치지 않고 그냥 소금만 조금 쳐서 먹는 것도 의아했다. 그날 저녁 내내 배가 고팠다. 방학 때 집에 내려가면 엄마는 나한테는 진짜 팥죽을 실컷 먹게 해주었다.

결혼 후 미국에서도 팥 사랑은 이어졌다. 다행이 아내도 팥을 좋아하고 쌀을 넣지 않고 달게 먹는 내 고향식도 딱히 싫어하지 않았다. 언제든 먹고 싶을 때 팥죽을 끓일 준비가 되어 있을 정도였다. 물론 팥을 삶아서 껍질을 까는 과정이 번거로우니 믹서에 그냥 갈았고, 국수도 인스턴트였지만, 그래도 좋았다.

2000년대 초 귀국하니 서울에 팥칼국수 집이 꽤 생겼다. 참 반가웠다. 그게 바로 어릴 적 내가 먹던 팥죽이었으니까. 한번은 내 첫 대학원생 두 명과 사당동에 있던 중국서점에 들러 책을 사고, 점심때가 되어 팥칼국수 집으로 데려갔다. 관악산 등산 후에 자주 갔던 단골집이다. 학생들이 좀 의아해하는 것 같아 그 때 아마 처음으로 내가 세상에서 제일 좋아하는 음식이 이거라고 얘기했을 것이다.

　내 팥죽 사랑은 딸과 둘이서 보낸 캘리포니아에서도, 혼자 보낸 교토에서도 이어졌다. 일본은 특히 인스턴트 면이 괜찮아서 참 맛있게 만들어 먹었던 기억이 난다. 당시 자주 만나 식사를 함께 한 연세대학 사학과 임성모 교수께 팥죽을 간단히 만들 수 있는 방법을 전수해주었다. 내가 먼저 귀국한 후 부인과 아들이 방문했을 때 점수 좀 땄다고 들었다.

　어제 종일 페이스북에서 동지팥죽 냄새가 진동을 했다. 이번 상하이 숙소는 취사가 가능하도록 모든 게 갖춰져 있다. 그래도 사먹을 데가 워낙 많아서 라면 이외의 요리는 할 생각을 안 하고 있었다. 하루 종일 비까지 내렸다. 그래도 참기 어려웠다. 월마트까지 한걸음에 달려가서 팥과 국수, 소금, 설탕을 사왔다. 사실 새알 팥죽을 제일 좋아하지만 새알을 구할 수 없으니 월마트에서 가장 비싼 국수를 골랐다(이 글을 본 페이스북 친구 한 분이 중국식 새알인 탕위안湯圓에 대해 알려주었다. 새알 안에 깨와 설탕을 넣어서 한국의 송편 맛을 떠올리는 탕위안을 미리 알았더라면 더 맛있는 팥죽을 먹었을 것 같다).

• 상하이 동지팥죽

팥이 한국 것과 달라서인지 고소한 맛이 확실히 덜하다. 국수도 덜 쫄깃하다. 이제 나이 드니 설탕을 치지 않는 팥 고유의 맛이 더 좋은데, 이럴 때는 어쩔 수 없이 설탕을 듬뿍 넣는 수밖에 없다. 상하이에서의 동짓날 저녁 어릴 적 즐기던 그 맛과 비슷한 팥죽을 홀로 먹으며 엄마 표 청각콩나물 무침 생각이 간절했다. 눈물이 핑 돌았다.

동지가 하루 지났는데 상하이의 밤도 길기는 마찬가지다.

12월 25일
마지막 강연

어제 오후에 상하이에서 해야 할 숙제를 다 끝냈다. 비교적 성공적이었다. 아마도 푸단펠로우로 온 학자들 중 나처럼 숙제를 충실히 한 경우는 많지 않을 것이다. 강연장에 온 한국 유학생들과 저녁 식사 후 귀가하자마자 바로 쓰러져 잤다. 일기를 쓰고 자야 하는데 피로가 몰려와 집중이 안 되었다.

출토문헌연구중심에서의 강연은 공간이 좀 좁은 탓에 못 들어온 사람이 꽤 있을 정도였다. 오랫동안 내가 공부한 내용을 약 1시간 정도 강연했다.『중국 고대 지역국가의 발전: 진의 봉건에서 문공의 패업까지』라는 책은 아직 중국에서도 제대로 다뤄진 적이 없는 주제다. 물론 관련 논문들은 있지만, 이렇게 책으로 정리한 건 내가 처음이고, 중국학계에서 생각하지 못한 새로운 내용이 많다.

내가 연구한 진晉이라는 나라는 주나라의 제후국이었지만 춘추시대 300여 년 동안 가장 강력한 나라였다. 전국 7웅 중 한韓, 위魏, 조趙가 진의 유력 가문에서 발전한 국가였으므로, 사실 전국시대의 지분 거의 절반이 진에서 나온 것이다. 중국 역사를 주름잡았던 여느 왕조 못지않은 나라다. 그래서 사실 한나라 이후의 중국 왕조 중 진晉이란 국호를 사용한 나라가 꽤 있다.

더욱 중요한 사실은 서주西周시대 주나라의 중심지였던 오늘날 샨시성陝西省 일대와 허난성河南省 뤄양洛陽 지역을 제외하고 서주시대의 유적이 가장 많이 발견된 지역이 진이 있던 산시성山西省 서남부라는 사실이다. 그럼에도 불구하고 진에 대한 연구가 부진한 몇 가지 이유가 있다.

첫째, 왕조로서의 지위를 누지지 못 했기 때문에 공식적인 역사서가 남아있지 않다. 물론 『죽서기년竹書紀年』이라는 책이 진에서 갈라

• 출토문헌연구중심 강연 포스터

• 출토문헌연구중심 강연 모습

진 위魏나라의 역사서이기 때문에 진과 관련된 내용이 상당량을 차
지하지만 충분하지 않다. 『좌전左傳』이라는 책의 내용도 진과 관련
된 얘기가 주류를 이루지만 진만을 위한 역사서는 아니다.

둘째, 연구를 해야 할 주체가 약하다. 여기에는 여러 이유가 있을
텐데, 일차적으로 산시성의 약한 경제력과 관련이 있을 듯하다. 앞에
서도 한번 언급한 적이 있지만 산시성의 메인 대학인 산시대학이
강력한 학문 전통을 지닌 대학이 아니라는 점도 한 몫 할 것이다.
산시성의 발굴 주체인 산시성고고연구소도 주요 발굴을 많이 하면
서도 좋은 연구자 배출에는 성공적이지 못하다. 지방 고고연구소들
의 열악한 상황과 정치성을 감안하면 제대로 된 연구자가 성장해나
가기 쉽지 않은 구조다.

셋째, 중국 대부분의 고고학 관련 연구자들이 그렇듯이 유물과
유적 발굴이 워낙 많다보니 정작 실제 연구가 그 발굴을 따라갈
수 없다는 점이다. 사실 내 연구의 시발점이 된 서주시대 진나라

제후 묘지의 발굴은 베이징대학 고고학과(현재 고고문박학원)가 주도했다. 물론 그 구성원들이 진과 관련된 좋은 논문과 책을 내기는 했지만, 그들의 연구가 성공적이라고 보기는 어렵다. 아마도 중국의 메이저 대학에 있는 고고학자들은 여러 일로 너무 바빠서 연구에만 전념하기 어려운 상황일 수도 있겠다 싶다.

어제 토론 시간에서도 사실 산시성 고고학과 진의 중요성에 대한 얘기가 나왔지만, 외국인인 내가 최초로 진의 전반부 역사를 총괄한 책을 내게 된 건 이런 여러 사정이 복합적으로 작용한 것이 아닌가한다. 내 책은 진이라는 나라가 어떻게 춘추시대 패국으로 성장했는가에 초점이 맞추어져 있다.

중국학계의 기존 이해와 가장 다른 점은 진晉과 융적戎狄의 관계이다. 서주시대 진나라 제후 묘지가 발견되기 전까지 진이라는 나라는 북방의 융적과 혼성인 일종의 변경국가로 이해되어 왔다. 지금도 중국학계에서는 그 생각이 주류를 이룬다. 내가 전국시대의 관점이 반영된 사서로 보는 『좌전』이라는 책에 그렇게 암시되어 있기 때문이다. 그런데 그 묘지의 발굴 내용을 보니 북방 요소를 찾기 어려울 뿐만 아니라 주나라 중심지의 그것과 거의 차이가 없다. 최소한 서주시대까지는 중심 국가의 주요 구성원이었던 것이다.

춘추시대 직후 진나라는 군주 가문인 익翼의 대종과 곡옥曲沃의 소종이 67년 동안 심한 내전을 벌이고, 결국 소종이 군위를 찬탈한다. 우리가 알고 있는 패자 진 문공 중이重耳는 곡옥 소종의 후예다. 나는 이 극심한 내전을 통한 곡옥 소종의 승리가 진을 혁신적 국가로 탈바꿈시켜 융적과도 통혼하며 밀접한 관계를 맺게 하는 단초를 열었다고 본다. 고고학 유물로도 명확히 입증되듯 춘추시대 이후에야 북방문화 요소를 제대로 수용하기 시작하며 중원과 변경을 아우르는 나라로 탈바꿈해서 결국 패권을 차지했다는 얘기다.

어제 강연에서는 중요한 질문이 있을 걸로 예상했지만 사실 전혀 없었다고 해도 과언이 아니다. 강연을 주관한 출토문헌연구중심의 주임 류자오劉釗 교수는 최대한 빨리 중문 번역본이 나올 것을 기대한다면서 한국에 있는 당신 제자 5명이 한 장씩 맡아서 해주면 되지 않겠냐고 농담반 진담반 얘기했다. 그럴 수 있으면 제일 좋겠지만 전문성이 요구되는 그 일이 그렇게 간단하지는 않다. 어쨌든 중국에서의 남은 기간 동안 그 문제에 신경을 쓸 작정이다.

어제 강연은 차오싱超星학술비디오視頻에서 녹화를 해서 곧 서비스 될 예정이다. 그 담당자가 지난주 강연을 못 찍어서 아쉽다고 또 다른 강연은 없냐고 한다. 일정이 확정되면 알려주기로 했는데 강연을 계속 더 할지는 아직 모르겠다.

• 출토문헌연구중심 강연 후 관계자들과(좌측부터 청샤오쉬안程少軒, 장원蔣文, 장위빈蔣玉斌, 나, 류자오劉釗, 이대우[난징대 박사과정])

12월 26일
중문 번역 성사

성인이 되고 나서 세모를 가장 무감각하게 보내는 것 같다. 여유가 있으면 외로움이 어김없이 찾아오니 아내가 올 때까지는 가능하면 일을 많이 만들려고 노력하고 있다. 그 덕에 오늘은 의미 있는 일을 하나 처리해서 아주 행복한 날이다.

지난번 출토문헌연구중심 강연의 서두에 이번 중국에 내가 온 가장 큰 목적은 내 책『중국 고대 지역국가의 발전: 진의 봉건에서 문공의 패업까지』의 중문 번역 성사라고 얘기했다. 오늘 그 책의 번역에 관심을 가지는 상하이고적출판사上海古籍出版社 관계자를 만나고 왔다. 상하이고적은 중국에서 고대 중국 연구 관련 책을 제일 많이 내는 출판사다. 편집을 담당하는 중국 고고학/고문자학 석박사만 5명이라니 어느 정도 큰 출판사인지 쉽게 짐작할 수 있을 것이다.

상하이고적은 그동안 외국학자들의 고대 중국 연구서를 중문으로 번역하는 작업을 꾸준히 해왔다. 2006년 내 지도교수인 에드워드 쇼네시 교수 책을 번역한 걸 시작으로 나랑 친한 연구자들의 책을 다수 번역했다. 지난번에 UCLA의 로타 본 팔켄하우젠 교수의 책이 중국에서 번역 출간되었다는 얘기를 한 적이 있는데 그 출판사 역시 상하이고적이다. 내가 그 책을 한국에서 먼저 번역했기 때문에 중문판의 도판을 위해 한국어판 도판을 모두 보내준 적이 있다. 오늘 만난 담당자 우창칭吳長靑 선생이 바로 그때 이메일을 주고받은 분으로 우 선생은 나를 알고 있었다.

그런데다 상하이에서 우연히 만나 내 책을 받은 팔켄하우젠 교수까지 내 책 번역을 적극적으로 추천하니 쉽게 관심을 가지게 되었던 것 같다. 우창칭 선생은 초면이지만 여러모로 나와 인연이 얽힌 사람이었다. 우선 산시성 출신으로 베이징대학 고고학과 대학원에서 공부를 했다. 그러니 내 연구에 대해 쉽게 이해가 가능했고, 내가 아는 여러 지인들과도 좋은 관계를 유지하고 있었다.

구체적으로 번역 얘기를 진행하여 모든 일을 이전 외국 학자들 책의 번역과 같은 방법으로 하기로 했는데, 가장 큰 문제는 좋은 번역자를 찾는 일이다. 다행이 상하이고적에서 최근에 한국에서 출간된 고고학 책 한 권을 번역 출간한 경험이 있어서(최몽룡 등, 『한강유역사』, 민음사, 1993 ; 成璟瑭 譯 『漢江流域史』, 2018), 자신들이 역자도 알아보겠다고 한다.

• 상하이고적출판사의 부총편副總編 우 창칭 선생과 함께

오늘 중국 출판사 관계자들을 처음 만나서 새롭게 안 사실은 중국은 학술서적도 초판으로 대체로 3,000~5,000부 정도 찍는다는 점이다. 한국의 다섯 배에서 열 배까지 되는 셈인데, 인구가 20배 이상이니 사실 놀랄만한 일이 아닌지도 모르겠다. 그 초판의 인세를 번역자에게 주는 게 이곳의 관례인 모양이다. 출판사에서 생각하고 있는 분이 번역을 흔쾌히 맡아주면 정말 고맙겠다.

출판사는 번역 기간을 약 1년 정도 역자에게 줄 것으로 생각하고 있다. 순조롭게 진행된다고 해도 책이 나오기까지 2년 정도는 소요될 것으로 예상한다. 팔켄하우젠 교수의 책이 번역 착수한지 10년 만에야 나온 점을 감안하면, 분명 많은 어려움이 있을 것이다. 그래도 내 연구를 중국의 유수 출판사에서 기꺼이 번역하려고 하니, 지금 같아서는 어떤 어려움도 감수할 수 있을 것 같다.

이 책뿐만 아니라 내가 한국에서 출간한 다른 책들에도 관심을 보여서 다시 얘기하기로 했다. 아내가 오면 함께 초대해서 식사 자리를 만들겠다고 한다. 아직 속단하긴 조금 이른 감이 있지만, 이번 중국에서 하고자 했던 가장 중요한 일을 어느 정도 성사시키고 나니 마음이 정말 홀가분하다. 내일부터는 편하게 이곳저곳 다닐 생각이다.

12월 27일
허무두박물관

      어제부터 기온이 다시 좀 떨어졌다. 내일은 최저기온이 영하 4도라니 아마 상하이에 온 이후 가장 추운 날이 될 것 같다. 그래도 체감온도가 영하 20도에 달한다는 한국에 비하면 온화한 편이다. 밖에서 운동을 해도 괜찮을 정도의 날씨다.

  어제는 오랜만에 상하이를 벗어나서 중국 역사상 최고의 항구도시 중 하나였던 닝보寧波에 다녀왔다. 저장성浙江省에서 항저우 다음으로 큰 도시다. 꼭 가보고 싶었던 곳이었는데 종일 비가 오고 기온도 떨어진다는 일기예보 때문에 좀 망설였다. 그래도 볼 것들이 주로 실내의 박물관이라 그냥 고속철 표를 예매해버렸다.

  닝보는 볼거리가 좀 많고 그것들 사이의 거리가 멀어서 새벽 6시 기차를 타기로 했다. 그런데 새벽부터 문제가 생겼다. 처음으로 알리페이(즈푸바오)의 차 대절서비스인 '디디滴滴출행' 기능을 사용하다 실수를 했다. 마지막 검증번호 입력 때 문자로 온 번호를 집어넣어야 하는데 계속 암호를 집어넣다가 문제가 생겼다. 시간이 촉박해지자

233

그냥 밖으로 나가 택시를 잡아타고 역으로 갔다.

닝보에 도착하니 7시 50분 정도였다. 첫 행선지는 당연히 닝보역에서 서북쪽으로 30km 이상 떨어진 중국 신석기시대 벼농사로 유명한 허무두河姆渡 유적에 세워진 허무두박물관. 새로운 도시에 갈 때마다 지하철 타는 걸 좋아하는 나는 역시 닝보에서도 시간 여유도 있고 해서 우선 지하철부터 탔다. 닝보는 현재 1호선과 2호선을 운행 중인데 2호선에서 1호선으로 갈아타고 허무두로 가는 길목에 있는 왕춘차오望春橋라는 역에서 내려 디디출행을 이용해볼 생각이었다.

중국의 도시들을 다니면서 느끼는 점은 당연한 얘기겠지만 늦게 생긴 지하철일수록 편하게 잘 만들어진 점이다. 닝보는 역도 깔끔했고, 특히 갈아탈 때 동선이 아주 가까워서 참 편했다. 여기까진 좋았는데 왕춘차오역에서부터 문제가 생겼다. 상하이에서 택시비를 낼 때부터 알리페이가 작동이 안 돼서 위챗페이를 썼는데, 차를 부르려니 계속 은행구좌와 문제가 생겼다는 사인이 뜬다. 다행이 택시를

• 허무두박물관

잡아타고 허무두박물관까지는 갔는데 다시 닝보로 돌아갈 때는 대중교통을 이용해야 해서 상당히 불편했다.

그래도 허무두박물관과 유적은 그런 불편함을 모두 상쇄하고도 남을 정도로 좋았다. 사학과 중국고대사 수업의 신석기시대 부분에서 허무두는 사실 가장 오래된 쌀 재배稻作 유적으로 한마디 하고 지나가는 유적이다. 잘 모르기도 하고 할 게 너무 많기도 해서 그렇게 하고 있지만, 정말 말도 안 되는 일이라는 걸 알았다. 학부에서 중국 신석기시대 고고학만 가르치는 수업을 개설할 필요성을 절실히 느끼고 있다.

1973년 발견된 허무두유적은 기원전 5,000년~3,300년까지 창강하류 일대에 존재한 신석기 유적들의 대표 격이 되어 그 일대의

•허무두문화 도기. 동물 모양이 두드러진다.

• 허무두 쌀 관련 유물(좌. 벼 모양이 새겨진 도기 파편; 중. 벼; 우. 탄화된 벼)

• 허무두 출토 목제와 골제 농기구

문화를 허무두문화라고 부른다. 대체로 흑도 계열의 도기를 제조했고 다양한 골기를 활용했는데 그 문양이 아주 정교한 것들이 많다. 건축은 목조를 받쳐서 바닥을 지상 위로 올리는 중국어로는 간난干欄식으로 부르는 가옥 양식이 주를 이룬다. 양사오仰韶문화 등 황하 유역의 건축이 반지하인 수혈竪穴식인 것과는 완전히 다른 방식이다. 아마도 습한 지반의 특성상 그렇게 되지 않았을까 싶다.

허무두 유적의 가장 중요한 발견은 뭐니 뭐니 해도 벼稻谷와 벼 껍질稻殼, 벼 잎 등과 함께 그 재배를 가능케 한 농기구의 발견일 것이다. 특히 쟁기 뢰사耒耜를 비롯한 다양한 기구의 발견으로 기원전 5천년 경에 이미 농업기술이 상당히 발전했을 것으로 보는데, 꽤 넓은 면적의 논稻田에서 대량의 벼 껍질이 발굴되어 당시 단위 면적당 수확량까지 계산하기도 한다. 중국 학계에서는 허무두를 세계 최초의 쌀 재배지로 보고 있다.

대부분의 주요 신석기 유적이 그렇듯이 허무두 역시 북쪽으로 큰 강을 끼고 있다. 농사에 유리한 천혜의 조건을 가진 지역인 것이

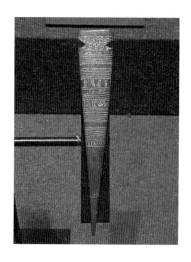

• 허무두 출토 골제 머리핀

다. 다양한 동물과 어류의 뼈, 식물이 발견되어 가축 사육과 함께 어업과 수렵이 중요한 생활 수단이었을 것이고, 이미 계급분화가 이루어졌을 것으로 보기도 한다. 우물 유적과 방직 기술도 인상적이었다.

허무두박물관을 둘러보면서 인간의 아름다움을 향한 본능과 노력은 그 때나 지금이나 마찬가지라는 생각이 들었다. 당시로서는 상당히 정교한 도기나 생활용구, 머리핀 등의 장식은 상당히 놀랄 만 했다. 한국 것에만 주로 환호하는 우리 한국인들이 이러한 문화유적을 그저 중국을 대표하는 것이라기보다는 인류문화의 보편적 발전 과정을 잘 보여주는 유적으로 이해하면 좋을 것 같다.

12월 28일
닝보(2) : 천일각과 닝보박물관

　　허무두박물관에서 대중교통을 이용했더니 버스를 한번 갈아타야 해서 닝보 북쪽 외곽까지 오는 데만 거의 한 시간 반이 걸렸다. 택시가 눈에 띄자마자 버스에서 내려서 시내 중심에 있는 장서루인 천일각天一閣으로 가자고 했다.

　　기사에게 근처에 점심 요기할 식당이 있냐고 했더니 먹을 만한 데가 별로 없다고 KFC로 데려다 주면 되냐고 한다. 닝보 특색의 면 집으로 데려다 달라니 우잡면牛雜面 집으로 데려다 주었다. 허기져서 맛있게 먹고 천일각으로 이동했다. 2개월이 지나니 별로 좋아하지 않던 중국 특유의 음식 향에 조금씩 적응되는 것 같다.

　　언젠가 한 논문에서 『죽서기년』이라는 책에 대해 언급하면서 현존하는 가장 오래된 판본, 즉 『금본죽서기년』이라고 부르는 책이 명나라 때 범흠范欽(1508~1585)의 천일각 소장본이라고 쓴 적이 있다. 그 글을 쓰면서는 사실 천일각에 대한 정보가 별로 없었다. 닝보에 대해 조사하다 그 지역의 가장 중요한 볼거리가 천일각박물관이라는 것을 알게 되어 좀 살펴보게 되었다.

명나라 때 고위 관리였던 범흠은 책 사랑이 지극한 사람이었다. 여러 지역의 지방관을 역임하면서 각 지역의 다양한 전적을 수집했는데, 판본을 중시하던 당시의 풍조와 달리 그 당대의 저작에 더 관심을 기울였다고 한다. 따라서 그의 장서에는 지방지와 시문집, 과거록科擧錄 등이 주요 부분을 차지하여 명대 지방사 연구에 특히 유용하다. 이렇게 모은 책 7만 권을 잘 보존하기 위해 은퇴 후 1561년부터 닝보 중심에 있는 월호月湖 서쪽에 5년에 걸쳐 2층의 천일각을 지었다.

손자 대에 정원이 더해지고 이후 계속 부속 건물이 늘어나 오늘날의 형태를 갖추게 되었다. 세계에서 가장 오래된 3대 개인 도서관 중 하나라고 한다. 지금은 물론 천일각은 건물만 남아 있고 뒷부분에 서고를 따로 만들었다. 장서도 범흠 때보다 훨씬 늘어나 30만 권을 소장하고 있다고 한다. 오늘날의 천일각박물관은 장시 자체보다는 주로 건축 위주의 볼거리를 제공하는 것 같다. 천일각 뒤에 있는 존경각尊經閣과 정원이 상당히 인상적이었다.

천일각이 월호 옆에 있어서 월호 변을 따라서 걸었다. 날씨가 상당히 춥고 비까지 내려 별로 크지 않은 호수지만 한 바퀴를 돌 엄두가 나지 않았다. 크게 음악 소리가 들리는 쪽으로 가보았더니 추운 날씨에도 아랑곳 않고 닝보의 노장 커플들이 블루스 삼매경에 빠져 있었다. 모두 행복해 보였다.

바로 택시를 잡아타고 라오와이탄老外灘이라는 데로 이동했다. 아마 상하이의 와이탄보다 오래 된 외국인 거주 지역이라는 의미로 보이는데, 아편전쟁 직후 1844년에 세 강이 합류하는 지점에 부두를 열어 외국인들이 거주한 중국 최초의 와이탄(조계지) 중 하나라고

• 천일각 후면

• 닝보박물관

한다. 상하이보다 20년 더 오래 되었단다. 당송唐宋 이래 중국에서 가장 번화한 항구 중 하나가 바로 거기에 있었다. 1628년 세워진 천주교 성당이 있고, 강을 끼고 서양식 건물이 남아 있어 상하이 와이탄의 축소판이다. 그다지 인상적이지 않았지만 서양식 음식점

들이 즐비한 그곳의 스타벅스에서 카페모카를 마시며 쉴 수 있어서
좋았다.

마지막 행선지인 닝보박물관은 그 도시 규모보다 훨씬 큰 박물관
이었다. 건물도 아주 독특하고 멋있었다. 지난번 방문한 린펀박물관
이 떠올랐다. 1층이 특별전시관에서 최근 10년 동안 닝보에서 발견
된 유물들을 전시했고, 2층의 닝보 역사관에는 신석기시대 이래 근
대까지 닝보의 역사를 유물 위주로 전시해놓았다. 3층에는 닝보의
민속문화와 죽공예 전시관이 있었다. 닝보의 전성기였던 당송대 도
자기 위주의 유물이 많았지만 내가 관심 있는 고대 유물도 상당했다.

이미 다녀온 허무두박물관 것과 유사한 허무두문화 도기와 함께
춘추전국시대 청동기 몇 점이 눈길을 끌었다. 특히 여타 박물관에서
보기 드문 청동 농기구가 상당히 흥미로웠다. 창강 이남에서 최초로
만들어졌을 것으로 추정하는 원시 자기(광택 나는 경도)도 볼만했다.

• 닝보박물관 소장 청동 농기구

닝보에는 남송시대의 무역선이 복원 전시된 박물관이 있다는 얘기를 이전에 들어서 혹시 닝보박물관에 그게 전시되어 있을까 기대했지만 그건 아니었다, 아마도 해양 관련 박물관이 따로 있지 않을까 하는데 거길 못 가본 게 조금 아쉽다.

날씨만 춥지 않았다면 닝보는 상당히 정감 있는 도시로 기억에 남았을 것 같다. 장제스蔣介石의 고향인 펑화奉化 인근의 시커우溪口와 온천 몇 군데도 괜찮다고 하니 아내가 온 이후에 다시 찾을지도 모르겠다.

12월 30일
항저우(1) : 량주박물원과 저장성박물관

  나이가 들어가면서 더 좋아지는 것들도 꽤 있다. 나한테 해당하는 두 가지를 꼽으라면 '너그러움'과 '자제력'을 들고 싶다. 젊었을 때는 대체로 자기를 중심으로 세계가 돌아간다고 생각하는 경향이 있다. 그러니 자기가 표준이라고 생각하기 쉽다. 나이 들면서 스스로의 한계를 자각하면서 다른 사람에 대해서도 '역지사지'하는 너그러움을 갖게 되는 것 같다. 그 너그러움에 자제력이 동반하는 것이다.

  어제도 한 제자의 표현에 따르면 "달렸다." 나름 너그러움을 발휘하여. 이제 상하이에서 새벽에 집을 나서는 하루 여행은 어제 다녀온 항저우가 마지막일 것이다. 나는 언제부턴가 깍쟁이처럼 군더더기 없는 여행을 즐긴다. 미리 갈 곳과 동선을 확정해놓고 거기에 맞추는 여유 없는 여행이다. 사실 그게 표준인 줄 알고 함께 하는 집안 식구들이나 제자들에게까지도 그걸 약간 강요하는 경향이 있었다. 요즘은 가급적 혼자만 그렇게 하려고 노력한다.

어제 저녁에 마지막 혼밥을 먹었다. 아마 중국 음식처럼 혼밥에 부적절한 음식은 드물 것이다. 오늘 점심때부터는 아내와 함께 좀 더 다양하고 맛있는 음식을 즐길 수 있을 것 같다. 앞으로 남은 기간 동안은 조금 여유롭게 여행하고 싶어서 꼭 가보고 싶었던 항저우의 박물관 두 곳을 다녀와 버렸다.

새벽 5시 20분쯤 집을 나서 항저우 동역에 도착하니 7시 40분쯤 되었다. 지하철 2호선의 종점인 량주良渚까지 한 시간 조금 넘게 걸린다. 거기서 량주박물원良渚博物院까지 버스를 타야 하는데 자주 없어서 서성대고 있으니 25위안에 태워다주겠다는 사람이 있다. 오갈 때 모두 그 차를 이용해서 편했다.

9시 개장시간에 딱 맞춰 도착했으니 어제 량주박물원의 첫 손님은 나였다. 정말 와보고 싶었던 곳이다. 동아시아 고대사 수업의 중국 신석기시대 부분에 상당한 비중을 두고 가르치는 문화 중 하나가 바로 기원전 3,300~2,300년 사이에 존재한 량주문화다. 지난번

• 량주박물원

소개한 허무두문화 이후 남방의 대표적 문화라 할 수 있을 것이다.

량주문화 하면 아름다운 옥기로 잘 알려져 있고, 사실 수업시간에도 그 옥기 위주로 수업을 한다. 그런데 2007년 그 유적지에서 대규모 수로가 완비된 궁전구와 내성, 외성이 있는 중심 도읍 유적이 발견되어 중국 학계에서는 이미 기원전 3,000년 경 국가가 출현했다고 보는 학자들이 있을 정도다. 옥기도 옥기지만 사실 이걸 직접 확인하고 싶었다. 내가 전문적으로 연구하는 분야가 아니니 일일이 발굴보고서나 연구서를 읽기보다는 유적지 인근에 세워진 박물관을 직접 가보는 게 최선의 공부 방법이다.

유적지에 세워진 중국의 다른 전문 박물관들이 거의 그렇듯이 2008년에 개장한 량주박물원도 상당히 체계적으로 전시되어 있었다. 첫 번째 특별 전람관은 1936년 첫 발견 이래 량주문화의 고고학 성과와 보존 과정을 설명한다. 본격적인 첫 번째 전람관은 "문명기초"라는 제목에 걸맞게 량주문화의 환경과 생활방식 등을 다룬 부분으로 각종 도구와 그릇들(도기와 칠기), 옥기의 공정 과정 등이 전시되어 있다.

• 옥이 상감된 붉은 색 칠기 잔

• 량주고성 복원도

　두 번째 "문명성지"라는 제목이 붙은 전람관으로 내가 궁금했던 고성 유적을 설명한 부분이다. 고성의 발견 내력과 함께 구조(궁전구 0.4㎢, 내성 3㎢, 외성 6.3㎢, 주위 수리시설 100㎢ 포괄) 설명과 전시가 이어진다. 나아가 성내의 작방作坊 구역과 묘지, 성의 외곽 지역을 유물과 사진 등을 곁들여 소개한다. 기원전 3,000년 경에 아주 큰 규모는 아니지만 이런 중심지가 있었다는 게 흥미로웠다. 이 정도를 국가라고 단정할 수 있을지 모르겠다. 그래도 이런 흥미로운 연구거리를 선사받은 고고학자들이 부럽다.

　마지막 세 번째가 량주문화의 대표 유물인 옥기 전시관으로 "옥혼국혼"이라는 제목이 붙어 있다. 옥기가 출토된 정황을 보여주는 묘와 함께 남성과 여성의 장의葬儀 옥기 복원도가 눈에 띈다. 그리고 모양과 기능에 따라 분류한 다양한 옥기들이 전시되어 있다. 옥기는 대체로 장식용과 제례용으로 구분되는데 사진을 다 보여줄 수 없으니 아쉽다. 사진으로만 보았던 유물들을 생생하게 살펴볼 수 있어서 아주 좋았다.

  량주박물원에서만 마냥 시간을 쓸 수는 없어서 다시 지하철을
타고 항저우 시내로 돌아와서 해물면으로 허기를 채우고 찾아간
곳이 그 유명한 서호西湖 변에 있는 저장성박물관浙江省博物館이다. 그
런데 여기서 실수를 했다. 사실 항저우의 저장성박물관은 두 군데
있다. 나는 서호 변에 있는 박물관에 내가 보고 싶은 주요 유물들이
있을 걸로 잘못 알고 있었다. 빨리 서호에 가보고 싶은 생각이 그런
착각을 유도했는지도 모르겠다. 물론 거기도 도기와 칠기 등이 갖추
어져 있는 나름 훌륭한 박물관이다. 내가 기대했던 유물들이 없자
당황해서 보는 둥 마는 둥 하고 나와서 택시를 잡아타고 시내의
서호문화광장에 있는 우린관武林官 저장성박물관으로 이동했다.

  항저우의 문화중심이라고 할 수 있는 서호문화광장 내 대형 건물
의 한쪽에 자리한 저장성박물관 1층 저장浙江역사문화진열관은 정말
훌륭했다. 저장성 전체의 신석기문화를 체계적으로 정리하고 춘추
시대 월나라의 문화에서 근대에 이르기까지 그 지역의 주요 문화를

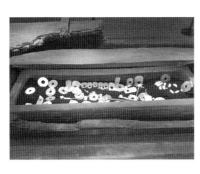

• 장의 옥기 복원 모습

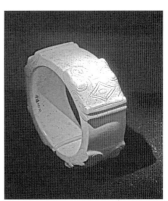

• 용의 머리 문양이 새겨진 옥팔찌

• 우린관 저장성박물관

망라해서 전시하고 있었다. 다양한 도기와 청동기가 인상적이었다. 항저우에 가면 꼭 가봐야 할 곳이다.

특히 량주문화 옥기 중 가장 유명한 옥종玉琮이 량주박물원에 없어서 의아하게 생각했는데 거기 있어서 정말 반가웠다. 내가 가장 보고 싶었던 기악동옥伎樂銅屋이라는 춘추시대 가옥 모형 청동기에서는

• 중국 학자들의 상 시대 청동기 문양인 도철문의 원형으로 보고 있는 저장성박물관 소장 옥종의 문양

• 춘추시대 가옥 모형 청동기로 내부에 있는 사람들이 악기를 연주하고 있다.

발길이 떨어지지 않았다. 휴대폰 카메라만 가져온 게 너무 후회되었다. 전시된 한대 이후의 유물들도 훌륭하다.

　시간 가는줄 모르고 거기 있다 보니 정작 항저우의 상징인 서호를 제대로 구경할 여유가 없었다. 동선을 반대로 해서 서호의 저장성박물관을 마지막으로 행선지로 하지 않은 걸 후회하며 서호의 끝자락이나마 카메라에 담은 것에 만족해야 했다. 물론 항저우는 아내와 함께 다시 찾을 것이다. 그때 여유롭게 서호 주변을 산책하며 서호변의 저장성박물관도 다시 가보고 싶다.

12월 31일
2018년을 보내며

　　정말 오랜만에 세모를 외국에서 보내고 있다. 관광을 온 것도 아니고 벌써 두 달 넘게 약간은 단조로운 일상의 삶을 보냈으니, 송년모임 같은 것은 애당초 생각할 수도 없었다. 마치 많은 일이 예정되어 있었던 것처럼 마지막 찰나에 본격적인 송년 모드로 돌입한다. 내 반쪽과 함께 하루 남은 2018년을 마음껏 즐기려고 한다.

　　2018년은 내 삶의 가장 굵직한 일들이 일어난 해로 기억될 것이다. 어렸을 적 그다지 공부에 취미가 없던 내가 어찌어찌 학문의 세계로 들어와서 조금은 호의적인 평가까지 받는 중견연구자가 되었다. 삶이란 정말 모를 일이다. 아직 "대기大器"가 되기는 한참 멀었으므로 스스로 항상 되뇌며 살았듯이 앞으로 남아 있는 삶에 그건 정말 "만성晩成"한다는 것을 보여주고 싶다. 너무 큰 욕심이다.

　　지금 중국에서 내 인생의 봄날을 보내고 있지만 사실 이것도 큰 예정에 없던 일이다. 작년 말 미국 프린스턴에 있는 한 연구기관에서 이번 학기를 보내려고 지원한 적이 있다. 혼자서 외롭게 직장생활을 하고 있는 내 분신인 딸과 가까이서 보내고 싶은 게 가장 큰 이유였다. 1월 초에는 지금 와있는 푸단펠로우쉽에도 지원했다. 지원서류가 미국의 기관과 거의 비슷해서 어렵지 않게 보냈다. 이번 상하이 체류 일정을 11월~1월까지로 정한 것도 프린스턴에서 먼저 5개월 정도 보낼 것을 감안했기 때문이었다. 사실 그게 되었으면 상하이 일정은 좀 줄어들었을 것이다.

그런데 미국 것은 안 되고 크게 기대하지 않았던 푸단대학에서 나를 초청했다. 아내는 미국에 안 된 게 얼마나 다행이냐고 하는데 어느 정도 맞는 말이다. 두 번째로 중국에서 장기체류하며 그동안 별로 여행 기회가 없었던 중국 강남 지역을 이렇게 여유롭게 즐기고 있다. 더구나 그동안의 내 연구를 소개하며 나라는 존재를 중국학계에 알릴 수 있는 영광까지 누리면서 말이다.

사실 이렇게 여러 가지가 맞아떨어진 건 내 연구 인생의 주요한 결과물인 저서가 지난 9월에 두 권 출간되었기 때문이다. 대부분의 연구서가 그렇듯이 항상 계획보다 지체되어 동시에 나오는 타이밍이 참 좋았다. 시장성이 거의 없는 그 책들을 각각 출간해준 일조각(『중국 고대 지역국가의 발전』)과 사회평론아카데미(『청동기와 중국 고대사』)에 진심으로 감사드린다.

한국에서는 그 중요성에도 불구하고 한국과 무관하기에 혹은 너무 어려워서 관심을 끌기 어려운 분야다. 그래도 언젠가 "아! 한국에도 이런 연구자가 있었네" 하는 후학들이 있으리라는 기대감을 버리지 않고 있다. 이렇게 글을 쓰는 것도 내가 하고 있는 일을 좀 알아달라는 몸부림이다. 그게 아주 조금은 통하고 있는 것 같아 감사드린다. 이제 한국에서만 통하는 주관적인 인문학이 아닌 세계적 보편성을 지니는 인문학을 즐기는 사람들이 점차 늘어나길 바란다.

지난 30년 동안 내 연구의 절반 이상이 그 두 권의 책에 녹아들어가 있으니 올해는 그것만으로도 큰 성공을 거둔 셈이다. 그런데 더 가슴 뛰는 일이 있었다. 꿈속에서나 생각하던 그런 집을 장만한 것이다. 그것 역시 장기간 계획에 따른 일이 아니고, 어쩜 상당히 즉흥적이었다고 할 수도 있을 것 같다. 직장이 용인 죽전이라는 현 상황이 그걸 가능케 해주었으니 내가 몸담고 있는 단국대학에도 감사드리지 않을 수 없다. 지금도 그 집으로 돌아갈 생각에 가슴 벅차다.

친한 친구들 사이에서 "복 많은 사람"이라는 얘기를 자주 듣는다. 이 복이 앞으로 어떻게 흘러갈지 모를 일이지만 나도 그걸 충분히 인정하고 세상에 감사드린다. 나보다 덜 축복받은 많은 사람들에게 너무나 미안하고 내 능력 닿는 데까지 내가 더 받은 복을 나눠드리고 싶다.

어제 저녁 내내 상하이에는 눈발이 뿌렸다. 별로 낮지 않은 기온 때문에 바로 녹지만 지금 창밖을 보니 그래도 조금 쌓여 있다. 나를 찾아 먼 길을 달려온 아내에게 준 선물이 아닌가 싶다. 나와 인연을 맺은 사람들 모두 2018년의 마지막 날, 오늘만큼은 아무 걱정 없이 즐기길 바란다.

2019년 1월 1일
우전 서책의 멋진 저녁과
아쉬운 새해맞이

2019년 첫 아침을 중국 강남의 수변 마을(수향)인 우전烏鎭에서 맞이했다. 두 달 만에 아내와 해후해서 그 첫 번째 행선지로 여러 사람이 추천한 우전을 고른 것이다. 우리 모두 베네치아 못지않은 곳으로 동의했으니 훌륭한 선택이었다.

기차로 직접 연결되지 않는 중국 어디나 그렇듯이 우전 역시 편하게 갈 수 있는 곳은 아니다. 상하이에서는 바로 가는 버스가 있어서 그나마 조금 나은 편이다. 두 가지 방법이 있는 것 같다. 그 첫 번째가 상하이 남역(난잔南站) 근처에 있는 남부터미널上海客運汽車南站에서 약 한 시간 간격으로 있는 직행버스를 타는 것이다. 두 시간 정도 소요되지만 내 숙소에서 남역까지의 거리가 꽤 된다. 우전 버스 터미널에서 내려서 우전의 핵심 관광지인 서책西柵(서쪽 성채)까지 차로 이동해야 하는 불편함도 있다.

두 번째가 일종의 관광버스 같은 건데 이건 상하이역 근처에 있는 터미널총점上海客運汽車總站에서 오전에 두 번 오후에 한 번 정도 있다.

255

표도 창구에서 살 수 있는 게 아니고 인터넷에서 예매하거나 아니면 떠나는 시간에 맞춰서 터미널 2층 20번 탑승구에서 기다렸다 거기서 돈을 내고 타는 것이다. 숙소에서 상하이역이 가깝기 때문에 갈 때는 그 방법을 택했다. 그런데 이건 몇 군데 지점을 더 들려 사람들을 더 태우고 또 다른 수향인 시탕西唐까지 들렀다 상당히 돌아서 간다. 그래도 한 가지 장점은 서책까지 데려다 준다는 점이다.

올 때는 남부터미널로 직접 오는 버스를 탔기 때문에 두 가지 방법을 다 경험했는데 다 장단점이 있다. 중국에 오면 구글 사용이 불편하기 때문에 중국어를 조금 알면 바이두를 이용하는 검색이 제일 편하다. 특정 지역 교통편을 알고 싶을 때 내가 이용하는 가장 간단한 방법은 바이두에서 현재 내가 있는 지역에서 가고 싶은 지역까지, 예컨대 "상하이에서 우전까지上海到烏鎭"라고 검색해보는 것이다. 이용할 수 있는 모든 수단과 시간표까지 다 뜬다. 바이두지도도 정말 편하게 되어 있다.

우전은 전형적인 관광도시로 동책東柵과 서책의 두 부분으로 나뉘어 있다. 바이두에서 검색했더니 동책은 별로 볼게 없으니 먼저 간단히 들른 뒤에 서책에서 많은 시간을 보내라고 나온다. 그래서 서책 근처에 숙소를 잡아놓고 오후 1시쯤 도착해서 동책에서 내렸다. 동책과 서책을 연결해서 갈 수 있는 입장권이 1인당 190위안(33,000원 정도)이니 상당히 비싼 셈이다.

날씨가 흐리고 기온이 상당히 낮아 한기가 느껴졌다. 동책에 들어가자마자 따뜻한 국물이 있는 면 종류로 배를 채울 생각으로 한 식당에 들어갔는데 강남의 도시들이 그렇듯이 식당 안도 춥기는 마찬가지다. 주인이 권하는 데로 양탕면을 시켰는데 고기는 갈비찜처럼 그럭저럭 먹을 만한데 향이 너무 진해서 국물 맛을 느끼기는 어려웠다. 중국 음식 향에 덜 익숙한 아내는 삼선면을 시켜주었는데 그것도 기대 이하여서 동책에서의 시작부터 느낌이 좋지 않았다.

실패한 음식 때문인지 동책은 다른 강남 수향을 가본 사람들은 큰 감흥을 느끼기 어려울 정도라는 생각이 들 정도로 평범했다. 시간 여유가 없는 사람들은 굳이 가지 않아도 될 것 같고, 내가 다음에 가더라도 거긴 들르지 않을 것이다.

반전은 서책에서 일어났다. 동책은 5시쯤 문을 닫고 서책은 12시 까지 문을 연다. 야경이 정말 아름답다고 들었기 때문에 숙소에 짐을 풀고 4시 반쯤 서책으로 들어갔다. 일단 그 규모부터가 동책과 비교 되지 않았다. 어떻게 이런 지형이 만들어졌을까 싶을 정도로 동서로 길쭉한 수변 마을에 아기자기한 2층 건물이 연결되어 있었다. 수로 를 가로지르는 조그만 목선들이 아주 정겹게 느껴졌다. 어둠이 내리 기 시작하여 불이 하나둘씩 켜지자 그 멋진 풍경에 도취되어 한참을 사진 찍으며 마냥 걸었다. 어디서도 느끼기 어려운 기분 좋은 모습들 이 계속 이어진다. 한 해의 마지막 날을 성공적으로 보내고 있다는 느낌에 가슴 벅찼다.

허기가 느껴져 어디로 들어갈지 고민했다. 점심의 실패로 중국

• 우전 서책의 초저녁 풍경   • 우전의 셀러드와 피자

음식을 주저하는 아내를 위해 다른 선택을 하고 싶었다. 서책 내의 가장 고급 호텔인 듯한 전수이枕水 리조트 내의 양식 레스토랑을 점찍어 놓고 계속 걷다가 바로 수변에 있는 이태리식 레스토랑을 발견했다. 운 좋게 창가에 자리를 잡고 셀러드와 피자 등을 시켰다. 사실 우리가 함께 가장 즐기는 요리가 파스타나 피자일 듯한데, 상당 기간 동안 먹을 기회가 없었다. 우전이라는 중국 최고의 수향에 걸맞 지 않았어도 멋진 풍경과 함께 음미한 그 맛이 상당히 괜찮았다(훈 제 연어와 고기가 너무 짠 것만 빼면). 만족스러워하는 아내를 보며 행복했다.

그런데 큰 문제가 하나 있었다. 시설만 보고 고른 숙소가 서책 바깥에 있어서 그 다음날 아침 광경을 전혀 즐길 수 없었으니 너무 아쉬웠다. 풍경구 바깥으로 나가면 들어올 때 또 표를 사야한다. 서책을 돌다 보니 널려 있는 게 수변의 경치 좋은 2층 객잔들이다. 수변에서 맞이하는 멋진 새해 아침을 상상하니 더욱 안타까웠다.

새해 아침에 중국식 조식을 사다 객잔 방에서 미적지근하게 먹으 며 우전은 꼭 다시 한 번 가야할 곳으로 정해두었다. 서책 내의 좋은 객잔 예약은 필수다.

1월 3일
아내와의 식사(1)

상당 기간을 혼자 지내다 아내가 오니 서로 적응해야 할 부분이 있다. 내가 조금 늦게 자야 하고 먹는 것도 최대한 아내 입맛에 맞추려고 한다. 어차피 남은 기간 동안 여행하며 여유롭게 지내기로 했기 때문에 새로운 생활이 즐겁다. 외로움이란 큰 짐에서 벗어난 것만 해도 너무 고맙다.

어제와 그제는 상하이 시내를 돌아다녔다. 아내가 좋아할 만한 신천지, 스타벅스 리저브 로스터리, 난징동루, 와이탄 등을 섭렵했다. 사람이 많아 자리 잡기도 어려운 스타벅스에서 카푸치노와 아포가토를 시켜 먹었는데 가격은 조금 비쌌지만 맛이 괜찮았다. 그래도 시장 바닥같이 복잡한 그곳이 생리에 맞지 않는 건 어쩔 수 없다. 사실 아내가 오기 직전에도 거기 들러서 커피를 사두었는데 어제도 수마트라라는 새로운 커피를 사서 맛이 기대된다.

우리가 상하이에 오면 꼭 가는 식당이 있다. 일전에 한국에서 지인이 와서 괜찮은 식당에서 나를 대접한다고 데려간 데도 같은 곳이었다. 아마 상하이에서 가장 한국 사람들의 사랑의 받는 데가 여기가 아닐까 한다. 난징동루역에서 가까운 쓰촨중루四川中路와 푸저우루福州路 사이에 있는 상하이라오라오上海姥姥라는 식당이다.

중국 음식에 배인 향에 익숙해지지 않은 한국 사람들에게 안성맞춤인 식당인 것 같다. 아내가 이 식당을 특히 좋아해서 어제와 그제 이틀 연속 저녁을 거기서 먹었다. 메뉴판에 있는 많은 요리들이 한국 사람들 입맛에 대체로 맞아서 큰 실수를 하지 않을 그런 식당이다. 저녁 시간에 가면 전체 손님의 70% 정도는 한국 사람인 경우가 많다. 네이버에 상하이 맛집으로 가장 먼저 뜨는 곳이 이곳인 이유가 있을 것이다.

나름 중국 전문가를 자처하면서도 나는 사실 중국 음식에 대해 잘 모른다. 맛 있은 걸 일부러 찾아다니며 먹을 정도로 음식에 큰 기호도 없고, 대체로 아무거나 잘 먹는 편이어서, 중국 음식에 대해 공부할 필요성을 별로 못 느꼈다. 그래도 이번에는 제법 오래 머물고 있다 보니 숙소 주변에 단골식당이 제법 생겼다.

• 상하이라오라오

손님이 올 때마다 데리고 자주 가는 식당은 앞에서도 언급한 우자
오창五角場 지하철역 근처 허후이성汇生 백화점 지하 2층에 있는
차오지潮記라는 딤섬집이다. 많은 중국 음식이 그렇지만 정말 딤섬은
혼자는 먹기 어려운 음식이다. 그래서 동행이 있을 때 주로 여길
갔고, 딤섬을 좋아하는 아내가 온 첫날 저녁도 당연히 여기서 먹었
다. 상하이의 비싼 물가를 생각하면 가격도 아주 비싸지 않은 것
같다. 갈 때마다 만족스럽다. 아내도 물론 아주 좋아했다.

또 자주 찾는 집이 숙소 근처에 있는 쑤저우탕바오몐蘇州湯包面 식
당이다. 여긴 6위안짜리 훈둔이 아주 괜찮다. 훈둔은 대체로 한국
사람들 입맛에 잘 맞지만 이 동네에서 먹어본 훈둔 중 여기가 가장
무난한 것 같다. 특히 새우와 게살을 각각 집어넣은 샤런탕바오虾仁湯
包와 셰황탕바오蟹黃湯包뿐만 아니라 소고기면을 비롯한 다른 면도
상당히 괜찮다. 어제 아내와 함께 가서 훈둔과 셰황탕바오를 먹었는

• 쑤저우탕바오몐의 훈둔과
  게살이 들어간 탕바오

데, 원래 탕바오를 별로 좋아하지 않던 아내도 이건 아주 맛있게 먹었다. 가격까지 착하니 금상첨화다.

내가 상하이에서 미리 경험한 일들 중에 아내가 좋아할 만한 일들만 골라서 하고 있는 중이다. 오늘 오후는 상하이박물관에서 시간을 보낼 것 같다.

1월 4일
상하이박물관(2)

다시 찾은 상하이박물관은 평일 오후라 그런지 비교적 한산한 편이어서 줄을 서지 않고 입장할 수 있어 좋았다. 아내는 2층 특별전시관의 미국 19~20세기 회화 전시에 관심 가지고 몰두했고, 나는 역시 특별전인 3층의 동기창董其昌(1555~1636) 서화대전부터 관람했다.

중국 서화사상 최고의 대가로 손꼽히는 명나라 말기의 동기창은 상하이 출신이다. 그런데 정작 그를 위한 특별전은 타이완과 일본, 미국 등지에서는 열렸지만 중국 대륙에서는 이번 상하이박물관의 특별전이 최초라고 한다. 다만 타이베이고궁박물원과 도쿄국립박물관, 뉴욕메트로폴리탄뮤지엄 등의 협찬으로 이전 전시회에 비해서 그 규모가 훨씬 크다.

전시는 '동기창과 그의 시대'와 '동기창 예술성취와 초월', '동기창의 예술 영향과 작품변위' 세 부분으로 나뉘어 있었다. 서화에 문외한인 나이지만 산수화의 세계에 잠시 빠져서 즐길수 있으니 좋았다. 특히 이번 전시회의 특징인 변위辨僞 문제를 다룬 부분에 많은 사람들이 몰려 있는 것이 흥미로웠지만 아는 게 없으니 상당히 답답하기도 했다.

다행이 1층의 청동기 상설 전시관으로 가니 익숙한 것들이 나를 반긴다. 상하이박물관 청동기는 질적이나 양적으로 단연 세계 최고다. 중국 청동기 공부의 장으로 여기보다 좋은 데는 없다. 갈 때마다 새로운 것들이 눈에 들어온다.

이번에는 최초의 청동 예기禮器에 관심을 가지고 살펴보았다. 상하이박물관에는 하夏나라 청동기로 분류된 기물이 4점 있다. 모두 출토 지점을 정확히 알 수 없지만 하나라의 후기 도읍지로 추정되는 얼리터우二里頭에서 출토된 기물과 유사하기 때문에 그렇게 분류한다.

한 가지 흥미로운 사실은 얼리터우에서 출토된 최초의 청동예기 중 절반 이상이 이른바 작爵이라 부르는 술잔이고, 상하이박물관의 4점 중 2점 역시 작이라는 사실이다.

• 상하이박물관 소장 하나라 청동기로 분류된 작 2점

조형이 상당히 복잡해 보이는 이 술잔이 중국 혹은 전 세계적으로 만들어진 최초의 청동 그릇 중 하나라는 사실이 시사적이다. 술과 제사의 밀접한 관계는 이미 신석기시대 유물들에서도 나타나지만, 금속을 활용한 최초 기물 역시 술을 따르기 위한 것이었다는 점에서 술을 활용한 제사의 역사가 얼마나 깊은지 알 수 있다. 하나라에 뒤이은 상나라 사람들은 그 화려함이 극에 달한 다양한 술그릇들을 만들어낸다. 주나라 때 나온 문헌에 상은 술 때문에 망했다는 기록이 있을 정도이다.

어제 상하이박물관 청동기 전람관에서는 이 작만 집중적으로 살펴보았다. 최초로 만들어진 기물이지만 그 수명이 그리 길지는 않다. 기원전 15~11세기 상나라 때 유행했지만 9세기경인 서주 중기 이후부터는 제작이 중단되었다. 그때부터 주나라 사람들은 어떤 이유에선가 작을 비롯한 주기酒器를 더 이상 만들지 않았다. 상하이박물관

• 상 전기 청동작. 표면에 도철문을 연상시키는 초보적 문양이 장식되어 있다.

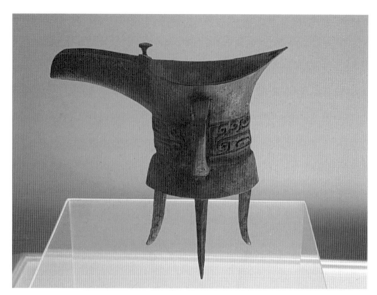

• 상 중기 청동작, 도철문이 형태를 갖추기 시작한다.

• 상 후기 청동작, 표면에 최고조에 달한 화려한 도철문이 장식되어 있다.

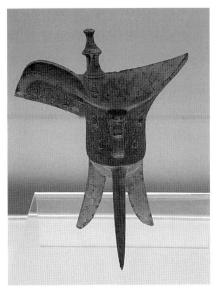
• 서주 초기 청동작. 상 후기의 양식이 이어지고 있다

청동기관의 연대가 가장 늦은 작 역시 기원전 10세기경의 서주 초기 것이다. 위에 상 전기와 중기, 후기, 서주 초까지 청동작 네점의 사진이 제시되어 있다.

특히 관심을 가지고 살펴본 것은 기물 표면에 장식된 문양의 변천이다. 중국 학계에서 하나라 말기로 보는 얼리터우 청동예기에는 아직 문양이 없거나 있다고 해도 단순한 문양이 주류를 이룬다. 상나라 때 유행한 청동 문양의 대표 격인 도철문(수면문)이 아직 기물의 표면에 이입되지 않고 있다.

물론 그 선례로 보이는 비슷한 문양이 앞에서 언급한 신석기시대 량주문화의 옥기 등에 이미 나타났고, 얼리터우에서도 그릇이 아닌 터기석(타일)이 여러조각 상감된 패식에서 나타난다. 아래에 제시되듯 묘에서 출토된 도철문이 상감된 패식은 10cm 정도의 소형으로 사자의 수의 가슴 부분에 부착되어 있었을 것으로 본다. 얼리터우 사람들도 분명 그 문양에 대해 알고 있었겠지만 기술력의 부족이든 다른 이유에서든 아직 용기의 표면에 반영되지 않고 있었다.

그런데 상하이박물관 소장 청동작 중 상나라 초기로 편년된 기물 한 점에 상당히 단순해 보이는 도철 문양이 최초로 나타난다. 그러다 상 중기부터는 더 복잡해진 도철문이 나타나다 후기에 꽃을 피우고 서주 초까지 이어지다 중기부터는 그 자취를 감추는 것이다. 상하이 박물관 전시품만으로도 그 변천을 쉽게 확인할 수 있어서 좋았다.

나는 지금도 학계에서 여러 가설만 무성할 뿐 난제로 남아 있는 도철문 이해에 그 예기에의 최초 이입이 실마리를 제공할 수 있다고 기대하면서도 더 이상의 연구를 진전시키지 못하고 있다. 2년 전 한 제자가 그 문제로 석사학위논문을 제출한 적이 있는데 거기에 많은 자료가 잘 정리되어 있다(오창윤, 「二里頭 청동기와 도철문」, 단국대 석사학위논문, 2017). 그 역시 도철문이 무엇인지에 대해서는 결론을 유보하고 있다.

어제 청동기관 방문에서 잊고 있었던 그 문제가 상기되었다. 상하이박물관 전람 청동작과 그 문양의 변천을 통해 독자들도 상상의 나래를 펼쳐보기 바란다.

• 얼리터우 출토 청동 패식

1월 5일
쑤저우(2) : 실크박물관과 졸정원

쑤저우는 하필 이틀 연속 비가 내린다. 아침 늦게까지 객잔에서 미적거리며 이 글을 쓰고 있다. 아내가 최소한 쑤저우와 항저우는 가봐야 할 것 같아 쑤저우에 다시 왔는데 일진이 안 좋다. 다음 주 항저우를 시작으로 한 남방 여행 때는 맑은 날씨를 기대한다.

지난번 쑤저우에 처음 왔을 때는 지하철을 바로 타는 바람에 쑤저우 고성 외곽을 볼 기회가 없었는데 이번에는 역에서 유적들이 모여 있는 북사탑까지 걸었다. 다행이 빗줄기가 약해서 그나마 해자인지 강인지 끼고 만들어진 성 북쪽 외곽을 조금 파악할 수 있어서 좋았다.

첫 번째 들른 곳은 북사탑 바로 북쪽에 위치한 쑤저우실크박물관이다. 규모가 상당히 크고 전시 내용이 상당히 충실해서 놀랐다. 쑤저우는 명청시대 강남 실크산업의 중심지로 공직원貢織院이 있었다. 그에 걸맞은 중국 유일의 실크 전문 박물관이라고 한다. 실크나 복식사에 관심 있는 사람들은 한나절을 충분히 보낼 수 있는 쾌적한 공간이다. 우리는 역사관만 비교적 충실히 관람했다. 신석기시대

• 쑤저우 역에서 바라본 고성 북쪽 성벽

이래 청대까지 중국 전역에서 발굴된 직물과 실크 복식 유물을 망라한 전시가 역사관의 고대청古代廳을 채우고 있었다.

뒤이어 잠상거蠶桑居에서는 누에 기르기부터 실을 뽑아내는 과정까지를 실물을 통해 재현하고 있다. 세 번째가 직염방織染房으로 실을 짜고 염색하여 실크를 만들어내는 과정을 통해 전통 실크 제조법에 대해 알 수 있었다. 네 번째가 청대 공직원에 대해 설명하는 부분으로 관복을 만드는 과정과 그 종류까지 상세히 나와 있다. 마지막이 근대 민국시대 실크제조에 대한 설명이다. 현대 실크 전시관과 실크박물관 창시자를 기념하는 실크문화예술관, 실크로드를 재현한 공간 등도 많은 볼거리를 제공할 것 같았지만 그냥 건너뛰었다.

박물관을 나서니 비가 제법 세졌다. 전날부터 한국에서 먹을 기회가 없던 KFC나 맥도널드에 가고 싶어 하던 아내 때문에 먼저 발견한 KFC로 들어갔다. 중국 냄새가 안 나는 음식을 갈망하던 아내를 위해 2인이 함께 먹을 수 있는 세트메뉴를 시켰다. 그런데 웬걸 버거

• 쑤저우실크박물관

• 실크 제작 과정 재현

와 브리또 모두 강한 중국향, 즉 쯔란 범벅이었다. 중국 사람들을 위해 개발한 메뉴라는 걸 몰랐다. 나는 사실 그 맛에 어느 정도 적응하고 있었는데 이제 나도 그 맛이 역겨워지려고 한다. 그나마 그 메뉴에 에그타르트와 감자튀김이 있어서 다행이었다.

점심을 그렇게 때우고 나오니 비가 조금 그쳐 강남 최고 정원(원림)이라는 졸정원拙政園을 감상할 수 있어 좋았다. 지난번 왔을 때 매표소의 줄이 너무 길어서 들어가길 포기했던 곳이다. 중국 정원의 요란함이 느껴질 정도의 화려한 모습과 달리 차분한 분위기의 졸정원은 오히려 일본 정원 느낌이 들 정도로 세련되고 고적했다. 강남 최고라는 그 명성이 충분히 이해되었다. 날씨가 흐리니 곳곳의 사진 포인트가 제대로 부각되지 않았지만 그래서 더 졸정원의 분위기에 맞았을지도 모르겠다. 꽃이 만발한 졸정원의 모습이 어떨지 궁금해졌다.

• 졸정원

숙소는 쑤저우의 수향마을인 통리고진同里古鎮의 한 객잔에 잡았다. 지난번 우전에서의 실수를 만회하기 위해서 이번에는 강변에 있다는 방을 구했다. 그런데 아무리 찾아도 강변에 우리가 찾는 객잔이 없다. 물어물어 찾아간 곳은 강과는 거리가 먼 객잔이었다. 예약한 방이 강가가 아니라고 따지니 같은 가격에 다른 방을 고르라고 하여 맨 꼭대기 옥탑방으로 정했다. 주변의 기와집들을 내려다보는 괜찮은 전망이라 사실 언제 이런데서 자볼까 하는 생각으로 위안을 삼는다.

　그런데 문제는 온수가 제대로 공급되지 않고 있다는 점이다. 꼭대기 층이라 문제인건지 샤워를 못하고 객잔을 나서야 할 판이다. 이번이 객잔은 booking.com에서 예약했는데 이용객 평점이 무려 9.4점이다. 이런 평가까지 조작이 가능한지 모르겠는데, 중국에서 이런 경험은 처음이다. 쑤저우에 대한 인상마저 흐려지려고 한다. 이미 강남의 수향이니 고진에 어느 정도 익숙해진 우리 부부에게 통리고진 역시 그다지 인상적이지 않았다. 쑤저우는 조금 실망스러운 곳으로 기억될 것이다.

1월 6일
상하이박물관(3)

지난번 상하이박물관 청동기관에서 내 눈길을 사로잡은 청동기가 몇 점 더 있었는데 그 중 흥미를 끌만한 자중강반子仲姜盤이라는 청동기를 소개할까 한다. 반은 대야 모양의 수기水器로 의례를 올리기 전에 물을 받아 손을 씻는 기물이다, 물을 담아 와서 반에 붓는 주전자 용도로 쓰인 또 다른 수기인 화盉나 이匜와 짝을 이룬다.

통상 각 청동기의 이름은 명문이 있는 청동기의 경우 거기 명시된 기물 제작자의 이름에 그 기물 고유의 명칭이 더해진 것이다. 명문이 없는 경우는 그 기물의 모양과 고유 명칭이 더해진다. 그러니 자중강반은 자중강이라는 인물이 제작한 반이라는 얘기가 되는데 뒤에서 설명하겠지만 사실 이 경우는 조금 다르다.

지금까지 세상에 나온 아주 특이한 중국 청동기가 상당히 많은데 자중강반도 당연히 그 중에 포함되어야 할 정도로 특별한 기물이다. 상하이박물관에 전시된 내용에 예자오푸葉肇夫라는 인물이 기증한 걸로 나온다. 예자오푸를 바이두에서 검색해보니 홍콩 타이양太陽그룹의 총수로 기업가다. 일전에 한 논문에서 그 청동기를 1997년 영국에서 80만 파운드에 사들였다는 걸 읽은 적이 있는데 그렇게 사서 기증한 모양이다.

높이 18cm, 구경 45cm인 이 청동기는 춘추시대 초기의 기물로 추정되는데 그 외양은 일반 반과 크게 다르지 않다. 속이 깊지 않고, 굽다리圈足 아래에 호랑이 받침대 세 개가 설치되어 있다. 가장 주목을 끄는 부분은 기물 내부의 입체 동물 장식이다. 입체 수조水鳥 한 마리를 정 중앙에 배치하고 이를 에워싸고 물고기와 수조水鳥, 청개구리靑蛙, 새 모양 거북이鳥龜가 일정한 간격을 두고 배치되어 있다. 이러한 입체 장식들은 360도 회전이 가능하고 새의 부리도 개폐가 가능하다. 이 기물보다 앞선 시기의 반에 물고기가 장식되기는 했지만 이렇게 생동적으로 동물이 묘사된 것은 아주 드물다.

자중강반의 내벽에는 6행 32자의 명문이 주조되어 있다. 6월 초길初吉 신해辛亥일에 대사大(太)師가 자중강子仲姜을 위해 이 반을 제작했음을 전한다. 사실 엄밀하게 말하면 이 기물의 제작자는 대사이니 대사반이라고 부르는 게 맞을 지도 모른다. 그렇지만 관직명인 대사가 특정인을 지칭하는 것이 아니므로 상하이박물관에서는 자중강

• 자중강반

• 산시성공안청이 공개한 진공반

반이라는 이름을 붙인 것 같다. 일부 연구자는 여전히 대사반이라고 부르기도 한다. 상하이박물관에서는 진晉으로 추정되는 중원 국가의 대사라는 고위 관료가 강성姜姓의 제齊나라에서 맞이한 부인 자중강을 위해 제작한 기물로 추정하고 있다.

특이한 조형 이상으로 이 기물이 관심을 끌게 된 더 큰 이유가 하나 있다. 2014년 6월 우전펑吳鎭烽이라는 청동기 전문가가 공개한 진공반晉公盤이라는 다른 청동기 때문이다. 이 기물은 익명의 개인 수장가가 소장하고 있는 것으로 전해졌다. 높이 11.7cm, 구경 40cm로 그 크기뿐만 아니라 속이 깊지 않고 바닥은 평평한 그 모양까지 자중강반과 비슷하다. 기물 바닥의 받침대가 호랑이가 아닌 무릎을 꿇고 있는 나체인이라는 점이 조금 다르다.

더욱 흥미로운 사실은 진공반 역시 그 바닥의 중심에 입체 수조水鳥 한 마리가 장식되어 있고 이를 에워싸고 입체 수조 네 마리와 새 모양 거북이鳥龜 부조 네 마리가 원을 이루고 있다. 그 외연에 또한 도약하는 청개구리와 유영하는 물고기 각각 네 마리가, 가장 바깥에도 쭈그리고 앉아 있는 청개구리 네 마리와 함께 유영하는 부조 청개구리 세 마리, 새 모양 개구리 네 마리가 사이사이 장식되어 있다. 이러한 입체 장식들도 자중강반과 마찬가지로 360도 회전이 가능하고 새의 부리 역시 개폐가 가능하다. 아주 생동적인 모습이지만 사진이 한 장만 공개되어 그 실물을 제대로 살필 수 없으니 아쉽다(이 글을 쓰고 난 이후 1월 28일 산시성고고연구소山西省考古研究所의 블로그인 고고회考古匯에 흥미로운 기사가 올라왔다. 산시성 공안청이 6개월에 걸친 노력 끝에 도굴되어 해외로 유출된 진공반을 압수했다고 발표한 것이다. 2014년 우전펑이 공개한 개인소장 진공반이 도굴품이었고, 급기야 해외로 유출된 것으로 보인다. 산시성

공안청은 이 기물의 동영상을 공개하여 기물의 모양뿐만 아니라 명문까지 육안으로 확인할 수 있게 해주고 있다).

진공반에는 진 문공으로 추정되는 인물이 시조와 부친 헌공獻公뿐만 아니라 자신의 패업까지 기록한 장문의 명문이 담겨 있다. 두 기물의 유사성 때문에 자중강반이 확실히 진나라 계통 유물임이 입증되었지만, 진공반의 위조 가능성을 제기하는 연구자도 있어서 논란의 여지가 완전히 사라진 것은 아니다.

1월 7일
아내와의 식사(2)

　　아내가 상하이에 온지 일주일이 지났다. 마음이 편해지니 이곳 생활이 더 즐겁다. 일주일 동안 우전에 1박, 쑤저우에 1박으로 여행했고, 함께 가려고 점 찍어둔 식당들에도 다니고 있다. 중국 음식에 대한 선호가 약한 아내를 각 식당에 데려갈 때마다 마치 내가 뭘 만들어서 평가 받는 것과 비슷한 심정이다.

　쑤저우 여행 때도 언급했듯이 사실 나 혼자 두 달 동안 보내면서 중국 음식에 상당히 익숙해진 모양이다. 아내가 오기 전까지는 중국 음식 고유의 향을 거의 의식하지 못하고 있었으니 말이다. 그런데 지금은 최대한 그 향을 피하려다 보니 내가 그동안 혼자 다녔던 식당들이 그런 향으로 가득한 곳이었다는 걸 실감하고 있다.

　어제 저녁 때 찾아간 푸단대학 근처 완다萬達광장의 제일식품은 5층 전체가 먹거리로 가득한 곳이다. 이전부터 가보고 싶었던 그 5층의 광둥요리 전문점을 갔는데 중국 향이 전혀 없는 곳이라 안심했다. 생선과 두부, 야채 요리로 상당히 만족스러운 저녁을 먹었다.

이제 나까지 아내에게 감염되어 쯔란 냄새를 주저하게 되어버렸으니 계속 이런 식당 위주로 다녀야 할 것 같다. 그런데 문제는 상당히 비싼 가격이다.

아내와 내가 사실 중국에서 제일 좋아하는 건 아침 식사이다. 중국은 빵의 천국이다. 내가 좋아하는 난징동루의 신세계백화점 지하 빵집은 말할 것도 없고 푸단대학 근처에도 좋은 빵집이 많다. 길게 줄을 서야하는 빵집이 두 군데 있는데 모두 이전에 먹어본 적이 없는 맛이다.

특히 완다광장 지하에 있는 러러차파이樂樂茶牌라는 빵집의 줄은 더 길어서 꾹 참고 기다렸다 사왔는데 충분히 그럴만한 가치가 있다. 생긴 건 좀 투박해 보이는데 천연효모 빵으로 많이 달지도 않고 식감이 아주 부드러워 맛있다. 예전 교토대학 근처에 머물 때 단골 빵집의 세련된 맛이 충분히 예상 가능한 것이었다면, 이곳 빵 맛은 상당히 특이하면서도 거부감이 전혀 없다. 귀국 전까지 그 집 빵은 거의 다 먹어 보고 갈 것 같다.

난징시루에 있는 스타벅스 리저브 로스터리에서 사온 커피가 아침의 즐거움을 더해준다. 나 혼자 있을 때는 비싼 듯해서 사길 주저했는데 아내가 온 이후에 이 맛에 길들여져서 계속 사러 갈 것 같다.

혼자 있을 때는 사실 손님 접대와 여행 경비 말고 크게 돈 쓸 일이 거의 없었다. 그래서 아내가 오기 전까지 내가 받은 3개월 치 생활비와 강연비의 75% 정도가 은행 잔고로 남아 있었다. 그런데 일주일 사이에 50%로 줄어들었다(줄어든 25%에는 내일부터 8일 동안 시작될 여행의 교통비와 숙박비 일부가 포함되어 있다).

이 일주일을 지내면서 언젠가 한번 얘기했던 중국 물가의 이중성을 절감하고 있다. 저렴한 데만 다니면 그다지 크지 않은 액수로도 어느 정도 여유 있는 생활을 할 수 있는 데가 중국이다. 아무리 물가가 비싼 상하이라고 해도 말이다. 그리고 저렴한 식당의 음식도 그다지 나쁘지 않다. 오히려 여기에 익숙해지니 편한 면도 있다. 과일값이 싼 것도 중국의 큰 장점이다.

그런데 고급으로 다니면 상황이 완전히 달라진다. 위에서 언급한 빵집의 가격은 한국의 1.5배 가까이 되는 것 같다. 다른 고급 식당들도 확실히 한국보다 비싸다. 어제 그 큰 건물의 꽤 비싼 식당들이 손님으로 가득 찬 걸 보고 중국인들의 음식을 향한 열정과 함께 상하이의 부를 실감했다.

앞으로 중국에서 남은 기간 동안 아내 덕분에 나도 할 수 있는 한 그 대열에 끼려고 한다. 절약 습성이 몸에 베인 우리가 중국에서 이런 호사를 누리는 날이 오리라고는 전혀 예상하지 못했다.

1월 8일
마지막 여행

　　이제 상하이를 떠날 날이 20일도 안 남았다. 이곳 생활을 정리해나가야 할 시점이다. 우선 그동안 신세진 사람들이 먼저 생각났다. 그래서 어제 점심 때 이곳에 적응해나갈 때 큰 도움을 줬던 출토문헌연구중심의 스지청石繼承 선생을 우커징鄔可晶 선생과 함께 초대했다. 함께 초대한 류자오劉嬌 선생은 다른 일이 겹쳐서 못 왔다.

　　이들 셋이 나를 처음으로 데려와서 이제는 거의 단골이 된 딤섬 체인 차오지에서 좋은 시간을 가졌다. 아내가 처음으로 함께 만난 중국인들인데, 사실 중국어를 전혀 이해하지 못하면서 식사를 함께 한 아내에게는 조금 힘든 자리였을 것이다.

　　그래도 중국의 신세대 학자들은 우리와 쉽게 통하는 면이 있어서 상당히 편하게 대화하며 즐거운 시간을 가졌다. 이들을 오랜만에 만났기 때문에 그동안의 내 근황을 주로 설명하느라 두 사람의 최근 연구 관심사와 앞으로의 계획 등을 미처 물어보지 못해 조금 아쉽다.

앞으로 중국에서든 한국에서든 다시 만날 기회가 있을 것이다.

오늘 아침에는 7박 8일 동안의 여행을 위해서 집을 나서야 한다. 항저우에 9시 반쯤 도착하여 서호 인근을 중심으로 구경하고 지난번 제대로 못 본 서호변의 저장성박물관도 둘러보려고 한다.

내일 오전에는 항저우에서 고속철로 한 시간 반 거리인 닝하이寧海라는 곳으로 가서 산 속에 있는 온천에서 1박할 예정이다. 이번 여행 숙소 중에서 가장 비싼 곳이다. 어제 오후에는 그 숙소에서 저녁 식사를 어떻게 할 건지 전화해서 꽤 비싼 가격이지만 준비해달라고 했다. 자연 풍광이 아름답다는 그곳의 온천이 어떨지 무척 궁금하다.

온천에서 하루 휴식한 후 3시간 조금 넘게 고속철을 타면 푸젠성福建省의 성도인 푸저우福州에 도착한다. 푸저우에서는 이틀을 머무를 것이다. 유명 관광지가 별로 없는 듯한 푸저우에서는 푸젠박물원과 임칙서林則徐 기념관 등을 둘러보며 여유로운 시간을 보내고 싶다.

마지막 행선지는 푸저우에서 두 시간 거리인 샤먼廈門이다. 샤먼에서 3일을 머무르다 15일 저녁에 상하이로 귀환할 것이다. 샤먼에서 무엇을 할지는 아직 결정하지 못했다. 날씨가 온화한 휴양지라니 편하게 지낼 생각이다. 하루는 유명한 토루土樓에 다녀올까 생각 중이고. 이곳은 사실 아직 숙소도 정하지 못했다. 대체로 관광객이 많지 않은 비수기라 방이 많이 남아 있는 것 같은데, 오늘이나 내일 사이에 결정해야 할 것 같다.

8일 동안 많은 것을 보고 즐기고 그걸 글로 남길 수 있었으면 좋겠다. 아직 한밤중인 아내는 이번에 상하이에서 공주가 된 기분이라고 한다. 그 기분이 이번 여행 중에도 계속 이어지길 바란다.

1월 9일
항저우(2) : 아쉬운 서호

문득 서호가 없는 항저우는 어떤 모습을 하고 있고 또 어떤 역사를 지니게 되었을까 상상해본다. 항저우의 8할 아니 9할 정도는 서호에서 비롯된다면 과장일까. 그런 서호가 어제 우리에게 문을 열어주지 않았다.

상하이의 겨울 생활에서 햇볕을 만나는 날이 열흘 중 하루 정도라는 사실을 아내가 온 뒤에야 절감하게 되었다. 기분 좋게 나가서 걸을 수 있는 날이 한 번도 없었다. 올해가 특이한 해인지 모르겠지만 상하이에서 멀지 않은 항저우의 올 겨울도 다르지 않은 것 같다.

어제 항저우는 잔뜩 흐린 날씨에 곧 비가 올 것 같은 느낌이었다. 서호 주변은 안개마저 가득하여 시야 확보가 용이하지 않을 정도였다. 열흘 전 왔을 때는 참 맑은 날이어서 그날 서호를 즐기지 못한 게 상당히 아쉽다. 서호가 빛을 발하지 못하는 항저우는 앙꼬 없는 찐빵임을 실감한 하루였다.

오전에 도착하자마자 숙소에 짐을 풀고 서호변의 저장성박물관부터 찾았다. 중심 전람관 세층이 모두 도기와 도자기로 채워져 있었다. 저장성은 신석기시대부터 특이한 도기들이 산출된 지역이고 남송 때는 도자기 소비의 중심지였을 것이다. 청대까지 이 지역에서 출토된 도자기 발달사가 충실하게 정리되어 있었다.

자기에 대해 잘 몰라 사진도 찍지 않았지만 한국 미술사에서 자랑해마지 않는 삼국시대 이래의 도기와 자기들이 그 강한 영향 아래서 만들어진 것이라는 느낌을 떨치기 어려웠다. 20세기 후반의 한국사 연구와 마찬가지로 미술사도 아름답고 독특한 우리 것 찾기에 몰두했을 터이니 문득 거기에 종사한 분들의 노고가 얼마나 컸을지 생각해보았다. 그들의 노력이 한국의 문화적 주체성 확립에 기여했으니 그 공은 인정해주어야 한다. 다만 그 과정에서 과도한 부분이 없었는지 되돌아보아야 할 것이다.

박물관 관람을 마친 뒤 1km 남짓 되어 보이는 단교斷橋를 걸었다. 서호의 기운을 온몸에 품게 해주리라 상상했던 그런 단교 산책이 아니었다. 호변의 제법 세찬 바람과 높은 습도로 인한 묵직한 추위가 스산함마저 느끼게 해주었다. 겨울 서호 산책에 당연히 걸맞은 기분이고 때론 그것이 내면의 울림을 가져다주기도 할 텐데, 서호라는

• 서호 변 저장성박물관

선물을 아내에게 안겨주고픈 기대에는 전혀 부응하지 않았다. 계속 날씨 탓을 했지만 봄과 가을이 아닌 이상 그건 큰 운이 따라주어야 가능한 것임을 알게 되었다.

그나마 항저우의 인사동 정도에 해당하는 지역의 가오인미식거리高銀美食街에 있는 유명한 황판얼皇飯兒에서 괜찮은 점심을 먹은 게 위안이라면 위안이었다. 중국 여행과 음식 전문가 왕초 윤태옥 형님의 반 협박조 권유(https://m.blog.naver.com/kimyto/221270777807)가 아니었다면 다른 데로 갔을 것이다. 지난번 방문 때 우연히 먹었던 해물면집이 상당히 좋아서 점심은 거기를 생각하고 있었기 때문이다.

역시 왕초 형님의 권유대로 첸룽위터우乾隆魚頭를 주문하며 물어보니 양이 상당히 많아 시킬 수 있는 다른 요리가 별로 없었다. 내가 제일 좋아하는 가지요리가 맛있어 보여서 함께 주문했다. 둘 다 성공적이어서 포식을 했다. 먹고 보니 신선한 야채 하나가 더 추가되었더라면 더 좋았을 것 같다.

• 황판얼 식당

첸룽위터우는 생선 머리와 두부를 섞은 조림이다. 간장 소스로 기본 조미를 하니 우리 입맛에 잘 맞는 것 같다. 생선이 상당히 신선해서 맛을 더해주었다. 평생 생선을 사랑하셨던 선친이나 역시 생선을 즐기는 형님을 모시고 갔더라면 어떤 평가를 내렸을지 궁금하다. 조금 짠 게 흠이었지만 그 식당을 찾은 대부분의 손님들 식탁에 첸룽위터우가 올려져 있었다.

사실 우리에게 감동을 준 요리는 첸룽위터우보다는 가지요리였다. 제목을 기억해놓지 않아 후회되는데 역시 간장 소스에 잘게 썰어 튀긴 가지와 닭고기, 생선이 함께 버물어진 것이다. 중국 각 지역의 독특한 가지요리를 맛보았지만 이 역시 처음 느껴보는 맛이다. 아내에게 체면이 좀 섰다.

음식에 그다지 목을 메지 않는 우리지만 여럿이 가서 그 식당의 다양한 요리를 맛 봤으면 좋겠다고 공감했다. 가격도 그다지 비싸지 않아 약 열흘 후쯤 항저우를 방문할 제자들에게도 강추했다.

식당을 나와 거닐었던 인근의 거리들도 제법 괜찮았다. 요란하지 않아서 그랬을 것이다. 좋지 않은 날씨 탓인지 사람이 적어서 그렇게 느꼈을 수도 있다. 항저우의 한 가지 좋은 점은 볼거리가 대체로 몰려있는 게 아닐까 싶다. 바로 인근에 최고의 서호 전망대라는 성황각이 있고 항저우박물관도 바로 그 아래다.

그렇지만 어제 성황각의 전망대 기능은 전혀 기대하기 어려웠다. 우리 말고 입장료를 내고 들어온 사람도 거의 없었다. 날씨가 괜찮으면 여기서 내려다보는 경치가 정말 압도적이겠구나 하는 상상으로 만족해야 했다.

항저우박물관은 볼거리가 꽤 있었다. 최근 항저우 인근의 주요 발굴을 소개, 전시하는 특별전과 전통 중국 귀족들의 서재, 항저우의 주요 유적 소개 전시가 인상적이었다. 다만 이미 저장성의 주요 박물관 몇 군데를 돌아본 나로서는 중복 전시가 상당히 눈에 띄었다.

경치 좋은 카페에서 서호를 바라보며 시간을 보내려던 계획은 포기했다. 늦은 점심을 포식한 탓에 저녁 때 가려고 했던 유명한 식당 러우와이러우樓外樓를 못 가본 게 가장 아쉽다.

조금 일찍 숙소로 들어와서 인근 식당에서 간단히 면으로 저녁을 때우고 일찍 잠자리에 들어 충분한 수면을 취했다. 면 맛이 별로여서 푸저우와 샤먼에서 맛있는 면집 찾는 게 숙제로 남아 있다. 봄과 가을에 여행을 해보고 싶은 희망은 은퇴 후에나 이루어질 듯 한데 그때 건강과 경제력이 뒷받침될지 모르겠다.

1월 10일
닝하이 온천

　　막연히 생각했던 직감이 맞아떨어지거나 그 이상일 때 아주 큰 쾌감을 느낀다. 어제가 딱 그런 날이다. 이번 중국 체류 중 가장 만족스런 여행지가 바로 닝하이寧海의 화주서花築奢: 닝하이스얼이온천산거寧海拾貳憶溫泉山居라는 산장 온천이다. 남은 기간 동안 이보다 더 좋은 여행지를 만날 수 있을지 모르겠다.

　　중국에 일본처럼 보편적으로 퍼진 온천문화는 없는 것 같다. 그러나 워낙 방대하고 다양한 지역을 포괄하기에 온천 역시 나름대로의 역사를 가지고 상당한 수준으로 발전하지 않았을까 싶다. 닝하이는 저장성에서 두 번째로 큰 도시인 닝보에서 서남쪽 50km 정도 떨어진 현급 도시다. 시커우溪口라는 유명 관광지가 있는 장제스蔣介石의 고향 펑화奉化가 그 중간지점쯤이다.

　　닝보 인근에 온천이 있다는 얘기를 전해 듣고 지난번 닝보를 방문했을 때 한 택시기사에게 물어보았다. 마침 부인이 온천을 상당히 좋아하는 분이다. 서너 군데를 얘기해주면서 닝하이의 산속에 있는 온천이 가장 좋다고 했다. 그 얘길 듣고 바이두 검색을 해서 톈밍산天明山 아래에 풍광이 수려하고 수질도 좋은 삼림온천구역이 조성되어 있다는 것을 알게 되었다. 어제 산장온천까지 데려다준 택시기사 말에 의하면 시진핑이 저장성 서기로 있을 때 노모가 이 온천을 아주 좋아해서 자주 올 정도로 이 지역에서는 유명한 곳이라고 한다.

씨트립에서 검색을 해보니 닝하이 온천구에는 다양한 숙소들이 있었다. 대체로 큰 욕장을 갖춘 온천호텔이나 그 인근의 민박이 주종을 이루고 있었다. 좀 색다른 게 없을까 하고 열심히 찾다가 발견한 게 이 산장온천이다. 씨트립의 후기 평점이 거의 완벽에 가까울 정도로 호의적이어서 별 고민 없이 바로 예약해버렸다. 사실 이번 여행의 일정도 이 온천 예약에 맞춰진 것이다.

상하이에서 고속철로 2시간 거리니 항저우, 닝보를 거쳐서 오기 딱 좋은 곳이다. 개인 야외 온천이 딸린 상당히 넓은 숙소가 식사 등 부대비용까지 포함해서 1박에 약 25~40만원 정도 범위이니 싼 곳은 아니다. 그러나 만약 이 정도 온천이 일본에 있다면 1박에 1백만 원은 족히 넘을 것이다. 일본 여행을 다니면서 가보고 싶었지만 비싸서 엄두를 못 냈던 그런 곳이다.

산속에 둘러싸인 풍광이 정말 일품이고 여느 온천이 다 그렇듯이 사방이 물소리 가득할 정도로 물이 풍부한 지역이다. 어제와 오늘 모두 비가 내려서 더욱 운치가 있다. 사실 나는 이 산장온천의 네 종류 방 중 제일 싼 데로 예약했는데 아마 실수로 중복예약이 되었던 것 같다. 그래서 한 단계 업그레이드되어 사면이 유리로 만들어진 다실이 딸린 방으로 배정받았다. 어제와 지금까지도 많은 시간을 사실 이 공간에서 보내고 있다. 다음에 올 기회가 있다면 무조건 다실이 딸린 방으로 예약할 것 같다.

아내는 우리만 너무 좋은데서 즐기는 것 같아 미안하니 이 얘기는 페이스북에 안 쓰면 좋겠다고 한다. 동감이지만 그래도 새로운 곳을 알리는 심정으로 쓰고 있다. 실제로 닝하이를 찾는 한국 사람은 거의 없었던 것 같고, 이 산장에서도 우리가 첫 한국인이라고 크게 환대해 준다. 1인당 102위안 하는 저녁도 정갈하고 맛있어서 잘 먹으니 고마워한다. 숙소 시설도 상당히 격조 있어서 방음 시설이 약한 것 이외에는 크게 흠잡을 데가 없다. 나도 고마워서 내가 다녀간 이후로 한국 사람이 찾아올지도 모르겠다고 뻥을 쳤다. 인옌銀聯카드(유니언페이)만 있으면 한국에서도 예약이 가능하다. 관광패키지로 개발해도 괜찮을 것 같다.

온천에 대해 잘 모르니 수질을 평가하기는 어렵다. 다만 일본에서 가본 온천이나 한국에서 가끔 가는 온양의 한 온천보다 목욕 후 피부 윤기는 좀 덜 한 것 같다. 그래도 첩첩산중에 고요히 자리한 이 산장온천의 다실에서 맞이하는 아침이 어떤 모습일지 기다리는 이 시간이 더없이 평안하다.

• 닝하이 삼림온천 화주서 외부와 내부

1월 11일
과유불급

1990년 8월 결혼 이후 최장기간 동안 아내와 24시간을 함께 보내고 있다. 이미 12일이나 그렇게 보냈고 앞으로 더 긴 시간을 그렇게 보내야 한다. 서로 불편한 일이 거의 없고 좋기만 하니 이 정도면 감히 하나라고 해도 될 것 같다.

그런 아내가 항상 나한테 경계하는 게 있다. 대체로 많은 일에 "과하다"는 지적이다. 좋게 말해서 열정이 지나치다는 얘기가 될 수도 있을 텐데 나이 들면서 조금씩 나아지는 듯 했고, 사실 아내도 그걸 인정하기도 한다. 그런데 어제 일이 하나 터졌다.

난생 처음으로 정신 줄을 놓는 경험을 했다. 아침에 페이스북에 글을 올리자마자 목욕물을 받기 시작했다. 동트는 시간과 함께 하는 야외 온천욕이 일종의 로망 같은 거였다. 수려한 자연 경관 속에서 온전히 만족스러운 시간을 보내며 아침 식사 전에 그걸 한 번 더 즐기려는 심사였다.

새벽에 나 혼자만 물을 받으니 온천수가 콸콸 쏟아져 나왔다. 뜨거워서 발을 담그기조차 어려울 정도였다. 찬물을 섞어 조금 식힌 뒤 뜨거움을 참고 몸을 담갔다. 상당 시간을 자세를 바꿔가며 뜨거운 물속에 있자 조금 심심해졌다. 페이스북에 올린 글의 반응도 궁금했다.

그래서 몸을 일으켜 다실에서 충전 중인 휴대전화를 가지러 갔다. 가운을 입고 들어가서 그나마 다행이었다. 전화를 들고 나와 다시 욕조로 들어가려는데 현기증이 몰려왔다. 잠시 벽에 기대려고 하는 순간부터 기억이 잘 안 난다. 그 광경을 아내가 지켜보고 있어서 다행이었다.

아내는 내가 머리를 대나무 벽에 기대고 있어서 그 틈으로 뭘 보고 있는 줄 알았다고 한다. 내가 서서히 왼쪽으로 기울어 쓰러지는 순간 나한테 날린 멘트가 "장난하지 마"였다니 실제 상황인 걸 눈치 채지 못하고 있었던 것이다. 진짜인 걸 알아차린 찰나에 바로 '머리를 찧으면 안 되는데'로 생각이 옮겨갔다고.

진짜 아내의 바람처럼 머리를 다치지 않아 천만다행이다. 왼쪽 엉덩이가 먼저 부딪히며 허리까지 충격이 가해진 것 같다. 20분 이상 온천욕을 하는 게 안 좋은 일인 걸 알면서도 과욕을 부렸다. 혈압약을 먹은 지 얼마 되지도 않았으니 피가 아래로 몰리면서 순간적으로 저혈압 증세가 나타났던 것 같다.

머리를 다치지 않은 게 참 다행이라 생각하면서도 인간의 신체에서 허리 역할이 얼마나 중요한지 실감하고 있다. 허리를 숙이는 많은 일들이 불편하고 심지어 크게 웃기도 힘들다. 허리 아프다는 사람들의 심정이 십분 이해된다.

어제 저녁 때 푸저우에 도착하자마자 허리에 붙이는 파스를 사다가 붙였다. 효과가 얼마나 있을지 모르겠지만, 그나마 직립보행에는 큰 문제가 없으니 오늘 계획에 큰 차질이 생기지는 않을 것 같다.

닝하이에서 푸저우까지 500여 km를 오는 길에 기온이 10도 이상 상승하는 걸 체험했다. 한국의 봄처럼 파릇파릇한 논밭이 널려 있었다. 따뜻해서 좋고 해물 위주의 음식도 정갈하니 기대된다.

난생 처음 신체적으로 경험하는 일이 노쇠현상과도 무관하지 않으리라 본다. 몸이 불편하니 심리적으로 조금 위축되는 것도 사실이다. 그래도 정초에 액땜했다고 생각하고 이 정도로 그친 거에 감사드린다. 나는 역시 운 좋은 놈이라고 자위하면서.

1월 12일
온화한 푸저우와 푸젠박물원

　　　　어제 푸저우에서는 아주 오랜만에 해를 만나 선글
라스를 꼈다. 온화한 날씨는 정말 사람을 편안하게 해준다. 아내와
내가 받은 푸저우의 인상은 거기서 비롯된다. 겨울다운 겨울이 없는
이곳에 낭만은 좀 덜할지 몰라도 삶의 여유가 가득한 느낌이었다.
사람들도 온순해 보인다.

　인종적으로도 저장성과 푸젠성을 경계로 동남아 계통에 가까운 사
람들이 확연히 늘어나는 것 같다. 사철 내내 푸르름이 지속되며 물까지
풍부한 이곳은 고대 이래 상당히 풍요로운 지역이었을 것이다.

　중국 문헌에 최초로 나타나는 이곳 사람들은 민閩이라고 불리었
다. 그 북쪽으로 춘추시대에 강성했던 월越나라가 위치했기에, 전국
시대 이래 초나라에 멸망당한 월족의 이주와 그 영향으로 기원전
4세기쯤 민월閩越이라는 나라가 세워졌다. 진시황의 중국 통일 이후
그 지역에 민중군閩中郡이 세워져서 최초로 중국의 판도에 들어왔다.
한 무제 때 다시 정복당해 중국 왕조의 일부분으로 편입되었다.

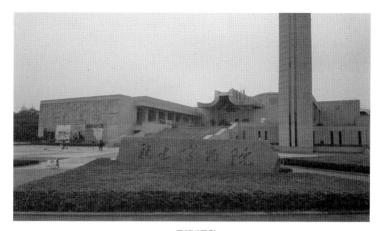

• 푸젠박물원

• 탑모양 도기와 채색 두, 모두 민허우현閩侯縣에서 출토된 것으로 기원전 3,500~2,000으로 편년되었다.

　어제 오전에 방문한 푸젠박물원福建博物院은 중국의 여느 성급 박물관 못지않을 정도로 훌륭한 유물을 갖추고 있었다. 2층 푸젠성의 고대문명 전시관에는 신석기시대 이래 이 지역의 독특한 문화 발전을 보여주는 도기와 청동기가 전시되어 있었다. 중원의 신석기 후기인 룽산문화 단계에 해당하는 시기에 중원에 버금가는 상당히 세련된 도기를 제작했다. 특히 탑 모양 도기와 채색 도기 두豆는 다른 지역에서는 찾아보기 어렵다.

이러한 독특한 도기 제작 전통은 중원의 상 시대(기원전 15~11세기 경)에 해당하는 시기에도 이 지역에서 아주 독특한 찍힘무늬경도印紋硬陶를 산출하게 했다. 상주시대의 청동기 역시 그 수량은 많지 않았지만 중원의 영향 하에서도 그 차이가 확연했다. 특히 서주시대의 쌍이배雙耳杯와 특히 반盤은 그 모양이나 문양 모두에서 지역색이

• 푸젠성 출토 상 시대 찍힘무늬 경도

• 푸젠성 출토 서주시대 청동 술잔(杯)과 반

두드러진다. 청동 농기구도 몇 점 전시되어 흥미로웠다. 춘추전국시대에 만들어진 독특한 청동기 모양 도기들 역시 아주 인상적이었다. 이 지역이 이때까지는 중원과는 격리된 문화를 발전시켜왔음이 명확히 드러나 보였다.

진한대 이래 중원 국가의 일부분으로 편입된 이후에도 이 지역의 풍부한 물산을 바탕으로 나름대로 풍요로운 문화를 발전시켰던 것 같다. 위진남북조시대까지 도기나 묘에 부장한 도용 등에서 상당히 흥미로운 유물이 많이 눈에 띄었다. 송대에 이르러 강이 많은 이 지역에서 발전했다는 긴 다리長橋 건설은 세계 건축사에서도 중요한 위상을 차지한다. 해상 실크로드의 주요 기점으로 발전한 양상 역시 두드러졌다.

어제 푸젠박물원에서 문명관 못지않게 우리를 사로잡은 것은 치바이스齊白石 특별전이었다. 그림에 문외한인 우리에게도 왜 그를 근현대 중국의 회화대사繪畵大師라고 일컫는지 충분히 이해되었다. 독특하고 섬세한 화풍뿐만 아니라 95세가 되어서까지 작품을 남긴 그의 열정에 탄복하지 않을 수 없었다. 상당히 많은 치바이스의 작품을 50대 이후의 연령순으로 배치해서 더욱 흥미로웠다. 지금 예술의 전당에서도 그의 특별전이 열리고 있다는 기사를 봤는데 귀국 후에 시간 되면 꼭 가보고 싶다.

푸젠박물원은 푸저우에도 있는 서호에 위치하고 있어서 아름다운 풍광까지 즐기며 거기서만 하루 종일 보낼 수 있을 정도로 볼거리가 많았다. 드디어 아내에게 제대로 된 해물탕면 맛을 보여줄 수 있어서 좋았고, 처음 먹어본 이 지역 특산면인 사차면沙茶面도 그 고소한 맛이 일품이었다.

근대 푸젠성의 가장 위대한 인물인 임칙서林則徐기념관에 들렀다 푸저우의 인사동 삼방칠항三坊七巷을 거쳐 조금 일찍 숙소로 돌아왔다. 푸저우를 다시 찾을 일이 있을지 모르겠지만 만약 있다면 기꺼이 다시 와서 즐길 것 같다. 그제 불의의 사고로 삐꺽한 허리마저 상당히 좋아져서 더 편안한 하루였다.

• 치바이스의 95세 작품 어희도魚戱圖

1월 13일
샤먼의 특급호텔과 첫인상

어렸을 때 여수에서 서울로 올라갈 때 기차를 자주 이용했는데 어머니는 가능하면 특실 표를 끊어주셨다. 아주 넉넉한 형편은 아니었지만 자식들에게 최선을 다하고자 한 그 고마운 마음에 내 눈이 벌써 촉촉해진다. 서울까지 8시간 정도 가는 동안 뒤로 젖혀지는 편안한 자리에 앉아 뿌듯한 특권의식 같은 걸 느끼곤 했다. 조금 철이 들고 자신의 힘으로 얻은 일도 아닌 것에서 느꼈던 뿌듯함이 부끄러워졌고, 분수를 아는 게 행복의 지름길이라는 것도 알게 되었다.

한국이나 중국에서 기차를 이용하면서 아주 특별한 경우가 아니면 1등석을 탄 적이 거의 없다. 특히 중국 고속철은 한국보다 의자 간격이 넓어서 나 같은 롱다리도 별 불편함을 느끼지 않아서 좋다. 한국은 어차피 거리가 그다지 멀지 않으니 견딜만하다. 이번에는 돈에 여유가 있는데도 굳이 그렇게 하고 싶은 생각이 없다.

여행할 때 숙소 선정도 마찬가지다. 시간 나는 대로 연구해서 최대한 가성비 좋은 숙소를 찾는다. 요즘 예약 시스템이 잘 되어 있어서 대체로 이용후기 평가가 잘 들어맞는다. 지난번 푸저우에서 머물렀던 호텔은 시트립 평가가 거의 만점이어서 정했는데 새 호텔이어서 나름 괜찮았다. 그런데 비싸지 않은 조식을 공짜로 제공하면서 호의적인 평가를 부탁한다. 공짜로 먹을 때는 고마워서 하겠다고 했으면서도 삐딱한 생각이 발동한다.

어제 도착한 샤먼廈門에서는 정말 오랜만에 특급호텔에 여장을 풀었다. 닝하이에서 삐끗한 허리 덕분이다. 뜨거운 물에 몸을 담그면 조금 낫겠다 싶어서 괜찮은 위치에 있는 욕조 달린 숙소를 찾다보니 선택의 여지가 별로 없었다. 이왕 하는 김에 전망까지 좋은 방으로 정했더니 이번 여행에서 들른 온천을 제외한 숙소 평균의 거의 세 배 가격이다.

유럽식 건물이 즐비하다는 구랑위鼓浪嶼 섬이 눈앞에 떡 버티고

• 샤먼의 숙소에서 바라본 구랑위섬

있고, 시설도 꽤나 만족스럽다. 짠순이 아내도 상당히 좋아하는 눈치지만 내가 아주 좋아하는 조식까지 포함시키는 데는 실패했다. 3일 중 마지막 날만 호텔에서 먹기로 합의하고 호텔 근처 슈퍼마켓에 들러 아침식사용으로 먹을 걸 잔뜩 사왔다. 1인의 하루 조식 비용 절반으로 이틀 치가 거의 해결된다

비싼 호텔에 든 목적대로 욕조에 몸을 누이고 싶었다. 그런데 물이 전혀 뜨겁지가 않다. 미지근하게 불만족스런 목욕을 마치고 바로 프런트에 전화해서 항의했더니 오후에 호텔 전체에 사정이 있었다고 미안해하며 바로 고쳐주겠다고 한다. 저녁 먹고 들어와 확인해보니 이제야 뜨거운 물이 잘 나온다. 큰맘 먹고 모처럼 누리려는 특급 호텔 묵기가 그다지 원활하지 않다.

어제 느낀 샤먼의 첫 인상도 흐린 날씨 탓이겠지만 그리 좋지만은 않다. 뻔히 관광지인 걸 알고 왔으면서도 길거리에서 사먹은 바가지 망고나 점심으로 먹은 사차면 식당의 무성의가 거슬린다. 저녁을 먹으러 찾아간 유명 식당은 한 시간은 기다려야 할 정도로 사람이 많아서, 아마도 그 옆에서 성공적으로 기생하는 듯한 퓨전 레스토랑에서 그럭저럭 때웠다. 아내가 맛있었다니 그나마 다행이다.

그래도 이제 곧 눈앞에서 빛날 샤먼의 아침 바다와 함께 오늘과 내일의 본격적인 투어에서 내 첫인상이 바뀌길 바란다.

1월 15일
샤먼원림식물원과 토루

      8일 동안 여행의 끝이 여느 때와 좀 다르다. 지난 이틀 동안은 저녁 때 숙소로 들어오자마자 바로 쓰러졌다. 새벽에 일찍 일어나기 힘들 정도로 깊은 잠을 잤는데 허리 부상에 따른 일시적인 체력저하 현상일 가능성이 클 것이다. 그래도 이게 자연의 이치라면 순응해야겠지.

    샤먼은 볼거리와 먹거리가 풍부한 곳이지만 여행 준비가 많이 부족했다. 그나마 호텔방 전망이 좋아서 시시각각 변하는 광경을 보는 것만으로도 충분히 즐거웠다. 최근 몇 년 사이에 샤먼 인근의 곳곳이 한국 TV에 잘 소개되어서 한국 관광객들이 가장 비약적으로 늘어난 데가 이곳일 것이다. 샤먼의 어디에서건 한국 관광객들을 볼 수 있었다. 어제 토루土樓 여행의 가이드는 한국이 잘 살게 되니 중국동포들도 덩달아 자부심을 가지고 당당하게 살아나가고 있다고 고마워한다.

    지난 이틀 동안 샤먼에서 가본 몇 군데 중에서 아주 인상적인 두 군데가 있었다. 관광지로서 최적의 조건을 갖춘 이곳에서 가장 부러운 것은 샤먼원림園林식물원이다. 꼭 가보라는 한 페이스북 친구의 추천을 받고 사실 남산식물원 같은 온실을 떠올렸다. 그런데 직접 가서 보니 큰 산을 원림으로 잘 조성한 거대한 식물원이었다. 하루 종일 돌아봐도 다 볼 수 없을 정도로 규모가 커서 관광객보다는 샤먼 거주민들의 쉴 공간으로 보는 게 맞는 것 같았다.

등산을 즐기는 나로서는 몇 가지 이유 때문에 버스 투어를 이용하는 바람에 구석구석 올라가볼 수 없어서 무척 아쉬웠다. 그래도 버스를 타고 올라갈 수 있는 몇 군데만 가보았는데도 참 좋았다. 특히 아열대의 우림雨林식물원이 정글 분위기를 자아내어서 신기했고, 거대한 다육종多肉種식물, 즉 선인장식물원은 식물을 가꾸고 사랑하는 사람들의 심정이 충분히 이해될 정도로 다양하고 풍성한 볼거리를 제공했다. 물이 흐르는 공원처럼 꾸며진 허브식물원 역시 나와 아내 모두에게 잠시 동안이나마 평안한 안식처가 되었다. 식물원 오기 직전 한국의 대형 교회를 연상시키는 남보타사南普陀寺라는 대형 사찰에서 느꼈던 혼란스런 마음이 씻기는 느낌이었다.

• 샤먼 원림식물원의 다육종식물원

이번 샤먼 여행의 백미는 샤먼에서 약 3시간 거리여서 좀 힘들기는 했어도 토루 방문이다. 푸젠성에서만 2만 채 이상 존재한다는 토루는 진한시대 이래 중원에서 이곳으로 이주한 객가客家들이 지은 일종의 공동주택으로 중국판 아파트의 원조 격으로 볼 수 있다. 토루가 남아 있는 마을 중 보존이 잘 되어 있는 세 군데를 방문했다.

지금 남아 있는 토루 중 가장 오래된 것이 장저우漳州시 난징南靖현의 위창러우裕昌樓로 명나라 초기인 약 1368년에 세워진 것으로 추정된다. 원래 7층으로 지어졌다지만 현재 남아 있는 부분은 5층으로 높이가 18.2m 정도다. 매층이 54칸으로 방만 270개나 된다. 회랑식 원형으로 1층 담의 두께가 1.8m나 되며 위로 올라갈수록 두께가 조금씩 줄어든다. 신석기시대 이래 중국의 황토 건축 방식인 판축(항토)기법을 기본으로 목재로 그 골격을 만들었다.

700년 넘게 사람들이 거주하고 있는 위창러우는 불가사의하게 느껴졌다. 약해진 부분을 나무로 덧댄 흔적이 보이지만 처음 설계가 아주 체계적이 아니었다면 이렇게 오래 존속하기 어려웠을 것 같다. 토루는 80% 정도가 산지로 평지가 부족한 푸젠성의 지형과 타향으로 이주해서 공동 씨족 마을을 형성한 객가들의 특수한 상황이 만들어낸 산물이라고 한다. 5~60년 전까지도 토루가 지어졌다는데 당시

• 토루의 사진 포인트인 텐뤄컹田螺坑과 위창러우 내부

까지도 그저 많은 사람을 수용할 수 있는 효율적인 거주 공간인 토루가 이렇게 전 세계적인 관심을 끄는 관광지로 변모할 줄은 몰랐을 것이다.

푸젠성의 시골 마을 곳곳에서 볼 수 있는 토루는 산골짜기의 지형과 미묘하게 조화를 이루어 미관상으로도 뛰어난 풍경을 자아낸다. 곳곳이 관광지로 개발되고 있었지만 아직 인프라가 부족하고 교통도 불편해서 접근성이 떨어지는 게 흠이다. 샤먼에서도 개인이 하루에 다녀오기는 어려워 특별한 경우가 아니라면 여행사의 단체관광을 이용하는 수밖에 없을 것 같다. 이번에 우리는 중국과 한국 여행사의 패키지를 저울질하다 가격이 거의 두 배인 한국여행사를 택했는데, 둘 다 열악하기는 마찬가지니 굳이 한국여행사를 이용할 필요는 없을 것 같다.

토루 마을을 구경하면서 아직도 그곳에서 살아가는 후예들의 곤궁해 보이는 삶에 마음이 아팠다. 선조들이 남겨준 좋은 유산을 누려야 할 그들은 전부가 다 그런 건 아니겠지만 대체로 관광산업의 말단 수혜자로 전락하여 행상으로 연명하는 느낌이었다. 다른 한편으로 아직 깔끔하게 정비되지 않는 토루 내부의 모습에서 옛날부터 이어져 내려오는 토루인들의 일상을 조금이나마 그려볼 수 있어서 좋았다.

지친 몸을 이끌고 9시가 넘어서 호텔로 돌아오면서 이번 샤먼 여행에서 토루를 즐긴 것만으로도 큰 행운이라 생각했다. 오늘 오전에 구랑위 섬을 둘러보고 오후에 상하이로 돌아갈 예정이다. 이미 상당히 익숙해진 상하이가 그립다.

1월 16일
귀환과 반가운 책

  아쉬움을 남기고 샤먼을 떠났다. 모두 따져보니 늘
어난 관광객이 이유인데, 갑자기 늘어난 한국인들의 관심이 어느
정도 일조했을 것이다. 중국 대부분의 유명 관광지에 대해 "그때는
정말 좋았지"라는 얘기가 들리는 걸 보면 결국 몰려드는 인파가
약과 병을 다 주는 것 같다.

  가보고 싶었던 샤먼대학 캠퍼스는 작년 말부터 하루 외부인 입장
인원을 1,000명으로 제한하고 위챗을 이용하여 사전에 예약을 해야
한다. 그걸 모르고 무작정 정문 앞으로 찾아갔다가 낭패를 봤다.
학생증을 가진 사람들이 그걸 이용해서 돈벌이하는 모습이 눈에
거슬렸다. 같은 분야를 공부하는 아는 교수가 몇 있지만 일요일 아침
에 실례를 감수하면서까지 들어가고 싶지는 않았다.

  구랑위도 하루 들어갈 수 있는 인원에 한계가 있다고 한다. 떠나는
날 오전에 여유 있게 들렀다 갈 수 있을 것으로 예상했는데, 숙소에서
가까운 부두 매표소에 갔더니 외국인 전용 매표소가 따로 있다고 거기

로 가라고 한다. 택시를 타고 그곳으로 가자고 하니 기사가 이미 오늘 표를 사기는 늦었을 거라고 아주 비싼 일종의 익스프레스 전용 매표소로 데려다 준다.

그곳은 부두가 아닌 시내 중심이어서 이상하게 느껴졌는데 차로 부두까지 모셔다 주니 걱정 말라다, 일인당 비용이 무려 188위안이나 되어 조금 망설였지만 다른 선택의 여지가 없었다. 표를 사면 바로 데려다 줄줄 알았는데 일단 2층에 올라가서 기다리라고 한다. 아마 사람이 좀 더 올 때까지 기다렸다 같이 보내는 방식이었던 것 같다. 오후 비행기 일정을 알려주고 관광할 시간이 되겠냐고 했더니 자신들도 어려울 것 같다고 환불해준다.

그래서 다시 택시를 잡아타고 가까운 해변으로 데려달라고 해서 거기서 시간을 좀 보내다 숙소 인근의 스타벅스 리저브에서 괜찮은 드립 커피와 샌드위치를 먹으니 아쉬운 마음이 조금 풀렸다. 구랑위가 한 눈에 보이는 샤먼 스타벅스 리저브는 커피를 좋아하는 사람들은 들려볼만 한 곳이다.

상하이로 돌아오는 비행기는 예정보다 무려 1시간 반이나 늦게 출발했다. 많은 운항이 시설을 초과하는 샤먼공항의 고질적인 문제가 원인으로 보였다. 집 근처 한국식당인 창바이산에서 된장찌개로 여독을 풀고 들어오니 반가운 책이 기다리고 있다.

베이징대학 출토문헌연구소에서 나오는 『청동기여금문靑銅器與金文』 제2집 (上海古籍出版社, 2018)이다. 청동기와 금문 관련 논문집으로 이번에는 약 40편의 논문이 실려 있다. 그 중에 내 논문도 한편 포함되어 있다. 새로운 연구는 아니고 2013년에 한국의 『동양사학연구』 129집에 발표한 논문 「대하구大河口 패백묘覇伯墓 출토 서주 청동예악기 파격의 양면성」을 축약한 것이다. 비슷한 내용이 『중국

고대 지역국가의 발전』 제3장에도 들어 있다. 지난 12월 10일 푸단대학 문물과 박물관학과의 강연도 이 원고를 토대로 한 것이다.

논문집의 목차를 보니 흥미롭다. 중국학계의 일반적인 방식에 따라 원로 순으로 논문을 배치한 것 같다. 홍콩에서 활동 중인 원로학자 장광위張光裕 교수의 논문을 필두로 베이징대학 출토문헌연구소를 이끄는 주펑한朱鳳瀚 교수, 한국에도 유명한 베이징대학 고문자학자 리링李零 교수가 뒤를 잇는다.

그 바로 뒤 네 번째에 내 논문을 배치했다. 외국학자라서 예우해 준 것으로 보이지만 혹시 내 글을 보고 어느 정도 인정해서 그렇지 않을까 잠시 착각하며 기분이 좋아졌다. 그런데 필진의 면면을 보니 내 뒤에 들어간 몇 분을 제외하면 이제 나이로도 내가 거기에 자리해도 별로 틀리지 않는 것 같다. 나도 모르는 사이에 벌써 이렇게 되어 버렸으니 여러 아쉬움이 교차한다.

나뿐만 아니라 다른 한국 학자의 글도 있어서 반갑다. 몇 해 전에 베이징대학 역사학과에서 주펑한 교수의 지도로 박사학위를 받은 동북아역사재단의 이유표李裕杓 박사다. 서주 군사사 연구에 몰두하는 이 박사는 국내의 중국 고대사 연구 성과를 중국 학계에 알려주는 고마운 존재다. 이번에 실린 글에서도 서주 왕조가 제후들을 군사적으로 통제한 메커니즘을 다루며 한국의 연구들까지 인용하고 있다.

논문집을 받고 보니 내 논문의 큰 실수 하나가 눈에 들어온다. 한국에서 발표한 원 논문의 전거를 명시하지 않은 것이다. 두 번이나 교정을 하면서도 어떻게 그 생각을 전혀 못했는지 상당히 부끄럽지만 방법이 없다. 그래도 열흘 후 이 시간쯤 한국행 비행기를 타기 위해 푸동공항으로 가고 있을 생각을 하니 마음이 설렌다.

1월 17일
귀국 일정 변경과 번역 문제

갑자기 집에 피치 못할 일이 생겼다. 안타깝게도 예정보다 일찍 다음 주 월요일에 귀국하게 되었다. 한 열흘 정도 여유 있게 상하이 생활을 마무리하고 싶었는데, 이제 3일 밖에 남지 않았다. 무엇보다 가장 걸리는 문제는 책 번역 문제를 계약까지 마무리하지 못 하고 돌아가야 하는 점이다. 세상에 쉬운 일은 정말 없는 것 같다.

중국의 유수 출판사인 상하이고적출판사에서 내 책의 가치를 인정하고 번역하고자 하는 사실만으로도 고마운 일인지도 모른다. 중국에서도 학술서 출간이 상당히 어려워져서 저자가 일정 부분을 부담하는 게 상례라고 한다. 일전에 얘기했지만 상하이고적에서는 이전에 외국학자들의 책을 번역한 똑같은 방식으로 저자한테 부담 주지 않고 내 책 번역도 추진하려고 한다.

다른 번역의 경우 대부분 영문이어서 번역자 구하기가 그다지 어렵지 않았다고 한다. 저자가 받을 인세를 번역자에게 다 주니 큰 금액은 아니지만 번역자로서도 할 만한 작업이었던 것 같다. 번역을 맡은 사람들도 아직 석사과정이나 박사과정에 있는 젊은 연구자들이어서, 그 작업 자체가 공부뿐만 아니라 경력에도 도움이 되었다고 한다.

그런데 한국어의 경우는 상황이 상당히 다른 것 같다. 일단 중국 고대사를 어느 정도라도 이해하면서 한국어 번역이 가능한 원어민이 극히 드물다. 상하이고적출판사에서 섭외한 분은 한국에서 고고학 전공으로 박사학위를 받은 젊은 연구자다. 샘플번역에 상당한 오류가 있었지만 그래도 중국사람 중에 그 정도 실력을 갖춘 연구자도 찾기 어려울 것 같아서 함께 공부하는 심정으로 같이 해보려고 했다.

그런데 역자에게 지급할 인세 등 몇 가지 측면에서 문제가 있어서 타협이 불가능할 것 같다. 당장 다른 대안을 찾아야 하는 형국이 되고 말았다. 계약서를 작성하던 상황이어서 꼭 사인을 하고 돌아가고 싶었는데 이 부분이 너무 아쉽다. 다행이 다른 대안이 전혀 없는 것은 아니니 포기하지 않고 다른 방안으로 꼭 추진할 생각이다. 오늘 그 대안을 가지고 상하이고적출판사 측과 다시 협의할 생각이다.

• 푸단대학 교사관校史館에 문과
  걸출학자로 소개된 추시구이 교수

출토문헌연구중심을 비롯한 이곳 사람들과 제대로 된 인사 자리를 못 만들고 가는 것도 많이 아쉽다. 당장 주임인 류자오 교수께 알렸더니 다음 주에 송별회를 준비 중이었는데 못하게 되어 크게 유감이라고 한다. 오늘 학교에 나가서 최대한 연구실을 돌며 인사드리려고 한다

가장 아쉬운 것은 출토문헌연구중심을 사실상 만들어낸 중국 고문자학계의 최고 석학 추시구이裘錫圭 교수 내외를 못 만나 뵙고 돌아가는 것이다. 좀 시간 여유를 두고 댁으로 방문 요청을 하려고 했는데 일이 갑자기 이렇게 되는 바람에 어제 요청을 했다가 이번 주말까지는 곤란하다는 답을 받았다. 약 20여 년 만에 아내까지 함께 가서 인사드리고 내 책도 드리고 싶었는데, 일찍 서두르지 않은 내 잘못이 크다.

이 일기도 멋지게 마무리하고 싶었는데 어렵게 되어버렸다. 사실 님은 기간 동안 200~300년 전쯤 중국을 방문한 조선학자들이 남긴 연행록 몇 종을 읽으려고 구해놓았다. 홍대용의 연행록부터 흥미롭게 읽고 있던 참인데 그거라도 다 읽고 가면 좋겠다.

참으로 건방진 얘기지만 이번의 내 중국 체류를 선학들의 그것에 비춰 되돌아보고 싶었다. 많이 아쉬운 마지막이다. 남은 3일 동안이나마 귀국 준비 잘 하며 알차게 보낼 수 있길 바란다.

1월 19일
내 책에 대한 서평

       어제 내 책 번역 문제에 대해서 상하이고적출판사와 새로운 방안으로 얘기를 나누었다. 담당자에게 새로운 번역자 한분을 소개했다. 중국 고전 어학을 공부한 한국의 전문 번역자로 이전에 내 논문 두 편을 중국어로 제대로 번역해준 분이다. 한국에 돌아가자마자 한국의 출판사와 협의할 부분이 남아 있어서 속단하긴 어렵지만 잘 해결될 것으로 믿고 싶다.

    독자들은 도대체 어떤 책이 길래 자꾸 그 번역 얘기를 하는지 궁금해할지도 모르겠다. 작년 9월에 책을 내고 여러 사람에게 나누어주었다. 그 책을 꼼꼼하게 읽은 분들이 얼마나 될지 모르겠지만 반응이 기대 이하였던 게 사실이다.

    그런데 그게 정상이다. 아마 그 책을 읽어보려고 시도했던 사람들 대부분은 그 분야 전문 연구자가 아닌 이상 내용이 생소하고 어렵고 별로 재미도 없어서, 첫 장을 읽다 그만두었을 것이다. 일반 대중이 생각하는 흥미로운 역사 저술과 전문 역사 연구서의 차이가 바로 거기에 있는 것이다.

30년 이상 그걸 내기 위해서 공부했는데 그런 비슷한 공부가 안 되어 있는 사람에게 그 책이 재밌게 읽히면 오히려 이상한 일이다. 법학을 비롯한 사회과학만 해도 어느 정도 지식을 갖춘 일반인이 범접하기 어려운 분야로 인정하면서, 유독 역사만 쉽게 생각하는 경향이 있는 것 같아 상당히 아쉽다. 그런 상황에서 유사 혹은 사이비 역사학이 판을 치게 될 여지가 만들어졌던 것이다.

오늘 이런 얘기를 또 늘어놓는 이유가 있다. 그 책에 대한 한국에서의 처음이자 마지막이 될 전문가 서평이 나왔기 때문이다. 베이징 대학 고고학과에서 공부한 경동대학의 박재복 교수가 며칠 전 나온 『동북아역사논총』 62호에 「출토자료를 활용한 중국 고대사 연구의 새로운 지평-심재훈, 『중국 고대 지역국가의 발전: 진晉의 봉건에서 문공文公의 패업까지』, 일조각, 2018-」이라는 제목의 서평을 썼다.

박재복 교수는 한국에서 내 책에 담긴 자료를 잘 이해할 수 있는 드문 연구자 중 한 분이다. 쑥스럽지만 그 내용을 조금 소개한다. 박 교수는 우선 그 책의 내용과 연구방법 등의 의의에 대해 설명하며 다음과 같이 덧붙이고 있다:

> 이 책은 놀라운 연구 성과 이외에도 매우 의미 있는 연구 방법을 시도하고 있다. 즉, 자료의 한계를 극복하고 전래문헌과 출토문헌 그리고 고고학 자료들을 다각도로 총괄하고 활용하여 비교분석함은 물론 선행 연구의 성과들을 치밀하면서도 비판적 입장으로 수용하여 최상의 합리적인 결론을 도출하고 있다(337쪽).

이어서 갑골문 등 출토문헌 및 전래문헌의 해석과 고고학 자료의 활용 등에서 평자 나름대로의 문제점을 지적하고 다음과 같이 언급

하고 있다:

이상에서 살핀 내용들은 세세한 것들이라 이 책이 이룩한 성과에
작은 얼룩과 같은 흔적도 남기지 못한다. 또한 저자도 그에 대해
논증과정에서 고민을 했던 것임을 확인할 수 있다. 결국 겨우 아주
세세한 사항들만을 지적할 수밖에 없을 정도로 이 책은 놀랍도록
완벽한 결과물이라는 점을 새삼 확인하게 된다(342쪽).

칭찬에 인색한 박재복 교수로부터 극찬에 가까운 찬사를 받으니
몸 둘 바를 모르겠다. 그에게는 이 책이 "한편의 장편 역사서를 읽는
느낌"(332쪽)으로 다가 왔단다. 전문 연구자들의 세계에서나 통할
수 있는 제대로 된 독해이다.

어제 책을 부치고 나니 짐 정리가 거의 다 되어버린 느낌이다.
이번에는 책을 별로 사지 않아 33kg 정도를 두 박스에 담아 배로
보내니 비용이 550위안 정도로 10만원 조금 안 된다. 두 번에 나누어
우체국으로 가져가는 바람에 거의 두세 시간이 소요되었다. 우체국
직원이 한국 같으면 10분도 안 걸릴 일을 40분 이상 끌어서 참 답답
했다.

푸단대학은 어제가 이번 학기의 공식적인 마지막 날이다. 출토문
헌연구중심에 가보았더니 나와 있는 교수들이 많지 않았다. 학회가
있어서 출타 중인 분들도 꽤 있었다. 출토문헌 연구는 중국에서는
가장 각광받는 분야 중 하나이기 때문에 조금 과장되게 이야기 하면
전국에서 거의 매주 관련 학회가 있을 정도다. 한국에 이런 자료의
십분의 일 아니 백분의 일이라도 있다면 어떨지 상상해보면 충분히
이해되는 대목이다.

몇 분과 아쉬운 인사를 나누고 돌아와서 같은 숙소에서 친분을

나누었던 전남대 국문과 김동근 교수 내외와 저녁 식사를 했다. 김 교수 내외는 윈난성雲南省으로 장기간 여행을 다녀온 참이었다. 여행 중에 푸단대학 숙소가 집처럼 그리웠다는데 나도 이 숙소에 정이 들기는 마찬가지다. 정말 좋은 환경에서 잘 지내다 돌아간다.

아내는 내가 한국에서보다 훨씬 잠을 잘 자다고 좋아한다. 3개월 동안 뉴스도 거의 보지 않을 정도로 세상일에 신경 쓰지 않고 살 수 있었으니 당연한 일이다. 당장 한국에 돌아가서 이전의 일상으로 돌아가는 게 상당히 생경하게 느껴진다. 그래도 변화는 항상 기대를 동반한다.

1월 20일
친구와 후배들의 중문 저서

　　반가운 책 두 권이 날아왔다. 한 권은 컬럼비아대학 동아시아언어문화학과 리펑李峰 교수의 신간 『청동기와 금문 서체 연구青銅器和金文書體硏究』이다. 다른 한 권은 동북아역사재단 연구위원으로 있는 이유표 박사의 『서주 왕조 군사영도 기제 연구西周王朝軍事領導機制硏究』이다. 두 권 모두 상하이고적출판사에서 며칠 전에 출간된 것으로 현재 내 책 번역 문제를 주관하고 있는 우창칭 부총편이 보내주었다.

　　리펑 교수는 국내에서도 『중국고대사』(사회평론아카데미, 2017)라는 좋은 책이 영남대 이청규 교수에 의해 번역 출간되어 조금씩 알려지고 있다. 그의 신저에는 그가 1980년대 후반 이래 쓴 주로 서주시대 청동기 관련 주옥같은 논문들이 실려 있다. 리 교수는 시카고대학에서 함께 공부한 친구이지만 어떤 면에서 나한테는 선생 같은 존재이기도 하다. 그와 함께 공부하며 참 많이 배웠다. 학위 취득 이후에도 그가 발표한 논저들을 통해 중국 청동기와 고대사에 대한 이해의 폭을 넓힐 수 있었다.

이 신간에 그런 익숙한 논문들이 망라되어 있어서 참 반갑다. 더욱이 1988년『고고학보考古學報』에 발표한 자신의 중국사회과학원 고고연구소 석사학위 논문인「황하유역 묘장 출토 청동예기의 분기와 연대」를 부록으로 실어서 흥미롭다. 사실 고고학 논문의 수명은 그다지 길지 않다. 중국처럼 새로운 출토 자료가 쏟아져 나오는 경우는 더욱 그럴 것이다. 그런데 1980년대 후반까지 황하유역의 서주시대 묘에서 출토된 청동 예기를 망라하여 분석하고 분기分期와 연대를 제시한 그 논문은 오랫동안 중국 청동기 연구의 기준이 되어 왔다.

지난 30년 동안 많은 새로운 자료가 축적되었지만 아직도 그 연구의 틀을 크게 벗어나지 않고 있으니, 중국 출신 리 교수가 세계 최고의 학자로 우뚝 선 것은 놀랄만한 일이 아니다. 그는 현재 컬럼비아대학 최고의 교수가 되었을 뿐만 아니라, 중국 지린吉林대학의 창강長江학자 강좌교수, 독일 하이델베르크대학 교수까지 겸직하고 있다.

이유표 박사의 신저는 2015년 베이징대학 역사학과 박사학위논문을 수정 보완한 것이다. 청동기 금문과 전래문헌을 활용하여 서주시대의 군사사를 다각도로 잘 정리한 책으로 특히 서주시대 군사력 운용의 메커니즘에 초점을 맞추었다. 서주의 군사력을 왕의 군대와 왕기王畿 내 귀족의 군대, 왕기 바깥 제후나 봉군封君의 군대, 왕기 바깥 기타 방국邦國의 군대 네 부류로 분류하여, 서주사 이해의 폭을 넓혀주고 있다.

이 박사의 지도교수인 상주사 연구의 대가 주펑한朱鳳瀚 교수는 그 책의 서문에서 이 박사가 2005년부터 베이징대학에서 각고의 노력을 기울여 어려운 연구를 잘 완성했음을 설파하고 있다. 이 책에는 내가 2006년에 쓴「금문金文에 나타난 서주 군사력 구성과 왕권」(『중국사연구』41집)을 비교적 상세히 소개하고 있다. 지난번 상하이고적출판사 관계자들과 내 책 번역 문제를 상의할 때 편집을 맡기로 한 구리단顧莉丹 선생이 내 이름이 익숙하다고 하면서, 이 박사의 책을 편집하면서 본 것 같다고 했다. 실제로 책을 받아보니 내 연구를 그 책의 중요한 토대로 삼았음을 명시하고 있다. 이 박사는 다른 한국 학자들의 연구도 잘 활용해서 한국에서의 중국 고대사 연구 수준이 상당함을 보여주고 있다.

현재 나도 상하이고적출판사에서 책을 내길 희망하고 있기 때문에 출간의 선배 격인 이유표 박사의 신저가 참 부럽다. 그런데 이유표 박사 이전에도 한국인으로 상하이고적출판사에서 저서를 출간한 학자가 한 명 더 있다. 어제 쓴 글에서 내 책의 서평을 쓴 연구자로 소개한 박재복 교수다. 박 교수 역시 베이징대학 고고문박학원의 박사학위논문인 『선진복법연구先秦卜法研究』를 2011년 상하이고적출판사에서 출간했다.

이 책은 신석기시대 이래 중국 전역의 점복 자료를 총 망라하여 정리한 탄탄한 연구로 바이두에도 소개되어 있을 정도로 중국 학계에서 상당히 높은 평가를 받고 있다. 상 후기에 이르러 갑골문이 새겨진 자료인 동물 뼈나 거북 껍질 점복 자료에 관한 한 박 교수 이상 가는 전문가는 중국에도 없을 것이다.

이유표 박사나 박재복 교수 모두 베이징대학에서 10년 이상 공부하면서 역량을 충분히 인정받았다. 이 두 권의 책이 그것을 입증해준다. 국내에서는 거의 알려지지 않은 이들의 활약이 중국 학계에서 한국의 학문 수준을 인정하는 중요한 계기가 되었으리라 믿는다. 이번에 내가 중국에 와서 받은 환대나 내 연구에 대한 관심 역시 그것과 무관하지 않을 것이다.

나도 속히 두 후배들이 열어준 길을 따랐으면 좋겠다.

1월 21일
상하이 생활 정리와 추후 계획

　　상하이에서의 마지막 아침이 밝아온다. 건강하게 보낼 수 있어서 감사하다고 쓰고 싶은데 어제부터 감기 기운이 있다. 머리가 몽롱하니 마지막 일기를 멋지게 쓰기는 어려울 것 같다. 그래도 집에 돌아가는 사실만으로도 설렌다.

　　인간을 행복하게 만들어주는 주요 조건으로 건강과 경제적 여유, 몰두할 수 있는 일을 들고 싶다. 거기에 다양한 만남이 추가된다면 삶이 더 풍요로워질 것이다. 그 만남의 대상이 반드시 사람일 필요는 없다. 이번 상하이에서 내가 보낸 85일은 대체로 거기에 맞아 떨어진다. 푸단펠로우쉽 덕분에 상당히 행복한 시간이었다.

　　한국이라는 작은 학술계에서조차 학자로서 내 스스로의 정체성에 대해 회의를 품어오던 터였다. 내가 하는 일이 과연 내가 몸담고 있는 장에서 무슨 의미가 있을까 하는 허무감이 항상 뇌리에 남아 있었다. 이번의 상하이 방문은 거기에 조그만 해답을 제시해준 것 같다. 중국학을 전문적으로 공부한 사람들에게 무한하게 열려 있는 고무적인 공간을 확인한 것만으로도 큰 수확이다.

이제 정년퇴직까지 8년이 남았다. 상하이에서의 85일 동안 그 8년을 무엇을 하며 어떻게 보내야 할지 고민하는 시간을 가질 수 있어서 좋았다. 앞으로 하고 싶은 혹은 해야 할 두 가지 큰 연구 주제를 정해서 돌아간다.

그 하나는 3월에 출간될 논문 한편이 시발점이 될 중국 주요 지역에서 요순우堯舜禹라는 전설상의 존재가 역사화 되어가는 과정이다. 산시성山西省에서 시작하여 산둥성山東省, 허난성河南省, 저장성浙江省 등 다른 지역으로 확대될 것이다. 역사시대 이래 역사가들이 추진해 온 역사 만들기의 한 궤적과 그 여파를 살펴볼 수 있는 흥미로운 주제이다.

두 번째는 진국사晉國史의 제2부에 서술이다. "진晉의 봉건에서 (기원전 632년) 문공文公의 패업까지"라는 부제가 암시하듯 작년 9월에 출간한 『중국 고대 지역국가의 발전』은 그 1부에 해당한다. 사실 80년대까지의 진국사 연구는 제2부에 치우친 경향이 농후했다. 『좌전左傳』이라는 문헌이 대체로 진국 중심이기 때문이다. 그런데 90년대 이후 진후묘지晉侯墓地를 비롯한 이른 시기에 해당하는 고고학 성과로 연구의 중심이 제1부로 옮겨와 버렸다.

이제 춘추시대 후반부의 200년 정도를 주도하여 전국시대의 토대를 닦은 진국사의 제2부로 다시 눈을 돌릴 때가 되었다. 허우마맹서侯馬盟書 등 출토문자 자료뿐만 아니라 산시성의 새로운 고고학 자료 역시 그 정당성을 더해준다. 앞으로도 계속 산시성을 드나들며 진국사의 1부와 2부에 해당하는 저서 두 권이 중국어로 출간되는 날을 상상하는 것만으로도 즐겁다.

이번 중국 방문을 통해서 한국에서 중국 고대사를 연구하는 심모가 국제적으로 "B급 학자"에 불과하다는 혹은 그 정도는 된다는 사실을 확인한 것도 수확이라면 큰 수확이다. 내가 인정하는 "A급"의 길은 멀고도 멀어서 내 생애에는 도저히 도달 불가능할 것 같다. 그래서 상하이에서 내린 또 하나의 결론은 좋은 제자 길러내는 일도 내 연구 못지않게 열심히 해야 한다는 사실이다. 다행이 지금 단국대학의 내 주위에 앞길이 창창한 젊은이들이 있다.

이번 상하이에서의 85일 동안 내 생활이 이 정도로나마 유지된 것은 바로 이 일기 덕분인지도 모른다. 별 것 아닌 일이지만 매일 무엇을 쓸지 나름대로 고민했다. 쓸 거리를 만들기 위해 저지른 일도 있었다. 이러한 좋은 장치를 제공해준 페이스북과 내 글을 읽고 환호를 보내준 모든 사람들께 진심으로 감사드린다.

1월 22일
홍대용과 심재훈의 중국체류

정들었던 푸단대학 외국인 교원아파트를 떠나며 직원들과 찍은 사진으로 상하이 생활을 마쳤다. 고맙게도 출토문헌연구중심에서는 처음 푸동공항 도착 때와 마찬가지로 귀국 때도 리무진 서비스를 제공해주었다. 나처럼 외국을 방문하고 인천공항을 통해 들어오는 사람들은 누구나 말끔한 최첨단 공항에 자부심을 느낀다. 마찬가지로 중국 같은 외국 체류 경험을 통해 한국이 정말 좋은 나라라는 걸 새삼 실감하게 되는 경우도 많다. 익숙해서 그럴 수 있지만 국제적 기준으로도 최소한 생활 편의 측면에서 한국처럼 편한 나라는 드물 것이다.

21세기를 살고 있는 한국인들은 그런 면에서 모두 행운아라고 보는 게 맞는 것 같다. 요 며칠 동안 조선 후기의 걸출한 실학자로 추앙받는 홍대용(1730~1783)의 연행록 『연기燕記』를 듬성듬성 읽었다. 한국고전번역원의 '한국고전종합DB'에 들어 있는 홍대용의 문집인 『담헌서』에 수록된 판본이다, 주제별로 편집되어 날짜순으로

• 상하이에서의 마지막 사진. 양쪽 끝이 직원들, 중간이 아내와 나. 뒤쪽으로 푸단대학의 교훈인 "박학이독지博學而篤志, 절문이근사切問而近思"가 보인다. 『논어』 「자장子張」편에 나오는 구절로 "폭 넓게 공부하되 뜻을 돈독히 하고, 간절히 묻되 생각하기에 가까이 하라" 정도로 이해할 수 있을 것이다. 공자의 제자인 자하子夏의 말로, "(그렇게 하면) 인이 그 중에 있을 것이다(仁在其中矣)"라는 구절이 이어진다. 창학 10년 후 1915년 리덩후이李登輝 총장 시절 정했다고 한다.

배열되어 있지 않았다. 2012년 출간된 『을병연행록』은 날짜순으로 편집되어 있다고 한다.

흥미롭게 읽으면서 1765~66년 35세 홍대용의 연행과 2018~19년 57세 심재훈의 상하이 체류를 대비시켜 보았다. 비슷한 점이 거의 없다. 군이 공유한 하나를 찾자면 고대 중국에 대한 관심 정도일 것이다. 그런데 이것마저도 현격한 차이가 있다.

홍대용을 비롯한 당시 학자들 세계관의 기저에 깔려 있는 공맹과 요순시대에 대한 존경과 열망이 심재훈에게는 존재하지 않는다. 대신 심재훈은 홍대용의 시대쯤 서양에서 두드러지기 시작한 자유와 평등을 최고의 가치로 삼는다. 그렇다고 서양을 존경하지는 않는다.

홍대용이 맹신했던 고대 중국의 문헌도 심재훈에게는 당시의 역사적 산물일 뿐이다. 홍대용에게 문헌을 통해 알려진 고대 중국이 모범이 되는 체득 대상이었다면, 출토 자료에 더 큰 비중을 두는 심재훈에게 고대 중국은 그저 비판적인 연구 대상일 뿐이다. 존중은 하지만 존경의 대상일 필요는 전혀 없다.

조선 후기 최고 명문가의 자손으로 총명한 두뇌를 지닌 수재 형 홍대용과 달리 한미한 집안 출신 심재훈은 평범한 노력 형이다. 홍대용의 학문적 관심이 인문사회뿐만 아니라 자연과학까지 망라한 전방위라면 심재훈의 관심은 주로 서주시대와 청동기라는 고대 중국의 편협한 일부일 뿐이다.

홍대용의 연행록에 담긴 주요 내용이 새롭게 접한 문물과 제도에 대한 상세한 묘사라면 심재훈의 상하이 일기는 주로 자신의 활동과 유람기가 주종을 이룬다. 홍대용이 연행 기간 중 개인적으로 만났던 다양한 부류의 사람들이 대체로 특정 분야의 최고와는 거리가 있는 평범한 사람들이었다면(드물게 양혼 같은 황손도 있다), 심재훈이 주로 만난 사람들은 자신의 연구 분야에서는 최고의 학자들이다. 홍대용이 당대 중국 학계의 주된 관심사에 얼마나 익숙했는지 의문이지만 심재훈은 적어도 자신의 연구 분야에서는 첨단을 걷고 있다.

조선의 최고 수재인 홍대용에게 중국은 다음 생애에 꼭 태어나고 싶을 정도로 흠모의 대상이었다. 많은 면에서 체계적이고 선진적이어서 배워야 할 모방의 대상이기도 했다. 반면에 자신의 조국인 동이의 나라 조선은 겸양의 수사로 볼 수도 있지만 후진의 표상이었다. 적어도 『연기』에서 나온 내용만으로는 학자로서 그 자신만의 학설로 내세울 만한 주장도 찾기 어렵다. 당시의 조선이란 좁은 울타리를 넘어선 보편적 기준으로 홍대용 수준의 학자는 중국에 널려 있었을 것이다. 물론 베이징 방문 이후 홍대용의 학문적 성장을 감안하지 않은 추론이다.

심재훈은 열심히 노력한 부모덕에 중국이 기가 죽는 유일한 나라인 미국에서 장기간 체류하며 중국학을 공부했다. 많은 면에서 불편하고 불합리하게 느끼는 중국이지만 넉넉한 체류비와 숙소까지 제공하기에 고생을 감수하고 상하이 푸단대학에 다녀왔다. 체류 기간 내내 한국인이라는 자부심이 충만했다. 영어로 논문을 쓰고 부족하나마 중국어로도 쓰며, 중국 최고의 학자들 앞에서 강연도 한다. 스스로 "B급 학자"라 자조하지만 중국 학계에 내놓을만한 자신의 학설이 있다.

홍대용과 심재훈이 동시대 같은 반에서 만났다면 어땠을까? 전교 1등인 홍대용을 그저 평범한 심재훈이 쉽게 쳐다볼 수나 있었을까. 심재훈이 시대를 잘 타고 태어난 행운아라는 점은 분명해 보인다. 그래도 홍대용은 시대를 잘못 타고난 바로 그 이유로 인해 조선 후기의 최고 학자로 국사 교과서를 멋지게 장식하며 민족주의의 세례를 받은 후학들의 무수한 연구 대상이 되고 있지 않을까.

역사가 참 아이러니하다. 상하이 생활을 진짜로 마무리하며 내 일기에 의미를 부여하려다 보니 주제 넘는 억설을 늘어놓았다. 내가 내뱉었던, 그리고 받았던 작은 환호가 아직 귓전에 울리는 꿈같은 상하이 85일을 이렇게 내려놓는다.

나
가
며

나처럼 운 좋게 교수가 된 사람이 받는 혜택 중 일반인들이 가장 부러워하는 것은 연구년일 것이다. 대학마다 차이가 있겠지만 교수들은 보통 6년에 한 번씩 1년 동안, 3년에 한 번씩 한 학기 동안 강의 부담에서 벗어나 연구년이나 연구학기를 보낼 수 있다. 교수마다 이 시간을 보내는 방법은 천차만별이다. 나는 2018년 2학기를 연구학기로 보내며, 1년 전 이맘때 쯤 큰 기대감을 안고 상하이로 떠났다. 상하이에서 보낸 순간순간은 잊지 못할 추억으로 남을 것이다.

상하이에서 귀국한 지 6개월 조금 못 미친 올해 7월 16일 네델란드 라이덴에서는 더욱 강렬한 추억이 각인되었다. 서두에서 언급한 아시아학자세계총회(ICAS) 도서상은 상 자체 못지않게 그 수여 의식이 참 인상적이었다. 14세기 건축된 훌란저 케르크Hoolandse Kerk라는 장엄한 교회에서 몽골 음악 연주가 곁들여진 학회 개막식이 열렸고, 그 하이라이트가 바로 수상식이었다. 애써 형식을 무시하는 나 같은 사람도 그 직접적 대상이 되면 감동을 느끼게 되는 모양이다. "The winner is Jae-hoon Shim"이라는 아직도 귓전에 생생히 남아 있는 멘트와 함께 단상에 올라간 내 모습이 눈에 선하다(동행한 아내가 동영상을 찍어주었다)

대학 도시인 라이덴에 사무국이 있는 아시아학 국제 학술단체인 ICAS는 2년에 한 번씩 전 세계 아시아학 관련 우수도서를 선정한다. 2017년 제10회 대회부터 한국어 도서도 수상대상에 포함되었다. 서울대아시아연구소가 국내의 주관 기관이다. 지난 2년 간 국내에서 출간된 아시아학 관련 학술서 중 인문학과 사회과학 분야 각각 세 권씩 우수도서를 선정한 뒤, 최우수도서 한 권을 뽑는다. 두 분의 심사위원 중 한 분은 이 책에서도 여러 번 언급된『중국 고대 지역국가의 발전: 진의 봉건에서 문공의 패업까지』에 대해 다음과 같은 평을 남겼다(http://snuac.snu.ac.kr/2019ibp/):

> 진秦나라 초기의 발전과정과 그 성격을 검토하는 것이 본서의 목적인데, 서술이 수미일관 이 목표물을 향해 잘 수렴되고 있다. 기존의 연구와의 차이를 명확히 하고 본서만의 주장이 명료하다. 즉 기존 연구는 진과 융적의 관계를 주목하고, 그 패권국가로의 도약을 변방국가의 약진이라는 방식으로 설명하고 있다. 그런데 본서는 거꾸로 진이야말로 서주의 영향을 강하게 받고, 긴밀하게 관계를 맺었으며, 변방이 아니라 2차 중심지였고, 심지어는 서주의 동천을 주도하는 중심적 위상으로까지 부상했다고 주장한다. 이런 주장의 논증을 위해 문헌자료 뿐 아니라, 명문銘文자료, 고고학 발굴 성과까지를 망라하여 정합적인 증명을 시도한 점이 돋보인다. 또한 세밀한 부분의 논증에 그치지 않고, 그에 기반하여 춘추전국시대

전체의 역사상과 그 속에서 진나라가 차지하는 위상, 성격, 의미
등을 폭넓은 시야에서 제공해주는 양서이다. 어렵고 전문적인 학술
서임에도 저자는 평이하고도 명료한 문장으로 자신의 의도를 독자
에게 잘 전달하고 있다. 희귀한 분야의 전문적인 내용이라도 저자의
필력여하에 따라서는 쉽고도 흥미롭게 읽힐 수 있다는 좋은 사례를
보여준 책으로 높게 평가하고 싶다.

지면 관계상 소개하지 못 하는 다른 평과 마찬가지로 내 책의
내용을 제대로 꿰뚫은 고마운 평이다. 구미에서도 저렴한 인문학의
특성상 ICAS 우수도서상의 상금은 노벨상의 1/200에도 못 미친다.
그래도 학문에 대한 열정을 되살려준 점에서 나에게는 노벨상 못지
않은 의미를 지닌다. 이 상 덕분에 단국대학에서 연구자로서 받을
수 있는 최고 영예인 2019년 범은학술상 특별상까지 수상했다.
라이덴에서의 여운이 아직 남아 있던 8월 12일에는 산시성山西省
타이위안太原을 방문했다. 산시성 고고연구소에서의 강연을 위해서
였다. 이 책에도 등장하는 구친 지쿤장吉琨璋 선생의 주선으로 왕샤오
이王曉毅 소장이 초청해주었다. 진국 연구의 본산에서 전문가들을
앞에 두고『중국 고대 지역국가의 발전』의 내용을 비교적 상세히
소개했다. 산시성고고연구소의 연구원들뿐만 아니라 산시대학山西大
學 역사문화학원의 대학원생들까지 다수 참석해서 상당히 열띤 토론
이 이어졌다. 여기서 구체적인 내용을 설명하기는 어렵지만 일부
적절한 비판과 함께 호의적인 평가가 있었다. 그 내용이 산시성고고
연구소의 관방 블로그인 고고회考古匯에 8월 14일자로 소개되어 있다.
왕 소장의 주선으로 산시성의 일부 주요 고고학 유적지를 둘러본
후 최근 개장한 산시성의 새로운 명물인 산시청동박물관에서 즐거
운 시간을 보냈다. 1901년 세워진 유서 깊은 산시대학 캠퍼스에도

들렀다. 본문에서의 비판적인 평가와 달리 최근 산시대학은 사학과를 역사문화학원으로 확대 개편하여 우수 인력을 충원했고 북방문화연구중심을 세워서 도약을 꾀하고 있다. 가까운 시일 내에 내가 애정을 지니고 있는 도시인 타이위안의 산시대학에서 한 달 정도 보내며 그곳의 전문가들과 더 깊은 교류를 나누고 싶다.

오래 전부터 가보고 싶었던 산시성의 명산 우타이산五臺山에 오른 후 귀국했다. 『중국 고대 지역국가의 발전』의 중문판 번역 계약이 우여곡절 끝에 체결되었다는 반가움과 걱정을 동반하는 소식이 기다리고 있었다. 국내에서 적절한 번역자를 찾았고, 중국인 전문가의 윤문을 거치겠다는 약속 하에 상하이고적출판사 측과 계약을 성사시켰다. 번역자를 도와서 내가 많은 공력을 쏟아야 하는 점은 충분히 감수하겠지만, 그가 받을 인세가 한국 기준으로는 충분치 않아서 걱정이다. 원어민 전문가한테도 공짜로 부탁할 수는 없는 노릇이다. 국내에서 한국학 관련 서적의 외국어 번역은 지원이 있지만 한국학과 무관한 경우는 그런 혜택을 찾기 어려운 실정이다. 어쨌든 계약상 2020년 말까지 중문판이 출간되어야 하는 상황이니 열심히 노력하는 수밖에 없다.

이 책에서 서술한 85일 동안의 상하이 방문이 위에서 언급한 일들의 서막이었다. 누가 나에게 세상에서 가장 즐거운 몇 가지를 꼽으라고 한다면 여행이 두세 번째 자리는 차지할 것이다. 어렸을 때부터 지도를 보며 세계 곳곳을 마음속에 그렸고, 일찍 부모님 품을 떠나고 싶었다. 미지의 세계를 향한 상상력을 발동시켜 그것을 구체화해보려는 다양한 노력이 이러한 작은 학술적 성과로 이어졌을 지도 모를 일이다. 그래서 나는 또 여행을 꿈꾼다.

정년퇴직 전까지 한 번 더 얻을 수 있을 듯한 연구년(혹은 학기)을 상상하는 것만으로도 즐거운 일이다. 사실 이미 그 계획이 어느 정도 서있다. 그걸 현실로 만들기 위해서는 더욱 매진해야 한다. 그 때도 이런 책을 쓸 수 있었으면 좋겠다.

(ㅈ)

339

상하이에서 고대 중국을 거닐다

지 은 이 심재훈

초판 1쇄 발행   2019년 11월 30일

발 행 인 박종서
발 행 처 역사산책
출판등록 2018년 4월 2일 제25100-2018-000060호
주   소 (10477) 경기도 고양시 덕양구 은빛로 39, 401호(화정동, 세은빌딩)
전   화 031-969-2004
팩   스 031-969-2070
이 메 일 historywalk2018@daum.net
페 이 스 북 https://www.facebook.com/historywalkpub/

ISBN 979-11-90429-01-6 93900

값 18,000원

이 도서의 국립중앙도서관 출판예정도서목록(CIP)은 서지정보유통지원시스템 홈페이지
(http://seoji.nl.go.kr)와 국가자료종합목록 구축시스템(http://kolis-net.nl.go.kr)에서
이용하실 수 있습니다. (CIP제어번호 : CIP2019046752)